U0604216

歷代「朱陸異同」典籍萃編

第三册

上海古籍出版社

考正晚年定論

［清］孫承澤 撰
唐 玲 校點

目録

校點説明

考正晚年定論二卷，清孫承澤撰。孫承澤（一五九三—一六七六），字耳伯，號北海，一號退谷，明清之際著名學者、收藏家。祖籍山東益都，因世隸順天府上林苑籍（今北京大興），故自稱北平人。崇禎四年（一六三一）進士及第，官至刑科都給事中。李自成登基，承澤三次自殺欲報國恩，皆未遂，因授爲四川防禦使。清兵入關，竟降。順治元年五月，起任吏科都給事中，數年之間，官歷太常寺少卿、提督四譯館事、太常寺卿、大理寺卿、兵部侍郎、太子太保、都察院左都御史。順治十年二月，因薦陳名夏，被疑有結朋黨之嫌，引疾乞休。翌年三月辭官，築退谷於西山，自號「退谷逸叟」，以著書、收藏爲業。康熙十五年卒，終年八十有四。孫承澤自幼有志於學，砥礪以自匡飭，未嘗識人間佻宕之習，於古今治亂、經濟皆究其原委，而於人之邪正尤兢兢焉。至耄齡亦好學不止，亹亹不倦。雖目力不及，然於史事多所論述，而有明一代典故，尤瞭如指掌。至於博古精鑒，一時圖書之富，足備大觀。孫氏著述甚豐，内容涵蓋經、史、子、集。如經部之五經翼、尚書集解，史部之天府廣記、畿輔人物志、山書，子部之春明夢餘録、庚子銷夏記，集部之己亥存稿等四十餘種，大多傳世。於理學則有宋五先生、明四先生學約、道統明辨、諸儒集抄、考正晚年定論，皆渠一力搜羅定正，手自脱稿，歷二十年，日不釋卷（傳見清王崇簡光禄大夫太子太保都察院右都御史吏部左侍郎孫公承澤行狀、（雍正）畿輔通志卷七九、光緒順天府志卷一〇五）。

孫氏生平學問以朱子爲宗，揚理學而抑王學。自王陽明朱子晚年定論出，試圖「以己之意，逆朱之志」，朱子後學中駁之者甚多，如羅欽順與王陽明書（見其困知記附録）、陳建學蔀通辨等。孫氏承其餘緒，於耄耋之齡著考正晚年定論，以宋孝宗淳熙甲午，朱熹四十五歲爲晚年之始，取朱子年譜、行狀、文集、語類及諸儒辯駁合而成書，於陽明摘訛指謬，力闢其所謂定論者。然是書於羅、陳二人之文多所徵引，故四庫全書總目提要卷九七云：「考晚年定論初出之時，羅洪先（按館臣失考，當爲羅欽順）致書守仁，所辨何叔京、黄直卿二書已極爲明晰。是書特申而明之，大旨固不出羅書之外。」

考正晚年定論，四庫總目著録爲江蘇巡撫採進本，今已佚亡，僅存臺灣漢學研究中心所藏舊抄本，四庫存目叢書據以影印。書後錢馥跋叙其得書經過云：「當時雖曾鏤版而流傳頗少，遠近積書家罕有藏弆者。友人吴君子安偶於舊書中檢得，一日語次及之，遂假以歸。……手録一本，藏之笥篋，謀重鋟梓以廣其傳。卷末所載羅公書，殘缺不全，爲考整庵遺集補完焉。」今未見錢馥所云重刻之本，疑其事謀而未成。

錢抄本有校語，此次即以之爲底本，取其校之可取者，并以朱子全書、學蔀通辨、陸九淵集等書作了他校。

二〇一五年一月　唐玲

考正晚年定論序

陽明王氏有朱子晚年定論一書，考正者，考正其謬也。或曰：陽明一生牴牾朱子，晚作定論，悔而尊朱子也。余曰：否否。此陽明深詆朱子也。朱子著述較周程諸子最多，陽明獨於文集中摘三十條以爲定論，又不言晚年始於何年，但取偶然謙抑之辭，或隨問而答之語，及早年與人之筆，微涉頓悟、不事問學，與陸子静合者，俱坐晚年，以爲晚而自悔，始爲定論。程氏敏政嘗爲道一編，猶取朱子、陸氏之言合較，以爲晚同，其揑合已謬，陽明單摘朱子之言，以朱子攻朱子，其意謬而險矣。近年來無識之士翕然崇信，學脉遂致大亂。余久欲考正，念年踰八旬，不可復延，迺取朱子年譜、行狀、文集、語類及諸儒辨駁成書，斷自宋孝宗淳熙甲午爲始，時朱子年四十有五，是年之後，始與陸氏兄弟相會，逐年編輯其言論書、禮及所著諸書大指，一一具列。年愈晚而事學愈力，闢邪愈堅，寧有一字合於陸氏，一言涉於自悔者？吾夫子以天縱之聖，不以生知自居，而曰「好古敏求」、「多聞多見」，教人曰「博文約禮」，至老删述不休，猶欲假年學易。朱子一生效法孔子，進學必在「致知」，涵養必在「主敬」，德性在是，問學在是。如謬以朱子爲支離，爲晚悔，則是吾夫子所謂「好古敏求」、「多聞多見」、「博文約禮」、「删述學易」，俱早年之支離，必如無言、無知、無能，爲晚年自悔之定論也。從古上聖，不聞頓悟。頓悟者，異端禪學也。開宗於告子，而陸子静陰襲之，王陽明加甚焉。陽明不敢爲告子詆孟子，乃極力爲陸氏詆朱子。其爲陸氏詆朱子者，乃自爲己地，俾學者信其「知行合一」、「心體無善無惡」之謬説，以傳習天下後世也。嗟乎，繼津王大司馬則嘗言之矣。繼津嘉靖中爲紹興司理，備知陽明立身居家無實學，智術籠罩〔一〕，每曰：「此君只是作用〔二〕。」繼津一代偉人，其言不妄。陽明於羅公整菴書駁晚年定論，覆曰「不得已」、「委曲調停」。夫朱子之學，集成四子，上接孔孟，昭如日星，屹如山嶽，何用委曲，何用調停，陽明有何不得已？甚哉無所不用其作用也！學問而至於作用，陸子静狂率尚不屑爲，而宗子静者，肆然以爲得計焉。此余所謂謬而亟考正之也。

康熙十二年癸丑二月都門八十一老人孫承澤撰。

【校勘記】

〔一〕備知陽明立身居家無實學智術籠罩　按：此句四庫存目叢書第一一九册所收孫承澤益智録卷八作「備知陽明以才勝」，所收同人畿輔人物志卷十六略同。惟閻若璩潛邱札記（清乾隆刻本)卷一引作「親見其居身居家無實學，止以氣魄議論籠罩從學者」，清張夏雒閩源流録(清康熙刻本)卷九所引同。故「智術籠罩」疑當作「止以智術籠罩從學者」。

〔二〕此君只是作用　此句潛邱札記作「此公一生只是作用」。

考正晚年定論卷一

宋孝宗淳熙元年甲午，朱子四十五歲。

是年之後，朱子始與陸子静兄弟會。

朱子答吕子約書云：「陸子静之賢，聞之蓋久〔一〕，然似聞有脱略文字、直趨本根之意，不知其與中庸學問思辨然後篤行之旨，又何如耳。」

又答吕子約書云：「近聞陸子静言論風旨之一二，全是禪學，但變其名號耳。競相祖習，恐誤後生。恨不識之，不得深扣其説，因獻所疑也。然恐其説方行〔二〕，亦未必肯聽此老生常談，徒竊憂歎而已。」

此時朱子尚未會陸子静，而已知其全是禪學，蓋學之邪正，毫釐千里，有不難知者。師心自用之士，自墮冥知，趨而因以誤人。此朱子定論之始也。

二年乙未，四十六歲。

五月，與吕子東萊共成近思録。

東萊自東陽來訪，留寒泉精舍者旬日，相與掇周子、程子、張子書關大體而切日用者〔三〕，彙次成十四篇，號近思録。朱子常語學者曰：「四子，六經之階梯；近思録，四子之階梯。」蓋言爲學當自此而入也。其書有體有用，精微切實。時朱子中年，詎謂其書非定論耶？

是月，偕吕子約、東萊會陸氏子壽、子静於鵝湖，所見不合而罷。

東萊歸，朱子送至信州之鵝湖寺。東萊約陸子静及其兄子壽來會，論學不合，各賦一詩見志。陸子壽詩云：「孩提知愛長知欽，古聖相傳只此心。大抵有基方築室，未聞無址忽成岑。留情傳註翻榛塞，著意精微轉陸沉。珍重友朋勤琢切，須知至學在於今〔四〕。」子静和云：「墟墓興哀宗廟欽，斯人千古不磨心。涓流積至滄溟水，卷石崇成太華岑。易簡工夫終久大〔五〕，支離事業竟浮沉。欲知自下升高處，真僞先須辨古今〔六〕。」朱子續和云：「德義風流夙所欽，别離三載更關心。偶扶藜杖出寒谷，又枉籃輿度遠岑。舊學商量加邃密，新知培養轉深沉。只愁説到無言處，不信人間有古今。」

按：陸子静乃東萊所取士，約與朱子會於鵝湖，蓋知子静學術之偏，而欲其折衷於朱子也，乃執迷不悟，殊負東萊之意。後子壽悔，而子静與其兄異，遂不可入堯舜之道。

與張敬夫書：「子壽兄弟氣象甚好，其病却是盡廢講學而專務踐履，却於踐履之中要人提撕省察，悟得本心，此爲病之大者。要其操持謹質，表裏不二，實有以過於人者。惜其自信太過，規模狹窄，不復取人之善，將流於異學而不自知耳。」

此是鵝湖會後之論，以子靜過人之質，能致力問學，自是任道之器，乃誤以即心即道，糟粕六經，甚至曰「某不識一字〔七〕，亦還我堂堂作箇人〔八〕」，流爲異端之歸。此朱子所深惜，非樂與之異也。

四年丁酉，四十八歲。

六月，論語、孟子集註成。

朱子既編次論、孟集義，又作訓蒙口義，既而約其精粹、妙得本旨者爲集註。年譜云：「此書雖成於是年，其後删改日益精密。至學、庸章句則成於淳熙己酉，時朱子年六十矣。」行狀亦云：「先生著述雖多，於語、孟、大學、中庸尤所加意。若大學、論語，則更定數四，以至垂没焉。」陳氏曰：「晦菴先生平生講解，此爲第一，所謂毫髮無遺憾者矣。」

朱子語録曰：「集註如秤上秤來無異，不高些，不低些，如看得透，存養熟，甚生氣質。」

又曰：「集註，某自三十歲便下工夫，到而今改猶未了，不是草草看者。」

清瀾陳氏曰：「或曰：陽明作定論序〔九〕，謂朱子『晚歲大悟舊説〔一〇〕，痛悔極艾，至以爲自誑誑人之罪，不可勝贖。集註諸書〔一一〕，乃其中年未定之説，自咎爲舊本之誤，思改而未及』，陽明所據信然耶？曰：此陽明捕風捉影、誣前誑後之深也。『自誑誑人之罪，可不勝贖』，即朱子早年答何叔京書語也。『舊本之誤』，朱子初無是語也。朱子續文集答黄直卿有『向來定本之誤』之語，陽明編置定論首篇，爲序文張本，然此語非爲著書發也。按：答黄直卿書云：『爲學直是先要立本。文義却可且與説出正意，令其寬心玩味，未可便令考較同異，研究纖密，恐其意思促迫，難得長進，此是向來定本之誤。今幸見得，却煩勇革，不可苟避譏笑，却誤人也。』詳此書，蓋論教人之事，説教人定本，文意甚明，朱子嘗云『聖人教人有定本』，又下文謂『教人須先立定本』，正同此。陽明何得矯假以爲悔集註諸書之證也哉！又按：朱子正文集亦載此書，但此句止云『此是向來差誤』，無『定本』二字，其非爲著述尤明〔一二〕。」

薛文清曰：「四書集註章句、或問皆朱子萃諸賢之言議，而折衷以義理之權衡，至廣至大至精至密，發揮先賢之心，殆無餘藴。學者但當依朱子精思熟讀、循序漸進之法，潛心體認而力行之，自有所得。竊怪後人之於朱子之書之意，尚不能徧觀而盡識，或輕逞己見，妄有疵議；或勦拾成説，寓以新名，衒新奇而掠著述之功，多見其不知量也。」文清之言，似逆知後有王陽明而預道之者。

高忠憲曰：「五經、四書註俱是漢儒專門傳受，俱有一箇來歷。後來宋諸大儒又費許多心思，逐句逐字，稱勑估兩定下，肯細心咀嚼之，自有滋味，何必説出許多新奇？更不知今之所謂新奇，正先儒所剩下不用者，故文公先生嘗云：『四書註中字字句句俱是某稱量過來，若人不曾用得某許多工夫，也却看某底不出。』其註書時與敬夫、伯恭兩先生往來書簡，雖有一字不安，辨論數番。後人未曾見到，反議論前賢，真無忌憚也！」余以爲「無忌憚」三字，何能爲陽明諱！

伍氏袁萃曰：「陽明在西湖靈隱寺講學，一日及中庸，力詆晦翁之説，至於切齒拊膺。有一老僧在坐，問曰：『公爲秀才時，曾依朱説作文否？』陽明曰：『此國家設以取士者，安得不從！』曰：『當時何不自用己説？』曰：『若自用己説，則不得中式矣。』老僧笑曰：『然則文公講解是公寶筏，苦海雖已渡，豈可便棄耶？』陽明默然有慙色。」即就此僧以世法言，陽明亦難以自質矣。昔許文正魯齋講學覃懷，能化老僧散遺生徒還俗；陽明講學，乃爲僧人所譏，亦異乎文正矣。文正學宗朱子，門人每以疑義質問，輒曰：只依朱説，庶不心亂。陽明於集註妄加舊本，又誤認定本，移早年之言證晚年之悔，費盡機巧，心之亂也甚矣！

十月，周易本義、詩集傳成〔一三〕。

年譜曰：「詩自毛鄭以來，皆以小序爲主，其與經文舛戾，則穿鑿爲説以通之。朱子獨以經文爲主，而訂其序之是非，復爲一編附寘經後，以還其舊。」又答東萊論易書云：「讀易之法，竊疑卦爻之詞，本爲卜筮者斷吉凶而因以訓戒。至彖、象、文言之作，始因其吉凶訓戒之意而推説其義理以明之。後人但見孔子所説之義理，而不復推本文王、周公之本意，因鄙卜筮爲不足言；而其所以言易者，遂遠於日用之實，類皆牽合委曲，偏主一事〔一四〕，無復包含該貫、曲暢旁通之妙。若但如此，則聖人當時自可別作一書，明言義理以詔後世，何用假托卦象，爲此艱深隱晦之辭乎？」

易本義、詩集傳與論、孟集註同年著成，陽明以集註爲中年未定之書，而不敢議及易與詩，豈能定者獨在二經，而不定者獨在四書耶？亦見陽明沉潛之學少，而全無致知之實功也。

七年庚子，五十一歲。

是年，陸子壽卒。朱子年譜謂子壽頗悔其非，是以子壽卒，朱子祭之以文，有「道合志同」、「降心從善」之語，而子静終身守其説不變。

朱子嘗答葉味道書云：「所喻既祔之後〔一五〕，主不當復於寢〔一六〕。向見陸子静居母喪時力主此説，其兄子壽疑之，皆以書來見問，因以儀禮注中既祔復主之説告之。而子静固以爲不然，直欲於卒哭而祔之後撤其几筵。子壽疑而復問，因又告之以爲如此，則亦無復問其禮之如何，只此卒哭之後便撤几筵〔一七〕，便非孝子之心〔一八〕，已失禮之大本矣。子静終不謂然，而子壽遂服，以書來謝，至有『負荆請罪』之語。今錢君之論，雖無子静之薄，而其所疑亦非也。」

道一編以祭文中語證朱、陸晚同，是以子壽掩飾子静也。然以朱子五十一爲晚年，去著集註時僅二年餘，陽明何以爲中年耶？

是年，南軒張子亦卒於江陵府治，朱子爲文祭之。

略曰：「蓋有我之所是〔一九〕，而兄以爲非；亦有兄之所然，而我之所議。又有始所共向，而終悟其偏；亦有早所同嚌，而晚得其味。蓋紛紛往反者幾十有餘年〔二〇〕，末乃同歸而一致。」

讀朱子文集自三十卷至三十二卷，皆與南軒書，其中商榷義理、反覆辨論以歸於是，二賢始可言同。後之學者當於此求定論，以收問學之益，胡乃自恃才智，變亂同異，有如猾吏之舞文，亦可謂不善學者矣。

南軒嘗言：「學莫先於義利之辨。而義也者，本心之所當爲而不能自已，非有所爲而爲之者也。一有所爲，則皆人欲而非天理矣。」朱子以爲擴前聖之所未發，與「性善」、「養氣」之論同功。

八年辛丑，五十二歲。

二月，陸子訪朱子於南康。

朱子帥僚友諸生與俱至白鹿洞書堂，請升講席，陸子爲講論語「君子喻於義，小人喻於利」一章，深明義利之辨。朱子請書於簡，自爲之跋，稱其「發明懇到，切中學者隱微深錮之病」云。

朱子於子静，一節之長，則深取之；全體之失，則切規之。與人爲善，見朱子之大，非謂之晚同也。

吕東萊與朱子帖云：「子静留得幾日，鵝湖氣象已全轉否？」朱子答書云：「子静舊日規模終在，其論爲學之病，多説如此即只是意見，如此即只是議論，如此即只是定本。某因與説，既是思索，即不容無意見；既是講學，即不容無議論；統論爲學規模，亦豈容無定本？但隨人材質病痛而救藥之，即不可有定本耳。渠却云正爲多是邪意見、閒議論，故爲學者之病。某云如此即是自家呵斥亦過分了，須是著『邪』字、『閒』字方始分明，不教人作禪會耳。又教人恐須先立定本，却就上面整頓，方始説得無定本底道理。今如此一概揮斥，其不爲禪學者幾希矣。」

按：朱子又嘗答東萊，謂子静「依舊遮前掩後，巧爲辭説。」此帖亦在南康之會後，蓋終不能掩其偏蔽也。又觀答東萊書中亦言「定本」，此「定本」果指集註否？甚矣陽明之妄也！

是年七月，吕東萊訃至，爲位哭之。

朱子執友，惟南軒與東萊砥礪最深。論造詣，南軒不及朱子之大；論功力，東萊不及朱子之純。然皆博學審問，躬體力行，以聖人爲師，所謂「道同志合」也。傳稱東萊少時性卞急，一日，讀論語至「躬自厚而薄責於人」，猛然驚省，後不復卞急。朱子贊其善於變化氣質，其實學如此。子静爲其門下士，能如其讀書之益，何至一生猖狂自恣，如所云「舉頭天外望，無我這般人」，此何氣質耶？

十年癸卯，五十四歲。

是年餘干曹建卒，朱子表其墓曰：「立之幼穎悟，長知自刻厲。聞張敬夫講道湖湘，欲往見之，不能致。有告以沙隨程氏學古行高者，即往從之，得其指歸。既又聞陸氏兄弟獨以心之所得者爲學，其説有非文字言語之所及者，則又往受其業，久而若有得焉。子壽蓋深許之，而立之未敢以自足也，則又寓書以講於張氏。然敬夫尋没，立之竟不得見。後得其遺文，考其爲學始終之致，於是乃有定論不疑。其告朋友書有曰：『學必貴於知道，而道非一聞可悟，一超可入也。循下學之則，加窮理之功，由淺而深，由近而遠，則庶乎其可矣。今必先期於一悟，而遂至於棄百事以趨之〔一一〕，則吾恐未悟之閒，狼狽已甚，又況忽下趨高，未有幸而得之者耶！』此其晚歲用力之標的程度也。」

曹立之嘗從子静講學，見子静喜言虚遠，進曰：「願先生且將孝弟忠信誨人。」子静面赤，徐曰：「立之之謬如此。孝弟忠信如何説『且將』？」立之遂從學朱子。立之可謂於子静頂門一針矣。

十一年甲辰，五十五歲。

朱子還自浙東，見其士習馳騖於外，每語學者且觀孟子「道性善」及「求放心」兩章，務收斂凝定，以致克己求仁之功，而深斥其所學之誤。以爲舍六經、語、孟而尊史遷，舍「窮理」、「盡性」而談世變，舍治心修身而喜事功，大爲學者心術之害，極力爲吕祖儉、潘景愈、孫應時輩言之。答吕祖儉書云：「大抵此學以尊德性、求放心爲本，而講以聖賢親切之訓以開明之。若通古今、考世變〔一二〕，則亦隨力所至，推廣增益，以爲補助耳。不當以彼爲重，而反輕凝定收斂之實，少聖賢親切之訓也。若如此說，則是學問不在於己而在於書，不在於經而在於史，爲子思、孟子則孤陋狹劣而不足觀，必爲司馬遷、班固、范曄、陳壽之徒，然後可以造於『高明正大、簡易明白』之域也。」又曰：「海内學術之弊，不過兩説：江西頓悟，永康事功，若不極力争辨，此道無由得明。」

觀朱子闢浙東史學、永康霸學、江西禪學，去此三學，吾儒之正學定矣。

十二年乙巳，五十六歲。

貽陸子書云：「奏篇垂寄，得聞至論，慰沃良深。語圓意活，渾浩流轉，有以見所養之深、所蓄之厚〔一三〕，但向上一路未曾撥轉處，未免使人疑著，恐是葱嶺帶來耳。」

向以子静爲禪學，猶是與人私議，至此公指其是葱嶺，曾不爲之諱，過此闢之益力，安所見晚年之一耶！

又與劉子澄書云：「子静寄得對語來，語意圓轉渾浩，無凝滯處，亦是渠所得效驗。但不免些禪底意思。昨答書戲之云：『這些子恐是葱嶺帶來。』渠定不伏。然實是如此，諱不得也。近日建昌説得動地，撑眉努眼，百怪俱出，甚可憂懼。渠亦本是好意，但不合只以私意爲主，更不講學涵養，直做得如此狂妄。世俗滔滔，無話可説，有志於學者又爲此説引去，真吾道之不幸也。」

建昌乃子静門人傅子淵也，江西建昌人，子静所亟稱許者。朱子闢之如此，所以深闢子静也。

八月，孝經刊誤成。

刊誤謂今文六章、古文七章，以前爲經，後爲傳。經之首統論孝之終始，乃敷陳天子、諸侯、卿、大夫、士、庶人之孝，而其末曰：「故自天子至於庶人，孝無終始而患不及者，未之有也。」其首尾相應，文勢聯貫，寔皆一時之言，而後人妄分爲六、七。又增「子曰」及詩書之文，以雜乎其閒。今乃合爲一章，而删去「子曰」者二，引書者一，引詩者四，凡六十一字，以復經文之舊。又指傳文之失，去「先王見教」以下凡六十七字、「以順則逆」已下凡九十字，餘從古文。朱子嘗欲掇取他書之言可發孝經之旨者，别爲外傳，未及屬草，門人黄榦繼其志，輯六經、四書之言「孝」者爲一書，共二十四篇，名爲孝經本旨，人稱精確。陸子静門人楊簡亦著孝經解，中如「德性無生，何從有死」之語，人嗤其爲禪，子静之學誤人如此。余嘗言不知其師，視其門人，如朱子之門有黄直卿，陸氏之門有楊慈湖，陽明之門有王龍溪，則其師可知矣。

十三年丙午，五十七歲。

答子静書：「昨聞嘗有丐外之請而復未遂，今定何如？子淵去冬相見，氣質剛毅，極不易得。但其偏處亦甚害事，雖嘗苦口，恐未必以爲然。道理雖極精微，然初不在耳目聞見之外，是非黑白〔二四〕，只在面前。此而不察，乃欲別求玄妙於意慮之表，亦已誤矣。熹衰病日侵，所幸邇來日用功夫頗覺有力，無復向來支離之病。甚恨未得從容面論，未知異時相見，尚復有異同否耳？」

按：此書云「別求玄妙」數語，斥子淵乃所以箴子静也。因子静平日以朱子爲支離，故云「無復向年支離之病」，非獨謙抑之詞，亦所以箴子静也。説者乃謂自悔支離爲朱陸之同，真癡人説夢也。

答程正思書云〔二五〕：「所論皆正當確實，而衛道之意又甚嚴，深慰深慰。祝汀州見責之意，敢不敬承。蓋緣舊日曾學禪宗，故於彼説雖知其非，而未免有私嗜之意，亦是被渠説得遮前掩後，未盡見其底藴。譬如楊墨，但能知其『爲我』、『兼愛』，而不知其至於『無父無君』；雖知其『無父無君』，亦不知其便是禽獸也〔二六〕。去冬因其徒來此，狂妄兇狠，手足盡露，自此乃始顯然鳴鼓攻之，不復爲前日之唯阿矣。」

書中所謂「彼説」者，指傅子淵也。朱子自謂曾學禪宗，未免私嗜，甚矣見知言之難！然非朱子亦不能道此語耳。按：朱子少時曾學禪，嘗言見延平李先生，問所學，告之學禪，先生但曰：「不是。」再四質問，則曰：「且看聖賢言語。」遂取聖賢書讀之。讀來讀去，日復一日，覺得聖賢言語漸漸有味，却回頭看釋氏之説，破綻百出，故朱子之學得延平而進。後年歲日久，功力日深，集周程諸子之成，而接孔孟之統。故陳清瀾謂朱子早與子静同，晚與子静異。陽明反以早爲晚，其見謬也。

答劉公度書云：「建昌士子過此者多，方究得彼中之道理，端的是異端誤人不少。向見賢者亦頗好之，近亦覺其非否？」

答趙幾道書云：「所論時學之弊甚善，然所謂冷淡生活者，亦恐反遲而禍大耳。孟子所以舍申商而距楊墨者，爲此也。向來正以吾黨孤弱，不欲於中自爲矛盾，亦厭繳紛競辨，若可羞者，故一切容忍，不能極論。近乃深覺其弊，全然不曾略見天理彷佛，一味只將私意東作西捺，故作許多詖淫邪遁之説。又且空腹高心，妄自尊大，俯視聖賢，蔑棄禮法，只此一節，尤爲學者心術之害，故不免直截與之説破。渠輩家計已成，決不肯舍。然此説既明，庶幾後者免墮邪見坑中，亦是一事耳。」

朱子至此，攻陸氏之學至矣，恐至「後學墮邪見坑中」尤爲苦心。乃後學如陽明甘墮其中，竊孟子「良知」二字以佐陸氏之心學。襲其派者，如海門、石簣不足言，如南皋、念臺兩先生，亦染其雲霧。近見有號宿儒者，以「良知」之學授生徒，至謂宋儒知道，止濂溪、明道，而不及伊川、元晦；又謂接孟子之統者，屬子静、陽明，並不及濂溪、明道矣。曲護陽明「無善無惡心之體」句〔二七〕，以爲「惟無善故至善」，如「無極而太極」。余以爲既無善何以爲至善，然則無惡亦爲至惡乎？且告子「無善無不善」之説當作何解？陽明之謬，已經涇陽〔二八〕、景逸、少墟三大儒力駁而猶承訛襲舛，不可解也。

是年，易學啓蒙成。

六經遭秦煨燼，惟易以卜筮得全，迄於漢魏，流爲讖緯之學，王弼屏棄象數，釋以清談，諸儒因之。至伊川程子，始發明孔氏之微言，而卦爻之本則未及焉。康節邵子傳伏羲先天圖，蓋得其本而亦未及於卜筮也。朱子既推羲文之意作周易本義，又懼學者未明厥旨，乃作啓蒙四篇，以爲言易不本象數，既支離散漫，而無所根著。其本象數者，又不知法象之自然，未免牽合附會，故其篇目以本圖書、原卦畫、明蓍策、考變占爲次。凡掛揲及變爻，又皆盡破古今諸儒之失，而易經始還其舊。

或言夫子於易主義理，不言卜筮。夫子繫辭曰「卜筮者，尚其占」，「極數知來之謂占」，「是興神物以前民用」。言卜筮者不一而足，何謂不言耶？朱子於易既著本義，又著啓蒙，此晚年爲學之極功也。

十四年丁未，五十八歲。

五月，答子静書云：「税駕已久，諸況益佳〔二九〕，學徒四來，所以及人者在此而不在彼矣。區區所憂，一種輕爲高論，妄生内外精粗之别，以良心日用分爲兩截，謂聖賢之言不必盡信，而容貌詞氣之間不必深察者。此其爲説乖戾狠悖，大爲吾道之害〔三〇〕，不待他時末流之弊矣。此事不比尋常小小文義異同，恨相去遠，無由面論，徒增耿耿耳。」

陳清瀾云：「按子静年譜：自去年冬得旨，奉祠還家，學者輳集。故此書有『税駕已久，學徒四來』之云也。此朱子晚年攻陸切要之言。道一編乃列爲早年冰炭，誤矣。」

是年，小學成。

邵武李氏曰：「先生年五十八，編次小學書成，以訓蒙士，使培其根以達其支。内篇：『曰立教，曰明倫，曰敬身，曰稽古。』外篇二，取古今嘉言以廣之，善行以實之，雖已進乎大學者，亦得以兼補之於後，修身大法，此略備焉。」

朱子時年已晚，而教人之法詳細切實如此。許氏魯齋曰：「吾敬之如神明，愛之如父母。」正以其書不獨有益於幼學，而成人亦所必資也。使子静而能如魯齋之見，何至洸漾恣肆而無歸乎！

十五年戊申，五十九歲。

是年正月，子静作王荆公祠堂記，有曰：「掃俗學之凡陋，振弊法之因循。道術必爲孔孟，勳績必爲伊周，公之志也。不蘄人之知而聲光燁奕，一時鉅公名賢爲之左次。公之得此，豈偶然哉？」

答劉公度書云：「所喻：『世豈能人人同己，人人知己？在我皆明瑩無瑕，所益多矣。』此等語言，殊不似聖賢意思，無乃近日亦爲異論漸染，自私自利，作此見解耶？臨川近説愈肆，荆舒祠記曾見之否？此等議論，皆是學問偏枯、見識昏昧之故，私意又從而激之。若公度之説行，則此等事都無人管，恣意横流矣〔三一〕。」

答吕子約書云：「學者於道徒習聞於其外之文〔三二〕，而不考其中之實者，往往類此。王介甫所以惑主聽而誤蒼生〔三三〕，亦只是此等語耳，豈可以此復爲極至之論而躋之聖賢之列，屬以斯道之傳哉？以此等議論爲極至，復是自家見得聖賢道理未曾分明，被他嚇倒也〔三四〕。」

朱子語類謂：王安石學問高妙，出入於老佛之間，其政事欲與堯舜三代爭衡，只是本原不正，義理不明，終於遺禍。朱子答劉季章書謂：「臨川前後一二公〔三五〕，巨細雖有不同〔三六〕，然原其所出，則同是此一種見識，可以爲戒而不可以爲學也。」嘉靖中，霍渭厓著象山學辨，謂王安石以自信亂天下，陸子静以自信誤後世。若二人者，其名教之罪人與？

子静年譜載荆公祠記作於淳熙戊申，時朱子年將六十，斥其學問見識如此。此非晚年之定論耶？而乃移之爲初年，何也？

初，子静之兄子美嘗有書與朱子，言太極圖説非正，曲加扶掖，終爲病根，意謂不當於「太極」上更加「無極」二字。朱子答書云：「不言無極，則太極同於一物，而不足以爲萬化根本；不言太極，則無極淪於虚寂，而不能以爲萬化根本。」又曰：「無極只是無形，太極只是有理。」子美不以爲然。子美名九韶，蓋其學與子静同也。至是，朱子乃以太極並通書、西銘解義授從學之士，而學脈大明。

是年，始出太極、通書、西銘解義，以授學者。

是年，陸子改貴溪應天山爲象山，建精舍講學，與學者云：「二程見周茂叔後，吟風弄月而歸，有『吾與點也』之意。後來明道此意却存，伊川已失此意。」又云：「元晦似伊川〔三七〕，欽夫似明道。伊川蔽錮深，明道却通疏。」又嘗謂人曰：「丱角時，聞人誦伊川語，自覺若傷我者。」又曰：「伊川之言，奚爲與孔子、孟子之言不類。」又曰：「伊川學問，未免占決卜度之失。」又曰：「李白、杜甫、陶淵明皆有志於吾道。」觀子静所評人物如此，則其學可知。夫子取曾點，亦僅取其一節。所謂狂也，即黄山谷贊周子「光風霽月」，尚嫌其略帶清高氣象，而子静羡慕之，並及李白輩，宜乎以伊川、元晦爲蔽錮，覺伊川若傷我也。

朱子言：「陸子静看伊川低，此恐子静看其説未透耳。譬如一塊精金，却道不是金，非金之不好，不識金耳。」

後之老儒不以知道許伊川、元晦，蓋遵子静之言也。昔湛甘泉嘗輯遵道録一編，而自爲之序云：「遵道者何？遵明道也。明道兄弟之學，孔孟之正脈也。」整菴羅子駁之曰：「夫既曰兄弟矣，而所遵者獨明道，何耶？『「上天之載，無聲無臭。」其體則謂之易，其理則謂之道，其用則謂之神，其命於人則謂之性。』此明道之言也。『物所受爲性，天所賦爲命。』此伊川之言也。中庸測於『天命之謂性』旁註云：『命脈之命，難語。』又加一語曰：『命門之云。』雍語又曰：『「於穆不已」是天之命根。』凡此爲遵明道耶，遵伊川耶？余不能無惑也。定性書有云：『聖人之喜，以物之當喜；聖人之怒，以物之當怒。是聖人之喜怒，不繫於心而繫於物也。』雍語乃云：『天理只是吾心本體，豈可於事物上尋討？』然則明道之言，其又何足遵耶！名爲遵道，而實則相戾。」按：甘泉之學即陽明之學也。彼原不知明道，又安能知伊川也？總之，宗陸者隨聲附合，究其實則茫然也。

敬齋胡子曰：「象山天資與伊川不合者，伊川收斂謹密，其言平實精確；象山必有凌虛駕空之意，故聞伊川之言，似有傷其心。其晚年身在此處，能知民間事，又預知死期，則異學無疑。」

答歐陽希遜書云：「學者當循下學上達之序，庶幾不錯。若一向先求曾點見解，未有不入於老佛也。」

子静與曾宅之書謂：「持敬乃後來杜撰。」夫「敬」之一字，爲歷聖相傳心法，孔門求仁必自持敬始，乃謂之爲「後來杜撰」，宜其放蕩自恣、妄希曾點也。王陽明亦譏朱子主敬爲綴旒、爲畫蛇添足。吾不知彼所謂「良知」從何而致也？

是年四月，陸子與朱子書略云：「昔年兩得侍教，康廬之集，加款於鵝湖，然猶鹵莽淺陋，未能成章，無以相發，甚自愧也。比日少進，甚思一侍函丈，當有啓助，以卒餘教。」「梭山兄謂：『太極圖説與通書不類，疑非周子所爲。』此言殆未可忽也。」「易之大傳曰『形而上者謂之道』，又曰『一陰一陽之謂道』，一陰一陽，已是形而上者，況太極乎？」「極者，中也；言無極，則是言無中也。豈宜以無極加於太極之上？」「『無極』二字，出於老子，聖人之書所無有也。」

按：梭山，陸子美別號也。嘗詆太極圖説之非，朱子先已辨之矣。至是，子静復爲之申其説，彼此辨論各數千言，始撮其略。按：「無極」之辨，二家年譜俱載此歲，而子静書首叙「康廬之集，加款於鵝湖」，其歲時前後亦明。乃求朱陸晚同者，置此於兩家未會之前，以朱子年譜爲誤，何其顛倒錯亂之甚也！

十一月，答子静書有曰：「大傳既曰『形而上者謂之道』矣，而又曰『一陰一陽之謂道』，此豈真以陰陽爲形而上者哉？正所以見一陰一陽雖屬形器〔三八〕，然其所以一陰而一陽者，是乃道體之所爲也。故語道體之至極，則謂之太極；語太極之流行，則謂之道。雖名二物〔三九〕，實無兩體〔四〇〕。周子所以謂之『無極』者，正以其無方所、無形狀，以爲在無物之前，而未嘗不立於有物之後；以爲在陰陽之外，而未嘗不行乎陰陽之中；以爲通貫全體，無乎不在，則又初無聲臭影響之可言者〔四一〕。今乃深詆無極之不然，則是直以太極爲有形狀、有方所矣。且以陰陽爲形而上者，則既昧於道器之分矣。又以『形而上者』之上復有『沉太極乎』之語，則是又以道上别有一物爲太極矣。」

子静第二書有曰：「老氏以無爲天地之始，以有爲萬物之母，以常無觀妙，以常有觀竅，直將『無』字搭在上面，正是老氏之學，豈可諱也？」朱子以次年遂極言以曉之。

「如老子『復歸于無極』，『無極』乃無窮之義。非若周子所言之意也。」

【校勘記】

〔一〕聞之蓋久　「蓋」，原誤作「益」，據晦庵先生朱文公文集（朱子全書本，上海古籍出版社、安徽教育出版社二〇〇二年版，下同）卷四七答吕子約改。

〔二〕然恐其説方行　「恐」，晦庵先生朱文公文集卷四七答吕子約作「想」。

〔三〕關大體而切日用者　「關」、「切」下，近思録（朱子全書本）朱序有「於」字。「用」字原缺，據近思録朱序補。

〔四〕須知至學在於今　「學」，宋詩拾遺卷二一鵝湖示同志作「樂」。

〔五〕易簡工夫終久大　「大」字原缺，據陸九淵集（中華書局一九八〇年版，下同）卷二五鵝湖和教授兄韻補。

〔六〕真僞先須辨古今　「古」，原誤作「只」，據陸九淵集卷二五鵝湖和教授兄韻改。

〔七〕不識一字　「一」下，陸九淵集卷三五語録下有「箇」字。

〔八〕亦還我堂堂作箇人　「亦」下，陸九淵集卷三五語録下有「須」字。下「堂」字下，陸九淵集卷三五語録下有「地」字。

〔九〕或曰陽明作定論序　「或曰」二字原缺，據明陳建學蔀通辨（明嘉靖刻本，下同）前編卷中補。

〔一〇〕晚歲大悟舊説　「大」上，朱子晚年定論（王陽明全集本，上海古籍出版社一九九二年版，下同）有「固已」二字。「説」下，朱子晚年定論、學蔀通辨前編卷中有「之非」二字。

〔一一〕集註諸書　此句朱子晚年定論作「世之所傳集註、或問之類」。

〔一二〕自「詳此書」至「其非爲著述尤明」　此段底本漫漶，據學蔀通辨前編卷中補。

〔一三〕詩集傳成　「集」字原缺，據王懋竑朱子年譜（文淵閣四庫全書本）卷二補。

〔一四〕偏主一事　「事」下，晦庵先生朱文公文集卷三三答呂伯恭有「而言」二字。

〔一五〕所喻既祔之後　「喻」，原誤作「以」，據晦庵先生朱文公文集卷五八答葉味道改。

〔一六〕主不當復於寢　「寢」下，晦庵先生朱文公文集卷五八答葉味道有「此恐不然」四字。

〔一七〕只此卒哭之後便撤几筵　「只」下，晦庵先生朱文公文集卷五八答葉味道有「是」字。「便」，原誤作「復」，據晦庵先生朱文公文集卷五八答葉味道改。

〔一八〕便非孝子之心　「便」，原誤作「復」，據晦庵先生朱文公文集卷五八答葉味道改。

〔一九〕蓋有我之所是　「有」下，原衍「始所共向而終悟其偏」九字，據晦庵先生朱文公文集卷八七又祭張敬夫殿撰文刪。

〔二〇〕蓋紛紛往反者幾十有餘年　上「紛」字，晦庵先生朱文公文集卷八七又祭張敬夫殿撰文作「繳」。「有」，晦庵先生朱文公文集卷八七又祭張敬夫殿撰文無此字。

〔二一〕而遂至於棄百事以趨之　「趨」，晦庵先生朱文公文集卷九〇曹立之墓表作「超」。

〔二二〕考世變　「世」，原誤作「事」，據晦庵先生朱文公文集卷四七答呂子約改。

〔二三〕有以見所養之深所蓄之厚　「養」，晦庵先生朱文公文集卷三六寄陸子靜作「造」。「蓄」，晦庵先生朱文公文集卷三六寄陸子静作「養」。

〔二四〕是非黑白　「黑」，原誤作「墨」，據晦庵先生朱文公文集卷三六答陸子静改。

〔二五〕答程正思書云　「思」，原誤作「意」，據晦庵先生朱文公文集卷五〇答程正思改。

〔二六〕亦不知其便是禽獸也　「便」，原誤作「復」，據晦庵先生朱文公文集卷五〇答程正思改。

〔二七〕曲護陽明無善無惡心之體句　「明」字原缺，據文義補。

〔二八〕已經涇陽景逸少墟三大儒力駁而猶承訛襲舛　「涇」下，原衍「渭」字，今删。按：涇陽爲明儒顧憲成號。

〔二九〕諸況益佳　「況」下，晦庵先生朱文公文集卷三六答陸子静有「想」字。

〔三〇〕大爲吾道之害　「大」上，晦庵先生朱文公文集卷三六答陸子静有「將有」二字。「害」下，晦庵先生朱文公文集卷三六答陸子静有「者」字。

〔三一〕恣意横流矣　「横」字原缺，據晦庵先生朱文公文集卷五三答劉公度補。

〔三二〕學者於道徒習聞於其外之文　上「於」字下，晦庵先生朱文公文集卷四八答吕子約有「聖人之」三字。

〔三三〕王介甫所以惑主聽而誤蒼生　「惑」，原誤作「感」，據朱子語類（朱子全書本）卷一〇七改。

〔三四〕自「以此等議論」至「被他嚇倒也」　朱子語類卷一〇七作小字注文。

〔三五〕臨川前後一二公　「臨」上，晦庵先生朱文公文集卷五三答劉季章有「只如」二字。「一」字原缺，據晦庵先生朱文公文集卷五三答劉季章補。

〔三六〕巨細雖有不同　「巨」，原誤作「渠」，據晦庵先生朱文公文集卷五三答劉季章改。

〔三七〕元晦似伊川　「似」，原誤作「以」，據陸九淵集卷三四語録上改。

〔三八〕正所以見一陰一陽雖屬形器　「正」，原誤作「一」，據晦庵先生朱文公文集卷三六答陸子静改。

〔三九〕雖名二物　此句晦庵先生朱文公文集卷三六答陸子静作「雖有二名」。

〔四〇〕實無兩體　「實」，晦庵先生朱文公文集卷三六答陸子静作「初」。

〔四一〕則又初無聲臭影響之可言者　「影」，原誤作「形」，據晦庵先生朱文公文集卷三六答陸子静改。

考正晚年定論卷二

十六年己酉，六十歲。

正月答子静書有云：「詳老氏之言『有無』，以『有無』爲二；周子之言『有無』，以『有無』爲一。正如南北水火之相反。更請子細著眼，未可容易譏評也。」

又曰：「老兄昆仲同立此論，而其所以立論之意不同。子美尊兄自是天資質實重厚，當時看得此理有未盡處，不能子細推究，便立議論，因而自信太過，遂不可回。見雖有病，意實無他。老兄却是先立一説，務要突過有若、子貢以上，更不數近世周、程諸公，故於其言不問是非[一]，一例吹毛求疵，須要討不是處。正使得十分無病，此意却先不好了。况其言之粗率，又不能無病乎？夫子之聖，固非以多學而得之，然觀其好古敏求，實亦未嘗不多學。但其中自有一以貫之處耳。若只如此空疏杜撰，則雖有一而無可貫矣，又何足以爲孔子乎？顔、曾所以獨得聖學之傳，正爲其博文約禮，足目俱到，亦不是只如此空疏杜撰也。子貢雖未得承道統，然其所知似亦不在今人之後，但未有禪學可以换耳。周、程之生，時世雖在孟子之下，然其道則有不約而合者。反覆來書，竊恐老兄於其所言多有未解者，恐未可遽以顏、曾自處而輕之也。顏子以能問於不能，以多問於寡，有若無，實若虚，犯而不較；曾子三省其身，惟恐謀之不忠、交之不信、傳之不習。其智之崇如彼，而禮之卑如此，豈有一毫自滿自足、强辨取勝之心乎？來書之意，所以見教甚至，而其末乃有『若猶有疑，不憚下教』之言。熹固不敢當此，然區區鄙見亦不敢不謂老兄傾倒也。不審尊意以爲何如？如曰未然，則『我日斯邁，而月斯征』，各尊所聞、各行所知亦可矣，無復望於必同也。」

讀朱子與陸氏書，理之明、辭之確，可謂千古正論。陽明不於朱子箴陸氏者求正論，而但於合陸氏者求定論，是吾道自大而故狹之，吾道是正而故歧之。昔朱子以子静江西之學不辨明，爲人心之大害，則今日陽明之學不辨明，則人心之害未已也。

子静與陶贊仲書云：「荆公祠堂記與答元晦二書併往〔一〕，可精觀熟讀，此數文皆明道之文，非止一時辨論之文也。吾文條析甚明，看晦翁書但見糊塗，没理會。吾書坦然明白，吾所明之理，乃天下之正理、實理、公理、常理，所謂『本諸身，徵諸庶民，考諸三王而不謬，建諸天地而不悖，質諸鬼神而無疑，百世以俟聖人而不惑者也』。」

又與邵叔誼書云：「得元晦書，其蔽殊未解。」「某復書又加明暢，併録往，幸精觀之。」

觀子静二書，心粗氣浮，其時年已五十有一，惟其無持敬之功，故遂乏涵養之益，所謂「尊德性」者安在也？故知程朱之主敬，乃成始成終之要也。

與邵叔誼書云：「子静書來，殊無義理，每爲閉匿，不敢廣以示人。不謂渠乃自暴揚如此。」「所與左右書，渠亦録來，想甚得意。大率渠有文字，多即傳播四出，惟恐人不知，此其常態，亦不足深怪。吾人所學，却且要自家識見分明，持正守當，深當以此等氣象舉止爲戒耳。」

答程正思書云：「答子静書無人寫得，聞渠已謄本四出久矣。此正不欲暴其短，渠乃自如此，可歎可歎！然得渠如此，亦甚省力，且得四方學者略知前賢立言本旨，不爲無益。『不必深辨』之云，似未聖賢任道之心也。」

觀朱子二書，何其雍和忠厚，再四潛玩，長人意識。不知陽明曾見此書否耶？與子静相左益遠，而謂晚而悔悟，何也？

二月，序大學章句。三月，序中庸章句。

年譜云：「二書定著已久，猶時加竄改，至是以穩愜於心，而始序之。」陳清瀾曰：「二書雖序於是年，然後此尚復修改不輟。大學直至垂没改定[三]，誠意章乃絶筆。傳習録因論『格物』之説與其禪見不合，乃詆爲朱子早歲所著而未及改，矯誣莫甚矣。」是時著中庸輯略與學庸或問，與章句並傳。其論孟或問著於淳熙四年丁酉，與論孟集註同成，以集註屢改，而論孟或問未及改，故不與學庸或問同成，以集註行。朱子於爲學誨人慎重如此。

陳氏曰：「朱子撰集註既成，復論次其取舍之所以然，别爲一書，而篇首述二書綱領，與讀者之要法，其與集註實相表裏，學者所當並觀也。」余按：朱子學庸或問載於四書大全，家傳户誦，而論孟或問，學者鮮見。其中未經改定，原有參差，余家有藏本，略加考定，而大意了然，有資後學，誠如陳氏所言也。大學「格物」之説，明道程子解曰：「格物者，格，至也物者，凡遇事皆物也，欲以窮至物理也。」朱子稱其意句俱到，不可移易。王陽明乃曰：「物者，意之用也。格者，正也。正其不正，以歸於正，而必盡乎天理也。」此其訓與「正心誠意」淆，復窒礙，乖經意矣。又傳習録云：「吾心之良知，即所謂天理也。致吾心良知之天理於事事物物，則事事物物皆得其理矣。致吾心之良知者，致知也；事事物物皆得其理者，格物也。」如此言，則是先致知而後格物，益顛倒舛戾之甚矣！

傳習録：門人問曰：「格物之説如先生所教，明白簡易，文公於此反有未審，何也？」陽明曰：「文公精神氣魄大，是他早年合下便要繼往開來〔四〕，故一向只就考索著述上用功。若先切己自修，自然不暇及此。文公早歲便著許多書，晚年方悔，是倒做了。」門人曰：「晚年之悔，如所謂『向來定本之誤』，又謂『雖讀得書，何益於吾事』，又謂『此與守書册，泥言語，全無干涉』，是他到此方悔從前用功之錯，方去切己自修矣。」曰：「然此是文公不可及處。他力量大，一悔便轉，可惜不久即去世，平日許多錯處皆不及改正。」此其毁朱子者至矣！而反贊之曰「不可及」、「力量大」，翻覆閃爍如此，尚可謂讀書講學之儒乎！

陽明答人書云：「『不思善，不思惡時，認本來面目。』此佛氏爲未識本來面目者設此方便。本來面目，即吾聖門所謂良知；隨物而格，自致知之功，即佛氏之『常惺惺』，亦是常存他本來面目耳。體段工夫，大略相似，但佛氏有箇自私自利之心，所以始有不同耳。」觀此書，是陽明則以佛氏亂吾儒之學，羅整菴先生渠云：「自不諱禪，奈何其徒代爲諱之！」

朱子言：「陸子静説顔子克己『不是克去己利私欲之類，别自有箇克處』，又却不肯説破。某嘗代之下語云：『不過要「言語道斷，心思路絶」耳。』此是陷溺人之深坑，切不可不戒。」

黄達材問〔五〕：「顔子如何尚要克己？」朱子曰：「這是公那象山先生好恁地説道，『顔子不似他人様有偏處。要克，只是心有所思』，便不是了。這正是禪家之説，如杲老説『不可説，不可思』之類。他説到那險處時，又却不説破，却又將那虚處説起來。如某所説克己，便是説外障；如他説，是説裏障。他所以嫌某時，只縁是某捉著他緊處。别人不曉禪，便被他謾；某却曉得禪，所以被某看破了。夫子分明説：『非禮勿視、聽、言、動。』顔子分明是『請事斯語』，却如何恁地説得？」

子静曰：「以顔子之賢，必不至有聲色貨利之累〔六〕，忿狠縱肆之失，夫子答其『問仁』，乃有『克己復禮』之説。所謂己私者，非必如常人所見之過惡而後爲己私也。己之未克，雖自命以仁義道德，自期可以至聖賢之地，皆其私也。顔子之所以異乎人者，爲其不安於此，極仰鑽之力，故卒能踐『克己復禮』之言，而知遂以至，善遂以明也。」

陸子静以「仁義道德」、「期至聖賢」皆爲私〔七〕，即平日以「惡能害心，善亦能害心」之説也。其誕極矣！陽明「無善無惡心之體」寔襲之，而自詑爲漏洩天機也。

光宗紹熙元年〔八〕，六十一歲。

是年知漳州，刻五經、四書於郡，各著爲説，繫於諸經書後，以曉學者。

按語録云：「熹如今方見得聖人一言一字不吾欺。只今六十一歲，方理會得恁地。」又曰：「熹當初講學也，豈意到這裏？幸而天假之年，許多道理在這裏，今年頗覺勝似去年，去年勝似前年。」

觀朱子晚年爲學誨人，專以經書爲事，蓋聖人既没，道理在經書，人不致力於此，便爲異端之歸矣。陸子静曰：「六經註我，我註六經。」又曰：「六經皆我註脚。」又誨其侄孫濬書云：「學者之不能知至久矣，非其志識度越千餘年名世之士，則詩、書、易、春秋、論、孟、大學、中庸之篇正爲陸沉，真柳子厚所謂獨遺好事者藻繪，以矜世取譽而已。堯舜禹湯文武周公孔孟之心，將誰使屬之耶？」觀陸氏爲學，則以經爲註脚，誨人則以經書爲陸沉，恣肆無忌，尚可與朱子較同異耶？王陽明嘗撰尊經閣記，謂：「聖人之述六經，猶世之祖父遺子孫以名狀數目，以記籍其家之産業庫藏而已。惟心乃産業庫藏之實也。世儒不知求六經之實於吾心，而徒考索於影響，牽制於文義，是猶子孫不務守視享用其産業庫藏之實積，至爲窶人丐夫，而猶指其記籍曰：斯吾産業庫藏之積也。」嗚呼！陽明此言是直以六經爲名狀數目而已。陳白沙亦有詩云：「六經盡在虚無裏，萬里多歸感寂中。」又曰：「千古遺編都剩語，晚生何敢復云云。」三人者，盡糠粃六經，專以心爲學，墮於異端之歸者也。羅整菴先生曰：「自象山有『六經皆我註脚』之言，流及近世，士之好高欲速者，將聖賢經書都作没緊要看來了，將相坐禪入定矣。一言而貽後學無窮之禍，象山其罪首哉！」

二年辛亥，六十二歲。

與陳君舉論學書曰：「嘗謂人之爲學，若從平實地上循序加功，則其目前雖未見日計之益，而積累工夫漸見端緒，自然不假用意裝點，不待用力支撑，而聖賢之心、義理之實，必皆有以見其確然而不可易者。至於講論之際，心即是口，口即是心，豈容别生較計，依違遷就，以爲諧俗自便之計耶？今人爲學既已過高而傷巧，是以其説常至於依違遷就而無所分别。蓋其胸中未能無纖芥之疑有以致然，非獨以避咎之故而後詭於辭也。若熹之愚，自信已篤。向來之辨雖至於遭讒取辱，然至於今日，此心耿耿，猶恨其言之未盡，不足以暢彼此之懷、合異同之趣，而不敢以爲悔也。」「老病幽憂，死亡無日，念此大字非一人私説、一朝淺計，而終無面寫之期，是以冒致愚悃。」

又曰：「陳君舉書謂某不合與陸子静諸人辨，以爲『相與詰難，竟無深益。蓋刻畫太精，頗傷易簡。矜持已甚，反涉吝驕』。不知更如何方是深益？若孟子之闢楊墨，也只得恁地闢。他説『刻畫太精』，便只是某不合説得太分曉，不似他只恁地含糊。」

又曰：「君舉只道某不合與説，只是他見不破。天下事，不是便是非，直截兩邊去，如何恁地含糊鶻突。某鄉來與説許多，豈是要眼前好看？青天白日在這裏，而今人雖不見信，後世也須有人見得此説，也須爲回轉得幾人。」

君舉，永嘉陳止齋傅良也。其學駁雜，不辨是非，故朱子箴之如此。朱子嘗言藥性不可過治，恐救不得人。其闢陸氏，正與孟子辨楊墨與告子，同爲不得已之心。韓子謂孟子之功不在禹下；魏鶴山謂朱子之功不在孟子下。

三年壬子，六十三歲。

是年正月，陸子知荆門軍，帥吏民講洪範五「皇極」章，講義云：「皇，大也；極，中也。洪範九疇，五居其中，故謂之極。」

朱子言：「今人將『皇極』字作『大中』解了，都不是。『皇建其有極』，不成是大建其有中；『時人斯其惟皇之極』，不成是『時人斯其惟大之中』！」

皇極辨曰：「皇者，君之稱也；極者，至極之義、標準之名。」「『皇建其有極』云者，言人君以其一身而立至極之標準於天下也。」

子静解「皇極」從漢人之説，而不知其不合於理，朱子辨之明確如此。朱子於子静「義理」之講則深取之，於「皇極」之解則明正之。蓋天下萬世公共之理，惟求其是而已，豈容有心於其間哉！

答胡季隨書云：「前書諸喻，讀之惘然。季隨學有家傳，又從南軒之久。常疑久遠無入頭處，必爲浮説所動，今乃果然。乃曰『纔涉思惟，便不親切』，又曰『非不能以意解釋，但不欲杜撰耳』，不知却要如何下工夫耶？夫子言『學而不思則罔』，中庸説『博學、審問、慎思、明辨』，聖賢遺訓明白如此，豈可舍之而徇彼自欺之浮説耶？日月逝矣，歲不我與，且將大學、中庸、論、孟、近思等書子細玩味，久之須見頭緒，不可爲人所誑，虚度光陰也。荆門皇極説曾見之否？試更熟讀洪範此一條詳解，釋其文義，看是如此否？」

又與季隨書云：「詹元善書説與子静相見甚款。以身驗之，乃知伊洛拈出『敬』字，真是學問終始日用親切之妙，而讀書窮理以發揮之。不須妄意思想頓悟懸絶處，徒使人顛狂粗率，而于日用常行之處反不得其所安也。」

答項平父書云：「所喻已悉，以平父之明敏，於此自不應有疑。所以未免紛紜，卻是明敏太過，不能深潛密察〔九〕。反復玩味，只略見一線路可通，便謂理只如此，所以爲人所惑，虚度光陰也。孟子之意，須從上文看，其意蓋曰：此氣乃集義而自生於中，非行義而襲取之於外云爾，非謂義不是外襲也。今人讀書不子細，將此草本立一切法，横説竪説，誑嚇衆生，恐其罪不止如范寧之議王弼而已也。」

胡季隨、項平父二人皆惑於陸氏者，朱子箴之如此，而其語理明意至，此真晚年定論。

李時可問「仁内義外」。朱子曰：「告子此説固不是，然近年有欲破其説者，又更不是。謂義專在内，只發於我之先見者便是，如『夏日飲水，冬日飲湯』之類是已。若在外面商量，如此便不是義，乃是『義襲』。其説如此，乃與佛氏『不得擬議，不得思量，當下便是』〔一〇〕之説相似，此大害理。」

又曰：「告子直是將義屏除去，只就心上理會。因舉陸子静云：『讀書講求義理，正是告子義外工夫。』某曰不然。如子静不讀書，不求義理，只静坐澄心，卻是告子外義〔一一〕。」

又與萬正淳論「集義」云：「謂如人心知此義理，行之得宜，固自内發。人性質不同，或有魯鈍，一時見未到得。别人説出來，反之於心，見得爲是而行之，是亦内也。今陸氏只要自渠心裏見得底，方謂之内。若别人説底，一句也不是。才是别人説出，便指爲義外。如是乃告子之説。」

詳觀此數年朱子駁陸氏過稱荆國、不識伊川、妄希曾點，以至辨「無極」、辨「克己」、辨「皇極」、辨「集義」諸論，皆啓陸氏之沉迷，而豈能以彼所謂定論掩此之定論耶！

是年十二月，陸子静卒於荆門軍。朱子聞訃，帥門人往寺中爲位哭之。既罷，良久曰：「可惜死了告子。」

時子静年五十有四。一日，忽謂家人曰：「吾將死矣。」又告僚屬：「某將行。」明日，洒沐浴更衣，端坐二日而逝。嘗見高僧傳中有此死法，亦異乎曾子「啓手啓足」、「臨淵履薄」景象矣。其爲禪學奚疑。

彼時子静之門人顔子堅披剃爲僧，朱子以書責之，而子静乃稱其高明，終當遠到。門人傅子淵猖狂，至以失心死。子静臨危前數日，稱其爲擒龍打鳳手段〔一二〕。其生平自誤誤人，至死不悔也〔一三〕。

按：王陽明臨終亦曰：「此心光明，復何言。」陽明總督兩廣，奉命處置思田事，以病請告，不允，竟棄師擅歸，死於南安。當其抗君命而懷故土，委命於道路，其心不知如何憧憧，而自謂「光明」，將誰欺也？善乎錢啓新先生之言曰：「異端侈言『此心光明』，而於大千世界謂無不淵照，乃於人倫物理本末始終七顛八倒，不知其何光何明何照可以言知言覺，與吾儒同類而語？」啓新此語非爲陽明而發，切中陽明也。

陽明既死，世宗震怒，命廷臣會勘。疏言：「守仁事不師古，言不稱師，欲立異同以爲高，則非朱熹格物致知之論。知衆論之不與，著朱熹晚年定論之書，號召門徒互相唱和。才美者樂於任意，或流於清譚；庸鄙者借其虚聲，遂敢於放肆。傳習轉訛，悖謬日甚，其門人爲之標榜〔一四〕，至謂杖之不死，投之江不死，以上瀆聖聰，幾於無忌憚矣。宜免奪封爵以彰家國之大信，申禁邪説以正天下之人心。」奉旨：「守仁放言自肆，詆毁先儒，號召門徒虚聲附和，用詐任情，壞人心術。近年士子傳習邪説，皆其倡導。至於逆濠之變，與伍文定仗義討賊，功固可録，但兵無節制，奏捷誇張。近日掩襲塞奇，恩威倒置，所封伯爵本當追奪，姑與終身，其没後卹典俱不准給。」都察院仍榜諭天下：「敢有踵襲邪説、果於非聖者，重治不饒。」徐宗伯學謨曰：「守仁固一代豪傑，而學則有疵，致良知之説，非但闢朱子格物之論，而於孔子博文約禮之教亦大悖矣。蓋襲西方之餘緒，以誘惑愚誕也。旨中『果於非聖』語，豈非萬世之公律哉？頃躋從祀，當事者寧忘祖朝之訓，疑所謂虚聲附和者，其徒方盛，不得不爲熙寧調停耳。或曰：出自内旨，閣臣將順之耳，其故不可得而知也。」徐宗伯識餘録博而確，其言如此。當議從祀時，沈宗伯鯉一代正人，力言宜先布衣胡居仁，至於陳獻章、王守仁徐俟論定。疏留中，内閣以私揭請中旨予之，此何等鉅典，而可曖昧從事乎！

是年，陳同甫來訪。

同甫名亮，永康人，以文雄浙中，自負王霸之略，而任俠豪舉。朱子往歲嘗與書箴其義利雙行、王霸並用，且謂漢唐行事，非三綱五常之正，以風切之。同甫有書辨難，朱子累答書，極力開諭。同甫雖不能改，未嘗不心服。

吾學有大中至正之道，溺于事功與墮于虚空二者，其弊一也。朱子於子静、同甫皆力辨之，所以爲吾道者至矣。同甫聞朱子之言，雖相辨難，而心服之；子静沉錮，至死不悟，而其後流傳亦遠，益見禪學之惑人深也。

四年癸丑，六十四歲。

答詹元善書云：「子静旅櫬經由，聞甚周旋之，此殊可傷。見其平日大拍頭、胡叫喚，豈謂遽至此哉！然其説頗行於江湖間，損賢者之志，而益愚者之過，不知此禍又何時而已耳。」

答趙然道書云：「荆門之訃，聞之慘怛，故舊凋落，自爲可傷，不計平日議論之同異也。來喻謂恨未及見其與熹論辨有所底止，此尤可笑。蓋老拙之學，雖極淺近，然求之甚艱，而察之甚審，視世之道聽塗説於佛老之餘，而遽自謂有得者，蓋嘗笑其陋而譏其僭。豈今垂老〔一五〕，而肯以其千金易人之弊帚者哉？」

答蔡季通書云：「長沙之行，幾日可歸？閣記不敢辭，但恐病中意思昏聵，未必能及許教未替前了得耳。向見薛象先盛稱其人，今讀其書，乃知講於陸氏之學者。近年此説流行，後生好資質者，皆爲所擔閣壞了，甚可歎也！」

曾祖道曰：「頃年嘗見陸象山，象山與祖道言：目能視，耳能聽，鼻能知香臭，口能知味〔一六〕，心能思，手足能運動，如何更要甚存誠持敬，硬要將一物去治一物，須要如此做甚？詠歸舞雩，自是吾夫子家風。」朱子曰：「陸子靜所學直是一個禪。」

此子靜已死，祖道追述之。子靜一生病痛坐此，其徒楊慈湖己易説謂：「目能視，所以能視者何物？耳能聽，所以能聽者何物？口能噬，鼻能嗅，所以能噬能嗅者何物？手能運用，足能步趨，心能思慮，所以能運用、步趨、思慮者何物？」又慈湖訓語云：「吾目視、耳聽、鼻嗅、口嘗、手執、足運，無非大道之用。」師弟之言如出一口。傳習録：王陽明謂門人曰：「所謂汝心，却是那能視聽言動底，這箇便是性，便是天理。有這箇性才能生，這性之生理便謂之仁。這性之生理，發在目便會視，發在耳便會聽，發在口便會言，發在四肢便會動，都只是那天理發生，以其主宰一身，故謂之心。」按：陽明此言與佛氏「作用是性」之旨，及告子「生之謂性」之説皆極吻合矣。

九月朔，朱子作鄂州學稽古閣記云：「人之有是身也，則必有是心；有是心也，則必有是理。然聖人之教，不使學者收視反聽，一以反求諸心爲事，而必曰博學、審問、謹思、明辨而力行之者，何哉？蓋理雖在我，而或蔽氣稟物欲之私，則不能以自見。學雖在外，然皆所以講乎此理之實，及其浹洽貫通而自得之，則又初無内外精粗之間也。世變俗衰，士不知學，挾册讀書者，既不過於誇多鬬靡，以爲利禄之計，其有意爲己者，又直以爲可以取足於心，而無事於外求也。是以墮於佛老虛空之邪見，而於義理之正，法度之詳，有不察焉。道之不明，其可歎已！」

讀閣記，學之本原曉然矣。蓋聖學本理，佛學本心。試觀孔門諸賢，一曰「問仁」，再曰「問仁」，寧有一問心者乎？蓋仁，性也；釋子曰性，理也。夫子一一以爲仁之功，告子所以復性，而還其有物有則之理也。若任心，則必屏絶思勉，廢棄詩書，一以頓悟爲事，將見滉蕩自恣，無所不至矣。如陸氏曰：「學有本領，則知之所及者，及此也；仁之所守者，守此也；時習之，習此也。説者説此也，樂者樂此也。學苟知本，六經皆我註脚。」陸氏所謂此皆指心也，是以心爲本領，而廢棄六經聖賢，寧有此學乎？王陽明答人書云：「學貴得之心。求之於心而非，雖其言之出於孔子，不以爲是；求之于心而是，雖其言出於庸人，不以爲非。」謂孔子不以爲是，何其無忌憚也！先是陳白沙與人書：「舍彼之繁，求我之約，惟在静坐。久之，然後見吾此心之體，隱然呈露，常若有物。於是涣然自信，曰：『作聖之功，其在兹乎？』」又與賀黄門書云：「爲學須從静坐中養出箇端倪，方有商量處，未可便靠書册。」此皆沉淪於邪學，明與聖學相牴牾者也。

羅整庵曰：「程子言『性即理也』，安可不明辨之？象山言『心即理也』，安可不明辨之？昔吾夫子贊易言性屢矣，曰『乾道變化，各正性命』，曰『成之者性』，曰『聖人作易，以順性命之理』，曰『窮理盡性，以至於命』。但詳味此數言，性即理也，明矣。於心亦屢言之，曰『聖人以此洗心』，曰『易其心而後語』，曰『能説諸心』。夫心而曰洗、曰易、曰説，洗心而曰以此。試詳味此數語，謂心即理也，其可通乎？且孟子嘗言『理義之悦我心，猶芻豢之悦我口』，尤爲明白易見。故學而不取證於經書，一切師心自用，未有不自誤者也。自誤已不可，況誤人乎？」孟子曰：「仁，人心也。」李延平以爲照下義路説，以其切於人者言之，非謂以仁爲心。此語最分曉。陳氏曰：「仁，人心也。言仁者，人之所以爲心也，不可謂仁即心，心即仁。義，人路也。言義者，人之所當由行也，不可謂義即路，路即義。若謂仁即是心，心即是仁，則與釋氏即心是佛，陸氏即心是道同轍矣。毫釐千里，不可不辨也。」

五年甲寅，六十五歲。

時知潭州、湖南安撫，建嶽麓書院，晝治郡事，夜則與諸生講論問答，略無倦色。每訓以切己務實之學，懇惻至到，聞者感動。

朱子訓學者工夫惟在居敬、窮理，此二事互相發。能窮理，則居敬工夫日益進；能居敬，則窮理工夫日益密。

涵養本原，思索義理，須用齊頭做，方能互相發。程子「須」字、「在」字，便是要齊頭着力。

知、行常相須，如目無足不行，足無目不見。論先後，知爲先；論輕重，行爲重。

或問：「有只教人踐履者？」朱子曰：「義理不明，如何踐履？」曰：「他説行得，便見得。」曰：「如人行路不見，便如何行？」

書曰：「非知之艱[一七]，行之惟艱。」工夫全在行上。

涵養、致知、力行三者，便是以涵養做頭，致知次之，力行次之。不涵養則無主宰。既涵養，又須致知；既致知，又須力行。若致知而不力行，與不知同。亦須一時並了，非謂今日涵養，明日致知，後日力行也。要當皆以敬爲本，敬只是提起這心，莫教放散。恁地則心復自明，這裏便窮理、格物。見得當如此便是，不當如此便不是。既見了，便行將去。

伊川先生曰：「涵養須用敬，進學則在致知。」此二句與從上聖賢相傳指訣如合符契。

儒者之學，大要以窮理爲先。蓋凡一物有一理，須先明此，然後心之所發，輕重長短，各有準則。若不於此先致其知，而但見其所以爲心者如此，識其所以爲心者如此，泛然而無所準則，則其所存所發，亦何自而中於理乎？且如釋氏擎拳豎拂、運水搬柴之說，非不見此心，非不識此心，而卒不可與入堯舜之道，正謂不見天理，而專認此心以爲主宰，故不免流於自私耳。

以敬爲主，則内外肅然，不忘不助，而心自存。不知以敬爲主而欲存心，則不免將一箇心把捉一箇心，外面未有一事時，裏面已有兩頭三緒，不勝其擾擾矣。就使實能把捉得住，只此已是大病，況未必真能把捉得住乎？儒釋之異，亦只於此便分了。

濂溪言「主静」，「静」字只好做「敬」字看，故又言「無欲故静」。若以爲虚静，則恐入釋老去。

羅先生教學者「静坐中看喜怒哀樂未發謂之中」，此説終是偏病。道理自有動時，自有静時。學者只是「敬以直内，義以方外」。見得世間無處不是道理，雖至微小處，亦有道理，便以道理處之。不可專要去静處求。所以伊川謂「只用敬，不用静」，便説得平。明道教人静坐，蓋爲是時諸人相從只在學中，無甚外事，故教之如此。今若無事，固是只得静坐，若特地將静坐做一件工夫，則卻是釋子坐禪矣。但只著一「敬」字，通貫「動静」，自無間斷。

彙集朱子所以教人與同志切磋者，内外本末，絲毫不紊，真所謂「切己務實」者。陽明不能以此奉爲定論而師承焉，其知安見其良也？

至於陸氏教人之法，一見詹阜民所記：謂一日侍坐，先生謂曰：「學者能常閉目亦佳。」某因此無事，則安坐瞑目，用力操存，夜以繼日，如是者半月。一日下樓，忽覺此心已復澄瑩。中立竊異者，遂見先生。先生目逆而視之，曰：「此理已顯也。」某問先生：「何以知之？」曰：「占之眸之而已。」一見楊慈湖行狀，謂陸先生新第，歸來富陽，慈湖留之。夜集雙明閣上，數提「本心」二字，因從容問曰：「何謂本心？」適平旦常聽扇訟，陸先生即揚聲答曰：「適斷扇訟，見得孰是孰非者，即本心也。」慈湖聞之，忽覺此心澄然清明，亟問曰：「止如斯耶？」陸曰：「更何有也？」慈湖即北面納拜，終身師事焉。每謂：「某感陸先生，尤是再答一語，更云云便支離。」

觀陸氏師弟之所授受〔一八〕，一曰本心，一曰瞑坐。禪耶，儒耶？與陽明天橋證道，漏洩天機，謂「無善無惡心之體」，始前後同一衣鉢矣。

是年七月，寧宗即位。八月，除煥章閣待制兼侍講。進言爲學之道，莫先於窮理；而窮理之要，必在於讀書；讀書之法，莫貴於循序而致精；而致精之本，則又在於居敬而持志。此不易之理。

朱子一生之功力全在讀書、窮理、居敬、持志，所謂爲之不厭者也。及靖獻於君，亦惟諄諄於此，蓋其晚年見之愈真，言之愈確。爲聖爲賢，舍此無繇也。

受詔進講大學。

讀朱子大學講義，明白詳細，備内聖外王之要。今録其所講格致，先述程氏之言，始以己意推演之。言「天道流行，造化發育，凡有聲色貌象而行於天道之間者〔一九〕，皆物也。既有是物，則其所以爲是物者，莫不各有當然之則具於人心而自不容已。」「所謂理也，外而至於人，則人之理不異於己也；遠而至於物，則物之理不異於人也。是乃書所謂降衷，詩所謂秉彝，劉子所謂天地之中，子思所謂天命之性，孟子所謂仁義之心，程子所謂天然自有之中，張載所謂萬物之一原，邵雍所謂道之形體者。但其氣質有清濁偏正之殊，物欲有淺深厚薄之異，故於其理或有所不能窮也。理有未窮，故其知有不盡；知有不盡，則其心之所發必不能純於義理而無雜乎物欲之私。則所謂格物致知云者，又欲其於此有以窮究天下萬物之理，而致其知識，使之周徧精切而無不盡也。若其用力之方，則或考之事爲之著，或察之念慮之微，或求之文字之中，或索之講論之際，使於身心性情之德、人倫日用之常，以至天地鬼神之變、鳥獸草木之宜，莫不有以見其所當然而自不容已者。而又從容反覆而日從事乎其間，以至於一日脱然而貫通焉，則於天下之理皆有以究其表裏精粗之所極，而吾之聰明睿知亦皆有以極其心之本體而無不盡矣。」朱子所進講者，内外具備，義理純全，無一不合於程氏，無一不合於聖經，平居研究者如此，進而靖獻者如此，乃晚年之定論也。王陽明乃曰：「物者，意之用也。格者，格其不正歸於正也。」此説何師何承？以妄見而亂聖經，不獨朱子之罪人也！

寧宗慶元元年乙卯，六十六歲，以群小之譖，提舉鴻慶宫，著楚辭集註。

朱子雖借離騷以寓其去國憂時之感，然讀所註，精細該博，賦比興之體了然，亦見格物致知之功至晚年不廢。後儒謂其與夫子删詩一也，諒哉！

二年丙辰，六十七歲，是歲始修禮書。

五經中有禮記，非經也，傳也。儀禮十七篇乃正經〔二〇〕。王荆公安石以其難讀，舍經而取傳。朱子久欲修之，曾草乞修三禮劄子，未及上而去位〔二一〕。至是退居，著儀禮經傳通解，大要以儀禮爲本，分章附疏，而以小戴諸義各綴其後，其見於他篇及他書可相發明者，或附於經，或附於義，其外如弟子職、保傅傳之屬，又自別爲篇，以附其類。朱子與人書，以此書不及成爲慮，越三年而卒，諄諄之屬門人黄榦輩續成之。嗚呼！禮不可一日廢，函之爲性，發以制情，夫子所謂矩也。朱子以遲暮之年亟亟從事於此，殆與吾夫子合矣。陸王之學，放蕩自恣，正坐不知禮耳！

三年丁巳，六十八歲，是年著韓文考。

按：自漢以後，學術之正惟昌黎韓文公，其遺書各本不一。朱子得莆田方氏佳本，而猶惜其考究不備，乃合諸本考其同異，蓋前此歐陽文忠所欲考定者，至是始爲成書。博學約禮之功，朱一生矻矻於此，至老不廢也。

學者患學之不正，不患其博，博以反約，不博從何得約？朱子嘗曰：「如論語『一貫』、孟子『自得』之説，只是説一番，何曾全篇如此説？今卻是懸虚説一箇物事，不能得了，只要那一去貫，不要從貫去到那一。如此，則中庸只消『天命之謂性』一句及『無聲無臭至矣』一句便了。中間許多『達道』、『達德』、『達孝』、『九經』、『禮儀三百，威儀三千』之類，皆是粗迹，都掉卻，更不去理會。只恁懸虚不已，卻恰是村道説無宗旨底禪樣，瀾翻地説去也得，將來也解做頌，燒時也有舍利，只是不濟得事。」此段議論，爲學者不可不知也。

四年戊午，六十九歲，是年作書傳。

按：諸經惟書錯簡脱落爲多，朱子更定安國之本，分經與序，仍爲五十九篇以存古。是年作二典、禹謨傳，至次年屬蔡九峯沈爲集傳。九峯自序：「慶元己未冬，先生文公令沈作書集傳，明年，先生殁。又十年，始克成編，總若干萬言。嗚呼！書豈易言哉。沈自受讀以來，沉潛其義，參考衆説，融會貫通，乃敢折衷微辭奥旨，乃述舊聞。二典、禹謨，先生蓋嘗是正，手澤尚新，集傳本先生所命，故凡引用師説，不復識别云。」

尚書不獨治統也，其言心、言性、言學，皆始於書，實道統所寄也。使天假之年，朱子自成一書，必有進於是者。其手定僅見二典、禹謨，餘多門人黄士毅等所纂集師説，而迄不能成一完書，亦吾道之不幸也。

六年庚申，七十一歲，以疾卒。

是年三月，先生素有足疾，至是加痞隔之症。己未夜爲諸生説太極圖，庚申夜復説西銘，且言爲學之要，惟事上審求其是、決去其非，積習久之，心與理一，自然所發皆無私曲。聖人應萬事，天地生萬物，直而已矣。辛酉，改大學誠意章。癸亥，精舍諸生入問疾，告之曰：「誤諸君遠來，然道理亦止是如此，但相倡率，下堅苦工夫，牢固著足，方有進步處。」諸生退，乃作三書，一與子在，令早歸〔一二〕，收拾遺文。一與黄榦，令更加勉力，且云：「吾道之託在此，吾無憾矣。」及令收禮書底本，踵而成之。其書界行開具逐項合修條目，且封一卷往爲之式。一與范念德，托寫禮書。甲子，即命移寢中堂。黎明，諸生入問喪禮，從容正巾幘而逝。

嗚呼！生死之際，見道力焉。曾子得道於夫子者，論語備載其臨危之言，真所謂任重道遠，死而後已者。千年而後，惟見朱子雍容中禮，一則教門人曰「審求是非」，再則曰「下艱苦工夫」。一生致知力行之學，於此終焉。至於大學一書，先是與廖德明帖言：「大學又修得一番，簡易平實，次第可以絶筆。」至坐絶之日，猶重修不已。王陽明謂爲中年之書未及修改，豈夢中囈語耶？不特此也，晚年定論摘偶而謙抑者以爲悔悟之論，欲合於陸氏，然朱子晚年與周南仲書略云：「某頑鈍之學，晚方自信。每病道術分裂，上者入於佛老，下者流於管商，前者既以自誤，遂以自欺，後者既爲所欺，復以欺人。」觀此，朱子以爲「晚而自信」者，陽明以爲「晚而自悔」也。朱子以陸氏之佛老與陳氏之管商同病者，陽明以爲欲合於陸氏也。是陽明自誤自欺，而宗陽明者爲人欺，復欲欺人也。然則道術何日而正乎？此有心世道之所深憂也。

羅文莊整菴駁晚年定論書曰：「詳朱子未定之編〔二三〕，蓋以其中歲以前所見未真，爰及晚年，始克有悟，乃於其論學書尺三數十卷之内，摘此三十餘條，其意皆主於向裏者，以爲得於既悟之餘，而斷其爲定論。斯其所擇宜亦精矣，第不知所謂晚年者，斷以何年爲定？羸軀病暑，未暇詳考，偶考得何叔京氏卒於淳熙乙未〔二四〕，時朱子年方四十有六，爾後二年丁酉，而論孟集註、或問始成。今有取於答何書者四通，以爲晚年定論。至於集註、或問，則以爲中年未定之説。竊恐考之欠詳，而立論之太果也。又所取答黄直卿一書，監本止云『此是向來差誤』，别無『定本』二字，今所編刻，增此二字，當别有據。而序中又變『定』字爲『舊』字，卻未詳『本』字同所指否？朱子有答吕東萊一書，嘗及『定本』之説，然非指集註、或問也。凡此，愚皆不能無疑，顧猶未足深論。竊以執事天資絶出，而日新不已，向來恍若有悟之後，自以爲『證諸五經、四子，沛然若決江河而放諸海』，又以爲『精明的確，洞然無復可疑』，某固信其非虚語也。然又以爲『獨於朱子之説，有相牾牴』，揆之於理，容有是耶？他説姑未敢請，嘗讀朱子文集，其第三十二卷皆與張南軒答問書，内第四書亦自以爲：『其於實體似益精明。因復取凡聖賢之書，以及近世諸老先生之遺語，讀而驗之，則又無一不合。蓋平日所疑而未白者，今皆不待安排，往往自見灑落處。』與執事之所以自序者，無一語不相似也。書中發其所見，不爲不明。而卷末一書，提綱振領，尤爲詳盡。竊以爲千聖相傳之心學，殆無以出此矣。不知何故，獨不爲執事所取，無亦偶然也耶？若以此二書爲然，則論孟集註、學庸章句、或問不容别有一般道理，雖或其間小有出入，自不妨隨處明辨也。如其以爲未合，則是執事精明之見，決與朱子異矣。凡此三十餘條者，不過姑取之以證成高論，而所謂『先得我心之所同然』者，安知不有毫釐之不同者爲祟於其間，以成牴牾之大隙哉！不可不詳推其所以然也。又執事於朱子之後，特推草廬吴氏，以爲『見之尤真』，而取其一説以附於三十餘條之後。竊以草廬晚年所見端的與否，良未易知，蓋吾儒『昭昭』之云，釋氏亦每言之，毫釐之差，正在於此。即草廬所見果有合於吾之所謂『昭昭』者，安知非其四十年間鑽研文義之效，殆所謂『真積力久而豁然貫通』者也？蓋雖以明道先生之高明純粹，又早獲炙於濂溪，以發其『迎風弄月』之趣，亦必及求諸六經而後得之。但其所禀，鄰於生知，聞一以知十，與他人極力於鑽研者不同耳，又安得以前日之鑽研文義爲非，而以墮此科臼爲悔？夫『得魚忘筌，得兔忘蹄』可也。務兔魚之獲，而反追咎筌蹄以爲多事，其可乎哉？是則見道固難，而體道尤難。道誠未易明，而學誠不可不講，恐未可安於所見，而遂以爲極則也。」讀文莊之書，可謂王氏對症之針砭矣！

【校勘記】

〔一〕故於其言不問是非　「其」字原缺，據晦庵先生朱文公文集卷三六答陸子静補。

〔二〕荆公祠堂記與答元晦二書併往　「答」字，陸九淵集卷一五與陶贊仲無之。「二」，與陶贊仲作「三」。

〔三〕大學直至垂没改定　「垂」，原誤作「坐」，據學蔀通辨前編卷下改。

〔四〕是他早年合下便要繼往開來　「便」，原誤作「復」，據傳習録上（王陽明全集本）改。　按下文中遇此誤徑改，不復出校。

〔五〕黄達材問　「黄」，原誤作「胡」，據朱子語類卷四一改。

〔六〕必不至有聲色貨利之累　「貨」，原誤作「化」，據陸九淵集卷一與胡季隨改。

〔七〕陸子静以仁義道德期至聖賢皆爲私　「仁義道德期至聖賢」，陸九淵集卷一與胡季隨作「聖賢自期，仁義道德自命」。

〔八〕光宗紹熙元年　「宗」，原誤作「崇」。

〔九〕不能深潛密察　「深」字原缺，據晦庵先生朱文公文集卷五四答項平父補。

〔一〇〕當下便是　「當」，朱子語類卷五九作「直」。

〔一一〕卻是告子外義　「是」，朱子語類卷五作「似」。

〔一二〕稱其爲擒龍打鳳手段　「打」下，原衍「虎」字，據陸九淵集卷三四語録上删。

〔一三〕至死不悔也　此句下，原衍「按王陽明」四字，與下文複，今删。

〔一四〕其門人爲之標榜　「爲」，原誤作「謂」，據明史卷二七三王守仁傳改。「標榜」，王守仁傳作「辨謗」。

〔一五〕豈今垂老　「垂」，原誤作「坐」，據晦庵先生朱文公文集卷五五答趙然道改。

〔一六〕口能知味　「口」，原誤作「只」，據朱子語類卷一一六改。

〔一七〕非知之艱　原誤作「知之非艱」，據尚書説命改。

〔一八〕觀陸氏師弟之所授受　「觀」上，原衍「陸」字，據文義删。

〔一九〕凡有聲色貌象而行於天道之間者　「間」下，原衍「之」字，據晦庵先生朱文公文集卷一五經筵講義删。

〔二〇〕儀禮十七篇乃正經　「正」下，原衍「荆」字，據文義删。

〔二一〕未及上而去位　「未」，原誤作「朱」，據文義改。

〔二二〕令早歸　「早」，原誤作「旱」，據文義改。

〔二三〕詳朱子未定之編　「未定」，羅欽順困知記（中華書局一九九〇年版，下同）附録與王陽明書作「定論」，當從。

〔二四〕偶考得何叔京氏卒於淳熙乙未　「偶考」二字原缺，據羅欽順與王陽明書補。

附録

書考正晚年定論後

［清］錢馥

退谷著書甚富，以考正晚年定論爲第一，顧當時雖曾鏤版而流傳頗少，遠近積書家罕有藏弆者。友人吴君子安偶於舊書中檢得，一日，語次及之，遂假以歸。亟讀一過，見其考訂精確，陽明復生不能不服。夫退谷本以該博稱，而能留心正學，息邪距詖若此，殊不若邇來博綜沾沾於無用之辨、不急之察，語及程朱，輒笑爲腐且陋也。手録一本，藏之笥篋，謀重鋟梓以廣其傳。卷末所載羅公書，殘缺不全，爲考整庵遺集補完焉。緑窗錢馥書。（録自四庫存目叢書影印臺灣漢學研究中心所藏舊抄本）

四庫總目卷九七子部七儒家類存目考正晚年定論提要

二卷。江蘇巡撫採進本。國朝孫承澤撰。是書以王守仁所作朱子晚年定論不言晚年始於何年，但取偶然謙抑之詞或隨問而答之語及早年與人之筆録之，特欲借朱子之言以攻朱子，不足爲據。乃取朱子年譜、行狀、文集、語類等語詳爲考正，以宋孝宗淳熙甲午爲始，朱子是時年四十有五，其後乃始與陸九淵兄弟相會，以次逐年編輯，實無一言合於陸氏，亦無一字涉於自悔，因逐條辨駁，輯爲是編。考晚年定論初出之時，羅洪先致書守仁，所辨何叔京、黄直卿二書已極爲明晰。是書特申而明之，大旨固不出羅書之外。至謂守仁立身居家並無實學，惟事智術籠罩，乃吾道之莽懿，又取明世宗時請奪守仁封爵會勘疏及不准卹典之詔以爲口實，則摭拾他事以快報復之私，尤門户之見也。

（同上）

光禄大夫太子太保都察院右都御史吏部左侍郎孫公行狀

〔清〕王崇簡

曾祖釗、祖仲良、父金，贈光禄大夫、太子太保、吏部左侍郎。曾祖妣楊、祖妣裴、妣張，贈一品夫人。順天府上林苑采育孫公承澤，字耳伯，號北海，年八十三。

狀：先世山東青州府益都縣。明永樂中，諱明善遷實京畿，至曾祖蓋三傳矣。公中崇禎庚午順天舉人、辛未進士，歷任陳留知縣，調祥符縣，以卓異授刑科給事中。歷陞户、工左右給事中、刑科都給事中。大清定鼎，補吏科都給事中。歷陞太常少卿、翰林院、提督四譯館、通政司左右通政、太常卿、大理卿、兵部左右侍郎、吏部左侍郎管右侍郎事，尋以都察院右都御史、太子太保，年六十引疾，家食二十餘年而殁。

嗚呼！公于死生進退之際，蓋有可考者矣。以宏傑博達之才，宣力中外，著績於前代不具論，最著者，爲海内正人之望。至崇禎甲申，任用奄寺，至賊犯闕，累疏糾正。迨三月十八日，城守大璫縋降賊，中官宴飲城上，司馬奏聞，不省。憤甚，約兵部主事成德翌辰請召對。及至午門，惟一老閹坐地上，屬之上達。亡何，宫人紛紛出走，遂與德別。抵舍，而室人劉氏及子婦林氏投井死矣。斯時也，公蓋知死所矣，自縊不死、仰藥不死、入井不死。公于解懸挽溺者不能無憾也。乃爲賊之紀功司執去，惟求速死。賊河南人，夙知公，曰：「公有遺德於吾鄉。」命僞尉守之，無致公死。公數日不食，不死。恭逢大清驅賊西遁，公乘間歸采育。時君崩國破，紳庶遭賊酷害，不啻湯火中。一旦我大清掃蕩逆寇，改葬烈帝，且令臣民成服三日，義聲動天下，即湯武之師豈足媲美哉！不惟畿輔紳庶得脱屠毒、雪痛憤，願歸命臣服惟恐後，且徵求四出，公雖欲潛隱村墟，豈誼之所敢出哉！遂仍官公給諫，即疏陳大仇未報，不敢受職，願效命先驅，以盡臣誼。旋奉旨：朝臣矢報，具見同仇，大兵進征，逆黨即當殄滅。復命中書傳諭，即日受職。于是官都給事中，則請復六科職掌。官太常，則請還千畝，以供郊祀。官大理，則請依律以緩決。官兵部，則籌容民蓄衆。官吏部，則篤推賢讓能。其相機宜以佐維新之治者，公未嘗言於人，人則無不重其譽望。年甫六十，藉重聽乞身，營退谷以見志。

公自幼有志於學，砥礪以自匡飭，未嘗識人間佻宕之習，於古今治亂、經濟皆究其原委，而于人之邪正尤兢兢焉。當諸生時，有建權閹魏忠賢祠于其里者，相率拜祠下，公獨不往，時人目爲東林秀才。公嘗與予論東林爲宋楊龜山先生無錫之書院，明顧公憲成購於寺僧，置龜山祠，與同志闡明理學於其中，初非要名植黨。明之季也，推斥正人者概指東林爲黨人。予謂逆黨擅權，凡糾閹死者，皆時所指爲東林，而附逆獻媚，則夙所嫉惡東林之人。迨李自成之變，東林死節者比比，而委蛇于僞命、偷生視息，皆自以不爲東林之人也。其邪正有不待辨而昭然者。公以爲然。海内士君子聞公之風咸企慕，爲當今文獻就正所聞。公概不爲因緣，閉户著書，歲有成帙。經翼一書，自公爲縣令時即多方裒輯，有世所未覩者。復作孔易傳義合闡、尚書集解、禹貢考、詩經朱翼、春秋程傳補、儀禮經傳合解，皆闡明聖賢微旨，多前人所未發。嘗以學者不達古今經濟，皆非實學，于是著歷代史翼，及水利考、治河紀。明史未有成書，久或失實，纂述春明夢餘録、人物志、山書、廣記、元明典故、編年考典、制紀略、寰宇志略、山居小箋、研山齋集考等書。于理學則有宋五先生、明四先生學約、道統明辨、諸儒集抄、考正晚年定論，皆公一力搜羅定正，手自脱稿，歷二十年，日不釋卷。今年目力不及，猶著益智録，日令子孫朗誦於側，删定成書，勤勤開示來學之意，至歿不衰。病間，晤魏侍郎，諄諄以闡述聖賢之學相推讓。與葉太史方藹言，勉以「做官事小，爲人事大」。及予往視，則曰：「幼爲諸生，老爲經生，已爲厚幸，惟時當多事，未能恝然。」並不及私。閲日而公歿矣。平生無聲色之好，嘗貯古器及名人書畫，與客談經史之餘，出以爲娱。所爲詩文多不存稿。教子孫讀書砥行，不使少習世俗之華腆，鄉試及應仕進者，皆不令預。曰：「衣食粗足，當知止足。」歿前一日，沐浴更衣，賦詩有云：「進退死生兩大事，孤心留取照幽墟。」嗚呼！此亦足以見公志矣。遺囑治喪一遵集禮。公歿，諸子孫泣涕顧予曰：「公病間，謂不孝等：『我生平無善狀，宗伯王公敬哉、處士顧子寧人、陸子翼王知吾仕學之本末，質之足矣，幸爲賜狀。』」嗚呼，予何忍辭！謹撮其死生進退之大者如此，其功名著於前代，惠澤及於公私，皆略而不書，或亦公之志也。

配高氏，諱某之女，前卒，贈一品夫人。副配劉氏，以甲申殉節，贈一品夫人。蘇氏，待封。子四人：道樸，廩生，恩廕侍衛、江南揚州府泰州同知，終養。娶林氏，刑部侍郎德馨女，死節。再娶郝氏，户部侍郎傑女。道楷，恩廕生，前卒。娶錢氏，原任江西南昌道某女。再娶王氏，監察御史燮女。俱高出。道櫺，官監生，娶金氏，太傅、大學士文通公之俊女。道林，廩生，娶王氏，予第六女。俱蘇夫人出。女一，適原四川松潘道蕭公炎子庠生福培。孫男八人：煥，順天府學廩生，娶江西萍鄉縣知縣孟某女。道樸出。熺，廕生，候選知州，娶吏科給事中張國憲女，繼娶江西樂平縣知縣王從隆女，再娶山西大同府通判某女。道楷出。煌、烱、焜，道櫺出，炳、煒、煐，道林出，俱幼。孫女八人。一適萍鄉知縣孟公季子庠生衍仁，一適刑部浙江司郎中馮公某長子庠生盛世。道樸出。餘俱幼。曾孫二人：坪，熺出。城，煥出。曾孫女一，未字，熺出。（録自清王崇簡青箱堂文集卷八）

清史列傳卷七九孫承澤傳

孫承澤，順天大興人。明崇禎四年進士，官至刑科都給事中。福王時，以承澤曾降附流賊李自成，定入從賊案。

本朝順治元年五月，起授吏科都給事中。七月，疏薦霸州道劉芳久才堪辦賊，請加銜久任。詔以霸州土寇未絶，芳久無功，所舉爲徇私，切責之。十一月，遷太常寺少卿，提督四譯館事。二年四月，遷左通政。八月，遷太常寺卿。四年六月，遷大理寺卿。五年，擢兵部右侍郎。八年，調吏部。九年四月，都察院疏糾承澤兩耳失聰，請敕部革退，因解侍郎任。五月，上以承澤無罪，不應革退，命如舊供職。八月，轉左侍郎。兩遇恩詔，加太子太保、都察院左都御史銜。

十年二月，吏部尚書高爾儼以疾乞罷，承澤奏言：「吏部尚書，權衡所寄，得人爲難。伏見大學士陳名夏在吏部時，頗能持正。請以名夏分理部事，必能仰副澄清之治。」上覽奏，謂閣臣曰：「朕見承澤此疏，洞其隱微，代爲含愧。彼意允所請而用名夏，則于彼有利，否則又將使朕猜疑名夏也。」因以侍郎推舉閣臣，有乖大體，責令回奏。承澤戰慄引罪，自陳愚昧，乞恩寬宥，諭侍臣曰：「人自知有過，宜即行引罪，若强自置辯，則獲罪滋大。」乃釋之。尋上幸内院，覽諸奏章，及明萬曆時史書，言及承澤所奏，諭大學士洪承疇等曰：「六部大臣互相結党，殊不合理，祇宜爲君爲國，秉忠持義，善善惡惡爲是。」皆叩頭謝。先是，正月，承澤引疾乞休，上以其年力未衰，不許。三月，再請，乃許。承澤既歸，御史楊義劾承澤素附陳名夏，表裏爲奸，積年罪狀可據。承澤上書自訟。

十一年，部議應休致，遂不復用。康熙十五年，死，賜祭葬如例。所著有五經翼、春明夢餘録、庚子銷夏記。（録自清史列傳卷七九貳臣傳乙）

光緒順天府志卷一百五孫承澤傳

孫承澤，字北海，大興人。明崇禎四年進士，官至刑科都給事中。福王時，以承澤曾附流賊李自成，貳臣傳。僞職順慶防禦使，甲申傳信録五。定入從賊案。本朝順治元年五月，起授吏科都給事中。十一月，遷太常寺少卿，提督四譯館事。二年四月，遷通政使司左通政。八月，遷太常寺卿。四年，遷大理寺卿。五年，擢兵部右侍郎。八月，調吏部。九年四月，都察院疏糾承澤兩耳失聰，請敕革退，因解侍郎任。五月，上以承澤無罪，命如舊供職。

八月，轉左侍郎。兩遇恩詔，加太子太保、都察院左都御史銜。十年二月，疏薦大學士陳名夏分理吏部尚書事，上覽奏，謂閣臣曰：「朕見承澤此奏，洞其隱微，代爲含愧。彼意允其所請而用名夏，則於彼有利，否則又將使朕猜疑名夏也。」因以侍郎推舉閣臣有乖大體，責令回奏。承澤戰慄引罪，自陳愚昧，乞宥。乃釋之。先是，正月，承澤引疾乞休，上以其年力未衰，不許。三月，再請，乃許。承澤既歸，貳臣傳。築退谷於西山。耄而好學，畿輔通志七十九。讀書日有程課，著述滿家。池北偶談十五。於史事多所論述，而有明一代典故尤瞭如指掌。畿輔通志七十九。嘗與王士禎言讀書當通經，因言元人經學非後人所及，蓋元時天下有書院百二十，各以山長主之，教子弟以通經學。經學既明，然後得入國學。即如吴淵穎、程普德輩，其集人多不知。明初人猶多經學，皆元遺逸。且言生平學問以朱子爲宗。池北偶談十五。所著五經翼、考正朱子晚年定論諸書，皆有功於正學。至於精博古鑒，一時圖書之富，比之宋田氏云。畿輔通志。康熙十五年卒，賜祭葬如例。貳臣傳。（録自清光緒順天府志卷一百五人物志十五）

閑道録

［清］熊賜履 撰 丁紅旗 校點

目録

校點説明

閑道録三卷，清熊賜履撰。熊賜履（一六三五——一七〇九），字青嶽，又字敬修，號素九，别號愚齋，謚文端，湖北孝感人，世籍南昌。順治十五年（一六五八）進士，授庶吉士。十六年，散館授翰林院檢討。康熙四年（一六六五），補弘文院侍讀。七年，遷秘書院侍讀學士。九年，擢國史院學士。旋復内閣，設翰林院，熊賜履爲掌院學士。十四年（一六七五），以「素有才能，居官清慎」，遷武英殿大學士。不過，次年即以嚼簽案罷歸金陵。二十七年（一六八八），以禮部尚書起于家。三十一年，調吏部尚書。三十八年，授東閣大學士。四十二年解任，四十八年八月卒於家，年七十五。著有學統五十六卷、經義齋集十八卷、下學堂劄記三卷、閑道録三卷、澡修堂集十六卷、樸園邇語等。除最後一種外，其餘均收入四庫全書。熊賜履是清初的理學名臣，「以王佐之才，爲聖天子輔，啓心沃心，興起鴻業，天下莫不想望其風采」（康熙二十四年李振裕學統序）。熊賜履尊崇程朱理學，主張「默識篤行」，曾建議「統率士子，講明正學，非六經、語、孟之書不讀，非濂、洛、關、閩之學不講」（見應詔萬言疏），以加强思想統治。其傳記資料熊賜履傳、熊賜履事狀、熊賜履學案等，均見附録。

還值得一提的是，熊氏嗜書，其曾自言「予平生無他好，惟獨嗜書。嘗盎中無擔石儲，見有異書，必買，雖典衣稱貸弗惜，務得之而後已」（經義齋集卷三下學堂書目題詞）。職由此故，在京師及金陵共購得書籍「十萬卷有奇」。爲此苦覽博學，終成一代朱子學者。

對「閑道」一詞的内涵，熊賜履曾有解釋，「道也者，生人之常理，天地古今所率由公共之物也」，「閑者，衛也，所謂名教之干城，而斯文之砥柱焉者也。蓋世衰道微，聖人不可作矣」。因此，「思所以正之」、「攘之」、「斥之」、「除之」，崇正距邪，「撥亂世而返之治」，「事在一隅而功在六合，事在一時而功在百世」（經義齋集卷二閑先聖之道説），可見熊氏撰作此書志向甚大，期許甚高。康熙帝亦曾評閑道録「正大精醇」，「崇正闢邪，極其透切，有功聖道不淺」，極爲推崇，爲此「置之御案，時常省覽」（見經義齋集卷三重刻閑道録序）。四庫提要則評其「辯駁儒、禪之同異，頗爲精核；惟詞氣之間抑揚太過」，「殊少平和之氣」，較爲公允、持平。

其撰寫、刻版閑道録的具體過程，見經義齋集卷三重刻閑道録序：「戊戌，館中清暇，爰從事論著，直抒管見，意在羽翼先聖，以待來學，名之曰閑道録，識希孟也。自是閲十年所，迄丁未春，始校讎成帙，置之篋底。適友人蕭子文超見而稱許之，遂攜之湖南，梓以行世，板藏嶽麓書院中。……居無何，楚中寇亂，録板燬於兵燹，賜履且被放南歸矣。丙辰，客金陵。……幸其底稿尚存，友人乃爲之重加讎訂，捐貲授梓。」這裏牽涉到初刻、重刻的問題。戊戌指順治十五年（一六五八），丁未指康熙六年（一六六七），則閑道録撰寫於一六五八年至一六六七年間。最早刻於一六六七年（蕭企昭閑道録叙亦可爲證），但因吴三桂戰亂，板毁。蕭企昭，字文超，漢陽人，順治丁酉副榜貢生（清文獻通考卷二二五經籍考）。據熊賜履送蕭文超還楚序，蕭爲其「同學友也」，二人關係至爲密切。康熙九年（一六七〇）蕭氏卒，熊氏曾撰祭蕭文超文，稱其爲「十年來道合志同者」。贊其「於書無不讀」，「肆力於鄒、魯、洛、閩之學」（經義齋集卷八）。經義齋集卷九亦載有六封與蕭企昭探究學問的書信。四庫全書録有蕭企昭性理譜（五卷）一書。又，康熙十二年，帝命取進呈，熊氏「急歸邸，取是録刻本」呈進，其明言「刻本」，是亦佐證已確實鏤版。

又，據魏裔介熊敬庵閑道録序（見附録），癸巳指順治十年（一六五三），丙午指康熙五年（一六六六）。據其語氣推斷，其爲閑道録作序，當在此後不久，即爲康熙六年初刻時所撰寫的序。魏裔介，據清史稿魏裔介傳，康熙三年，拜保和殿大學士。後預修世祖實録，充總裁官。這一時期，熊賜履任侍讀學士，職屬相近，得以約請時已位高權重的魏氏撰寫序言。因爲重刻時，魏氏已七十歲（一年後即去世），恐怕是不能再應求作序了。

至於重刻的時間，據下學堂劄記小序「今年夏，友人取余舊時所著閑道録，重訂授梓，以公同好」，時在康熙二十四年（一六八五）。之所以在這一時期友人才「捐貲授梓」，大概是不用再公開回避罷官的種種流言，這是因爲去年康熙帝南巡時，曾特召熊賜履入封，並御書經義齋榜以賜，明確表示了對罷官閑居大臣的關切。這個刻本，因用昔日的「底稿」，閑居時也有充裕的時間，且經過熊氏本人的「重訂」，當是一個較好的本子。

但遺憾的是，初刻與重刻本，筆者均没能覓到，或許世已無存。

今南京圖書館藏有另一版本的閑道録，是受業門人洪名在康熙十年（一六七一）校訂刻印的（簡稱洪本），「年來海内誦習，尊若筮龜，坊間急於剞劂，頗疏校訂，字句舛訛，題跋冒濫，殊失先生立言明道之意，兹同人覓得真本，再三讎校，新付梨棗，用公同志」（閑道録序）。洪名，熊氏稱洪秋士，其康熙十二年寫送洪秋士南歸序曾言「辛亥（康熙十年）冬，洪子秋士謁予於鄂城之濆」（經義齋集卷三），此與洪名閑道録後序「鄂渚之間」，「謁先生於黄鵠磯頭」對應，即刻於湖北的一個本子。其所稱「真本」，就當是康熙六年的初刻本（其刻本前附有蕭企昭閑道録叙亦能佐證）；畢竟，湖北、湖南毗鄰，尋覓起來不難。這也是現存最早的刻本。又據南歸序，洪名在「壬子仲夏日，偕家仲氏北上」至京，

「頻過予（指熊賜履）邸晤語」。壬子爲康熙十一年，此時洪氏書已刻，揆之常情，自會攜帶一些送與熊氏。熊氏亦能知聞其事。但熊氏重刻時並未提及洪氏這一刻本，大約是已亡佚的緣故。

補充説明一點，清華大學圖書館所藏「清刻本」（見四庫全書存目叢書子部儒家類第二十二册），雖無序跋，但行格版式與洪本同，且文字悉同，當是同一個本子。

又，上海圖書館藏有一節要本，爲自稱「海陽後學」詹龍所抄編的熊敬修先生閑道録纂要（三卷，稿本。簡稱詹本），與南圖本比核，條目有删節，但亦有多出的。大概其所抄爲另一系統的早期手稿本，這是因爲纂要卷一「無極之真，理也」，「天人寧有二耶」，以及「離實地而譚玄妙」分別避康熙帝玄燁、雍正帝胤禛、道光帝旻寧的諱，抄寫的時間較晚；否則，自不會出現多出的情形。

今即以洪本爲底本，參校詹本，進行校點整理。

校點者　丁紅旗

二〇一五年十二月

重刻閑道録序

熊賜履

賜履髫燥即讀洛、閩書與前代薛、胡諸儒語録，已心知篤好之。既而得象山、姚江輩所著，意殊不然，而猶未敢自決。於是博求之經傳子集及二氏百家之言，深探力究，乃始浩乎有得，益信從前所見之誠不差也。戊戌，館中清暇，爰從事論著，直抒管見，意在羽翼先聖，以待來學，名之曰閑道録，識希孟也。自是閱十年所，迄丁未春，始校讎成帙，置之篋底。適友人蕭子文超見而稱許之，遂攜之湖南，梓以行世，板藏嶽麓書院中。

癸丑冬，賜履承乏講席。一日，上特召至起居注館，同葉子訒菴、張生敦復、韓生元少等試作太極圖説。試畢，大稱旨，親拔置第一。因問平時所著明道之書，賜履謹以是録對，上命即取進呈。賜履遂急歸邸取是録刻本，躬詣弘德殿恭進。次早，入侍講筵，上霽色，顧謂賜履曰：「朕批閲所著閑道録，正大精醇，誠斯文的派也。」頃又顧謂曰：「録中崇正闢邪，極其透切，有功聖道不淺。」爲之嘉嘆者久之。因命内侍裝潢如式，親題其簽曰「熊學士閑道録」，置之御案，時常省覽。海内聞之，争相傳誦，蓋駸駸乎斯道有振興之望焉。嗚乎！此亦從來未有之異數也。居無何，楚中寇亂，録板燬於兵燹，賜履且被放南歸矣。

丙辰，客金陵。南中士夫猶争覓是録，而無以應，幸其底稿尚存，友人乃爲之重加讎訂，捐貲授梓。既竣役，賜履追維知遇，感激涕零，爰薰沐叙述其概，以志榮幸。若區區衛道距邪之苦心，既荷温綸褒美至再，又辱海内諸君子推奬逾涯，至欲班之子輿氏之後，此則賜履之所爲撫衷循省而重滋惶汗者也。是爲序。

（録自熊賜履經義齋集卷三，見四庫全書存目叢書集部第二三〇册，原書影印自武漢大學圖書館藏康熙二十九年刻本）

閑道録卷上

無極之真，理也，離不得氣；二五之精，氣也，離不得理。妙者，理氣之莫測；合者，理氣之無間。妙故合，合故凝。

理全氣亦全，氣偏理亦偏。

有這理斯有這氣，無這理斯無這氣，豈可混而爲一？有這氣即有這理，無這氣即無這理，豈可析而爲二？

不分先後，則理氣不明；纔分先後，則理氣又判。

言太極而二五即在其中，言二五而太極不在其外。五行總一行，三極總一極。

陰陽之分，不可紀極；陰陽之合，不可有二。知陰陽則知體用矣。

凡有氣莫非天，言其無在非陽也；凡有形莫非地，言其無在非陰也。

乾一故實，實故健；坤二故虚，虚故順。〔一〕

五行一陰陽，陰陽一氣；五常一健順，健順一理。

寤寐，一小翕闢也；翕闢，一大寤寐也。生死，一大呼吸也；呼吸，一小生死也。天地間種種色色，無不如是。仰觀俯察，原始要終，誠不知手之舞之足之蹈之也。

上下古今，不過一元亨利貞。鼻息呼吸，也有箇元亨利貞。

萬物只是五物，五物只是一物；萬理只是五理，五理只是一理。〔一〕

萬理唯一，萬數唯一，萬物唯一，萬事唯一。

一箇分萬箇，萬箇是一箇。萬箇合一箇，一箇是萬箇。大的包小的，小的是大的。小的分大的，大的是小的。一箇分萬箇，萬箇又分萬箇。萬箇合一箇，一箇又合一箇。大的包小的，小的又包小的。小的分大的，大的又分大的。知其合，又知其分。知其分而合、合而分，分中之分、合中之合，可以言理矣。

太極，本然之性也。二五流行，化生萬物，氣質之性也。離氣無從見理，故離氣禀無從見性。

牛可畊，馬可服，桑可衣，麥可食。牛可畊不可服，馬可服不可畊，桑可衣不可食，麥可食不可衣，皆是天造地設，合當恁底。

無邊際，無空隙，無底止，無歇息。大無外，小無內，後無終，前無始。元無方所，元無窮盡。

霄壤之一開一闔，古今之一否一泰，一塵之或伏或飛，一息之或呼或吸，仰看俯看，横看直看，在在時時，無乎不然。

萬物未生不加多，萬物已生不加少；萬物未生不加少，萬物已生不加多。

無方，無方之方；無體，無體之體；無外，無外之外；無内，無内之内；無終，無終之終；無始，無始之始。

上蟠下際是這道理，古往今來是這道理，聖經賢傳千言萬語是這道理。

往者屈，來者伸。前之屈，今之伸也，今之伸，後之屈也。屈之伸，伸之屈，鬼之神，神之鬼也。屈之屈，伸之伸，鬼之鬼，神之神也。一屈一伸，一陰一陽而已。

屈伸，以氣言鬼神；往復，以理言鬼神。〔三〕

一理，五常之總稱；五常，一理之條目。

莫虚於理，無不涵也；莫實於理，無不足也。

太極自太極，二五自二五，不相雜也。二五即太極，太極本無極，不相離也。

人之所以爲人，即天之所以爲天。

知得自家的，便知得天地萬物的；盡得自家的，便盡得天地萬物的，理一故也。

性即理也，無不善之理，安有不善之性！

氣禀有清濁、偏正之殊，物欲有厚薄、淺深之異，及其成功，一也，故曰性善。

善即本體也，在天曰命，在人曰性，在物曰理，處物曰義。孔子曰「繼善」，顏子曰「一善」，曾子曰「至善」，孟子曰「性善」，皆是也。知此者爲知天，見此者爲見易，窮此者爲窮理，達此者爲達德。

人一身之主宰曰心，善即是此心之理。理存於中，則爲心之體，寂然不動者是也；理發於外，則爲心之用，感而遂通者是也。其存其發，心也。其所以存所以發，心之理也。性也，情也，總之一善而已矣。

「大德敦化」，萬物一善，統體之太極也，「維天之命，於穆不已」是也。「小德川流」，一物一善，各具之太極也，「乾道變化，各正性命」是也。

善即明德，明善即明明德。格致誠正，齊治均平，明明德事，即明善事。學問思辨行，明善事，即明明德事。善者，性也，有諸己之謂德；德者，善也，賦於天之謂性。明其本明之德曰明明德，明其本明之善曰明善，大學、中庸無異旨也。

孔門求仁，便是明善。

太極爲萬理之總名，仁爲萬善之總名。理者，善也，即性也；性者，理也，即善也。曰性、曰理、曰善、曰仁、曰太極，實無二，而名偶殊也。

當其静，喚他做性；及其動，喚他做情。静者性也，即心之體也；動者情也，即心之用也，合而言之善也。

孟子曰「仁義之心」，是在性上説心；曰「惻隱之心」、「羞惡之心」，是在情上説心。蓋就性言，寂然不動者心也；就情言，感而遂通者心也。寂而感，感而寂，體中用，用中體，一心之妙而已。

圓外竅中，形而下者也；全體大用，形而上者也。

心之動静是陰陽，所以動静是太極。

寂無乎在，感無乎不在。寂而感，無乎在而無乎不在；感而寂，無乎不在而無乎在。

有寂有感，非寂滅也。至虚至靈，非虚無也。

寂非無，感非有。寂不減，感不增。

自寂自感，自感自應。

恒寂恒感，恒感恒寂。

知覺，氣也，所以知覺理也。

本心即是天理，其存爲四德，其著爲四端，皆理也，即皆善也。〔四〕

本來如是之謂善，本體也。復其本來如是之善之謂明，工夫也。即本體，即工夫，即工夫，即本體。

不透性者，不明善者也；不明善者，不知性者也。知其性，無不明之善；明其善，無不誠之身。

明善誠身之功，主敬明善之要。

善只是天理二字，自其自然曰天，自其流行曰命，自其主宰曰心。心之静爲性，曰仁義禮智；心之動爲情，曰愛宜恭别。著於身，爲貌言視聽思之則，曰恭從明聰睿。行於世，爲君臣父子夫婦昆弟朋友之常，曰親義序别信。書曰「降衷」，詩曰「秉彝」，論語曰「仁」，大學曰「明德」，中庸曰「天命之性」，孟子曰「仁義之心」，周子曰「太極」，程子曰「天然自有之中」，張子曰「萬物之一原」，朱子曰「當然之則」，無非是物也，而總不越天理二字盡之。天即理也，理即善也。善即理也，理即天也。率此之謂道，得此之謂德，復此之謂學，修此之謂教，安此之謂聖，勉此之謂賢，存此之謂君子，去此之謂庶民。精者精此，一者一此，博者博此，約者約此，擇者擇此，執者執此。擇無不精，守無不固，愈精愈固，愈固愈精，是之謂明善。本體如是，工夫如是，而所以一微顯，貫動静，徹頭徹尾，成始成終者，敬也。故主敬爲明善誠身之要。

千聖千賢講道理，只是一善字，講工夫，只是一敬字。善非他，吾心之全體大用是也。

善之一字是道理大總括，敬之一字是工夫大總括。寂無不包，感無不貫，無一毫之漏，無一息之停，本體也，善也。静無不存，動無不察，無一纖之缺，無一刻之間，工夫也，敬也。敬是工夫，即是本體，善是本體，即是工夫。自本體言謂之善，自工夫言謂之敬。善也，敬也，本體也，工夫也，一而已矣。

不敬便不直，不直便不敬。無不敬之謂直，無不直之謂敬。無妄自無適，誠無不敬也，天道也；無適自無妄，敬無不誠也，人道也。天人事寧有二耶？

自誠明，敬是本體；自明誠，敬是工夫。誠自無不敬，無不敬，自無不明，本體即工夫。敬則無不明，無不明，則無不誠，工夫即本體。

敬者，千古聖賢授受之心法。

聖安於敬，賢勉於敬。

敬之一言，程子説得切要，朱子闡得詳明，其爲功於聖門、有裨於後學也大矣。戒慎不睹，恐懼不聞，如臨深淵，如履薄冰，造次如是，顛沛如是，所謂無不敬也。無不敬，斯無不善矣。

格致誠正、修齊治平，善之所以體全而用備也，然非主敬不爲功。

分殊。

學問思辨行，都只少這敬不得。

知至至之，敬之始事；知終終之，敬之終事。廓然大公，敬之理一；物來順應，敬之分殊。

或問：主敬當如何用功？曰：在在不放過，時時不放過，如讀書心在書上，見客心在客上，着衣心在衣上，喫飯心在飯上。静時如是，動時如是，裏面如是，外面如是。一語一嘿，一呼一吸，無不如是。心存而理得，理得而心存，則善無不明，而身無不誠矣。

念慮未萌而幾微不動者，敬也；應酬交錯而品節不差者，敬也。

一念有差，是一念不敬；一事有差，是一事不敬。念念有差，是念念不敬；事事有差，是事事不敬。

敬之道大而功約。

敬無越思，無旁務。

無拘迫之敬，無煩碎之敬，無安排做作之敬，無塊屋兀坐之敬。

敬省許多勞攘。

人心敬則存，不敬則亡，敬則是，不敬則非。喫緊處在此。

敬無有不該，無有不貫，無毫髮可間，無須臾可離。

一處不敬，則一處不善，一時不敬，則一時不善。處處不敬，則處處不善，時時不敬，則時時不善。一處敬，一處善矣，處處敬，處處善矣。一時敬，一時善矣，時時敬，時時善矣。顔、曾祇是持敬。

存乎中以應乎外，制其外以養其中，主敬之事畢矣。容貌詞氣，敬之符也。

朱子曰：「敬則吾心湛然，天理燦然，無一分着力處，亦無一分不着力處。」履蓋從事於斯而深信其不我欺也。

敬無表裏精粗之間。

敬則心無出入。

小學全是主敬之方。

敬者，聖人之始事，即聖人之終事。

大學三綱，八條之綱領。「明明德」三字，三綱之綱領。敬之一言，又明明德之綱領，明明德即明善也。

或問：中庸一書，只「明善」二字足以蔽之否？曰：豈獨中庸，四書皆明善也，豈獨四書，五經皆明善也。善者，性也，即理也。明善者，窮理也，即盡性也。聖賢之言，有一非窮理盡性者乎？善讀書者一以貫之矣。

善只是天理，明善只是復還天理。凡聖經賢傳，無非發揮此二字，註疏此二字，使人知所從入之路與所以用力之方而已。要之，喫緊關要，一言蔽之曰敬。然則聖人之學，明善二字盡之，明善之道，敬之一言盡之。此千古聖賢之公言，非予一人之私言也。

一塵六合，一息千古，無鉅無細，無欠無餘。

語不能洩，即顯即微；嘿不能舍，即微即顯。

道無往而不在，無時而不然，即欲離之，烏得而離之？

君子以仁爲宅，以敬爲所。

世間原只有這件事，人生原只辦這件事。

皆此物也，皆此事也，此物之外，更有何物？此事之外，更有何事？

若見得是，橫直上下，四方八面，無有不是也。

無非是道，無非是學，即此是學，即此是道。

天即理也，莫大於理，故莫尊於天。

莫不有理，亦莫非此理。

心即理也，無心外之理；理即性也，無性外之物。

千萬人一心，千萬人之心一理。

一心之靈，衆理之妙也。衆理之妙，一心之全也。衆物之表裏精粗無不到，而吾心之全體大用無不明。明之至，善之至也，如此方是止於至善，方是明善之極功。

擇、執總是一事，就本體言，擇是善之精微處，執是善之凝一處；就工夫言，擇是明之詳細處，執是明之篤實處。博約交融，足目并到，無非工夫，無非本體矣。

博學、審問、慎思、明辨、篤行，皆明善之事。五之字，即指善也。

不偏之謂中，不易之謂庸。善者中也，凡不中者皆非善；善者庸也，凡不庸者皆非善。中庸一書，只是明善而已。

身在是，心即在是，而學即在是。

曰收、曰操、曰存、曰養，只是一時一物一事。

纔整頓，便是纔放下，便非此生死關頭也。

刻刻提撕，常常照管。

忘卻軀殼，便是不在腔子裏了。

工夫全在唤醒上，纔唤醒，纔在這裏，常唤醒，常在這裏。

唤做本心，自然寂存感應，自然静虚動直。人皆有之，賢者能無喪耳。

聖凡、人鬼，一呼吸間。

操之至，不期存而自存；舍之至，不期亡而自亡。存之久，不待操而自操；亡之久，不待舍而自舍。不操則舍，不存則亡，即操即存，即舍即亡。微莫微於此，危莫危於此矣。

無斷無續，無出無入。有斷續出入者，非本體也。

寂然不動，本體如是；感而遂通，本用如是。學者做工夫，只要復他本體、本用便了。

聖賢一言一動，無非存天理，遏人欲。〔五〕

善即是性，明善即是復性。

孟子以情證性，以情善證性善，蓋情即性之發，性即情之存，因情之無不善，則知性之無不善也。世人不能見性，正緣不能見情，錯認情字，所以錯認性字，若識得這情，便識得這性矣。

孟子曰「乃若其情，則可以爲善矣」，明道曰「由其惻隱知其有仁」，伊川曰「善觀者卻於已發之際觀之」，晦菴曰「要於常運中見太極，於常發中見本性」，合而觀之，四子之證性皆無異旨也。

有其存，故有其發，有其發，知有其存。

爲學何所志，志於聖人而已，何所歸，歸於聖人而已。

孟子曰「人皆可以爲堯舜」，予曰「人不可以不爲堯舜」。其皆可爲者，無堯無桀，無舜無跖，天人源頭，不差纖微也。其不可不爲者，出堯入桀，出舜入跖，聖狂關頭，不容毫髮也。

分明静時不是無物，但静中無可捉摸，必於動時發見耳。静中無見聞，而有所以見聞者存，無知覺，而有所以知覺者存。若無所以見聞者，何以能見能聞？無所以知覺者，何以能知能覺？但纔有見聞，纔有知覺，便已屬動，不屬静矣。故學者止可於静中存養之，不可於静中討索之也。

高忠憲曰：「動則着事，静則着空，無有是處。」

無事時心空，所以有事時心亂。

常感常寂，自不逐物；常寂常醒，自不落空。

五常以外無性，五倫以外無道。

布帛菽粟，淡而不厭。

千病萬病，只是一病；千方萬方，只是一方。

做箇聖賢，千辛萬苦，千艱萬難，不是安享坐致的勾當。

要灑脱，不得灑脱，要自在，不得自在，要現成享用，不得現成享用，學者當如何用功？

聖人終身只是下學，其所以下學者即上達也。

自其着力曰學，自其得力曰達，只是這箇物事。

戒慎恐懼是道心，放縱恣肆是人心。

戒懼是真灑落，未有戒懼而不灑落者；灑落是真戒懼，未有灑落而不戒懼者。唯至嚴所以至和，唯至和所以至嚴也。

即卑即高，即邇即遠。離卑無高，離邇無遠。

見到聖賢地位，只是眼前道理；做到聖賢地位，只是眼前道理。

爲子爲弟之事，便是爲聖爲賢之事。堯舜之道，孝弟而已矣。

神而明之，嘿而成之，化而裁之，舉而措之，無非是也。

一瞬一息，一語一嘿，皆位育事業。

博我以文，非加多也，約我以禮，非加少也。

統通包舉之謂博，而非龐雜泛濫之謂博；精當切要之謂約，而非寡陋簡略之謂約也。

孟子曰「仁也者，人也」，程子曰「仁者，人此者也」，故仁則人，不仁則不人。聖人，仁之至，人之至也。

聖人適全其爲人而已，如耳極其聰，目極其明，爲子極其孝，爲臣極其忠。無所歉于人之中，非有溢于人之外也。

功并天壤，道冠古今，祇是全其性分之固有，盡其職分之當爲，并無些子加增處。

目本自明，耳本自聰，本體即工夫也；視還他明，聽還他聰，工夫即本體也。

明善在明倫，修身即修道。

聖人皜皜，君子慥慥。

真知、實踐爲難。

明實理，做實事。

實做得一分，是入頭處；實做得十分，是到頭處。

如貓捕鼠，放鬆不得；如雞抱卵，着緊不得。

貓捕鼠，雞抱卵，皆用全副精神。

直養無害，則萬善自存，百非自去。

放是誰放，放者自放也，求是誰求，求者自求也。纔知得求便已不放矣，纔覺得放更不需求矣。

文清曰：「從心所欲不踰矩，先天而天弗違也。上律天時，後天而奉天時也。」

先天而天弗違，即我即天；後天而奉天時，即天即我。本真易得，習氣難淨。

「三要」猶「四勿」。

學者須有日用恒久、循序漸進工夫，否則非惰廢則狂妄。

得尺守尺，得寸守寸，卻是穩着。

鑑虚衡平，規圓矩方。

中和位育，天理之極致。

君子志大而心小。

工夫不切實，件件虚浮。

只在日用常行上體認，其慊然處便是歉然處，便不是知，其歉然處便是昧，其慊然處便不是。

曰帝衷、曰民彝、曰天理、曰物則，總只是一善字。善即性也，心之體也。發之爲情，心之用也。

心體本大而我小之，本通而我塞之，負天甚矣！

星星燎原，涓涓放海，是以君子審幾而慎微。

無處不是真地頭，無時不是真功程。

理載於經，事詳於史，雖生知之聖，亦不能舍是以爲學也。

纔有自足之心，便不是聖人；纔有自奮之心，便不是庸人。

心存，則言不期寡而自寡，貌不期恭而自恭。

以私意讀書，以瞥見窮理，焉得不增障益蔽。

物物各止於其所，而天下之性定矣。

世間無討便宜的聖賢，亦無没稍殺的聖賢。

穩穩當當一箇安宅，坦坦平平一條大路，爲何只去走曲徑，歇旅店〔六〕？

須知堯舜一生是兢業，孔顔一生是好學。

當下便有下手處，到底亦無歇手處。

只有一箇長安，那有兩箇長安？只有一條正路，那有兩條正路？出門是，到家是，出門差，到家差。

理無内外大小之殊，學有先後緩急之序。

學問有漸進之功，無急迫之理。

既學孔孟之道，便當讀孔孟之書。試觀五經四書中有一虚高超脱、影響恍惚之語乎？

一超可入，一聞可悟，萬無此理。

理會主腦，分疏頭項。

寸寸而積，銖銖而累，下學上達，應當如此。

勿厭煩苦，勿責效驗，勿執偏見，勿狃小成，懇懇循循，自有長進。

爲學有基本，有堦級，有步驟，有歸宿，勿忘勿助，不怠不凌，所謂如江海之浸，膏澤之潤，渙然冰釋，怡然理順，然後爲得也。

教無序非教，學無序非學。

一步緊一步，一層細一層，方是工夫。

文敬曰〔七〕：「爲學規模節序，無如大學；造化規模節序，無如先天圖。」舍成法而求妙解〔八〕，離實地而譚玄悟，是舍規矩而求巧，離彀率而譚中也，有是理耶？

「有一分心向裏，得一分力，有兩分心向裏，得兩分力」，乃朱子喫緊爲人之語。曉得一分，做一分，曉得二分，做二分。早而暮，少而老，更無閒空的時節。

踏着實地，住足不得，尋着把柄，放手不得。

守之不固，則居之不安。

道理不過日用平恒道理，工夫不過日用平恒工夫，更無一毫神奇玄妙之可言。著衣、喫飯、事親、從兄，乃勛華事業也。

此事大而無倫，細而無間。日用常行，聖神功化，無有二也。

知其所有，養其所有，齊頭并發，一時俱到。

大者遠者，不在小者近者之外。

有裏之表，有表之表。有精之粗，有粗之粗。有表之裏，有裏之裏。有粗之精，有精之精。無不到，斯無不知也。

見得透，拿得定，更無餘事。

着意讀書，虚心觀理。

自頂至踵，皆實落地頭，自早至晚，皆實落時節。

聖賢下手，就在結尾處下手，結尾，就在下手處結尾。萌蘖者沖霄，涓流者達海。下手處就是結尾處，結尾處就是下手處。

清明廣大，有合天心。

舉目皆至教。

減得一分人欲，即復得一分天理。

文莊曰：「動以天之謂真，動以人之謂妄。」

立真志，修實行。

由防檢至不須防檢，由窮索至不須窮索。不須防檢，防檢之至也；不須窮索，窮索之至也。

「四絶」，天道，「四勿」，人道。一貫天道，三省人道。

若學問可泛泛悠悠而得，聖人發憤忘食何爲者？

如追亡，如救火，古人何等勇猛憤迅！

打疊一番又一番，剥落一層又一層，到十分净盡，自有商量。

徹底澄清，和根鋤净，免費重複工夫。

虛見冥行，都不濟事。

道理有湊泊，工夫有歸着。

孩提不學而能，不慮而知，聖人不勉而中，不思而得。論其本體，誠如是也。然能即能其所學者，知即知其所慮者，中即中其所勉者，得即得其所思者，學即學其所能者，慮即慮其所知者，勉即勉其所中者，思即思其所得者。且不學而能是不學之學，不慮而知是不慮之慮，不勉而中是不勉之勉，不思而得是不思之思，不能而學是學其不學，不知而慮是慮其不慮，不中而勉是勉其不勉，不得而思是思其不思。若徒騖於不學、不慮、不思、不勉之虛名，坐棄其與知與能、自得自中之實理，廢置有本體的真工夫，冒認無工夫的假本體，希圖自在，厭棄修爲，而不知其與禽獸同歸也，亦甚非聖賢教人之本意矣。

聖人不勉而中，只是箇無不中，不思而得，只是箇無不得。勉亦中，不勉亦中，思亦得，不思亦得。今人不論中不中，只論勉不勉，不論得不得，只論思不思。開口便是不勉，却不曾中，開口便是不思，却不曾得。蓋聖人以中爲勉，以無不中爲不勉，今人以勉爲不中，以不勉爲中。聖人以得爲思，以無不得爲不思，今人以思爲不得，以不思爲得。殊不知若能中，不勉固中，勉亦不害其爲中，若能得，不思固得，思亦不害其爲得。若不中，勉或不中，不勉又何以能中？若不得，思或不得，不思又何以能得？天下有不勉而中、不思而得者矣，斷無勉而不中、思而不得者也。有不中而勉、不得而思者矣，斷無不中亦不勉、不得亦不思者也。若勉亦不中，思亦不得，不中亦不勉，不得亦不思，民斯爲下矣。

不學而能是良能，學而能亦是良能。不慮而知是良知，慮而知亦是良知。能而不學是良能，不能而學亦是良能。知而不慮是良知，不知而慮亦是良知。人但知不學、不慮之爲良知、良能，不知不學而學、不慮而慮之乃所以爲良知、良能。但知不能而學、不知而慮之非良知良能，不知不能而不學、不知而不慮之尤非良知、良能也。孟子此言，正爲不善學、不善慮者指出不學不慮之本體，又爲泥煞不學、泥煞不慮者指出不學而學、不慮而慮之工夫，使人知不學而能者竟以廢學而成不能，不慮而知者竟以廢慮而成不知，不學而能者必以學而後無不能，不慮而知者必以慮而後無不知。其所謂不學、所謂不慮者究不足恃，而所謂學、所謂慮者乃終不可廢也。是所望於善讀孟子者。

「仰不愧，俯不怍」，是浩然氣象。「大行不加，窮居不損」，是浩然本體。或問養浩然之功，曰敬以直内而已。敬則直，直則方，内無不直，外無不方，此所以配道義而塞天地也。

「知之、好之、樂之」，知是知箇甚的，好是好箇甚的，樂是樂箇甚的。「學之、問之、思之、辨之、行之」，學是學箇甚的，問是問箇甚的，思是思箇甚的，辨是辨箇甚的，行是行箇甚的。一言以蔽之曰善，善者，本體也。知者知此，好者好此，樂者樂此，學者學此，問者問此，思者思此，辨者辨此，行者行此而已。

誠者自成，道者自道，進者自進，止者自止，暴者自暴，棄者自棄。聖賢立訓，端爲此耳。

不動而敬，不言而信，誠之至也。

閑邪誠自存，克己禮即復，不是兩項工夫。

即克即復，即禮即仁。

隨在隨時察識擴充，何愁不到聖賢地位。

大段分明，千條萬緒皆在其中矣。

人要知所當然。其當然者，即其所以然者也，即其自然而然者也。

步步端的，頭頭着實。

有主則虚，言無欲也；有主則實，言有理也。

中實，所以具衆理而外誘不入；中虚，所以應萬事而内欲不萌。實者其誠，虚者其明，合誠與明謂之中乎。

工夫不十分平實，難得恒久，不十分縝密，難得恰當，不十分精到，難得親切，不十分純熟，難得穩貼。

六經，萬世之法律也，順之則吉，逆之則凶，又生民之布帛菽粟也，得之則生，失之則死。

習念俗情，一毫一刻不放下不得，真心實理，一毫一刻放下不得。有放下的，便有不放下的，有不放下的，便有放下的，不兩立之勢也。

造物非陽則陰，人心非善則惡，出此入彼，其間不能以髮。

自求自得，自得自成。

纔覺得退便是進，纔覺得失便是得。自以爲進則退矣，自以爲得則失矣。

大學之法貴乎豫，養正之功在乎蒙。

身歷境界，親嘗滋味乃得。若只懸空摹擬，力索强探，終是隔靴搔癢。

太極圖是周子畫出造物化工以示人，小學是朱子畫出聖賢模樣以示人。

些須計較，些須表襮，便礙近裏工夫。

這性分内地步儘寬，分量儘大，若只略綽得幾分，整頓得幾分，便傲然自滿，不復進求，所謂井底觀天、管中窺斗也。何緣得大長進？

半上落下，左起右倒，只是立志不堅。立志不堅，則功力不勇，學問不固，所以倏進而倏退，旋得而旋失也。

祈嚮不端，發軔便錯。

脚起脚陷，如何壁立千仞？

事有大小，理無大小，事有微顯，理無微顯。

毫析銖分，豈可大段鶻突？

似義而實利，疑公而實私，種種都須明辨。

出乎物物之上，而物不能撓；入乎物物之中，而物不能誘。非天下之大勇，其孰能與于斯？

致知在格物，物是實實落落的物，知是實實落落的知。

爲其可爲，不爲其不可爲，如斯而已矣。

起居服食之恒、參贊位育之大，有鉅細，無精粗，有高卑，無異同。

存萬世不易的心，讀萬世不易的書，行萬世不易的事，説萬世不易的話。

誠者，本有之實理。本誠者無有不誠，則有存誠之功，所以保其本有也。本誠者或有不誠，則有求誠之功，所以復其本有也。

這箇重擔要挑起，這條遠路要走到，須是脚跟十分牢穩，肩頭十分堅硬始得。

【校勘記】

〔一〕虚故順 「順」下，詹本另有一條：「三才非兩不立，萬物非兩不化。」

〔二〕只是一理 「理」下，詹本另有一條：「圖書，萬理萬數、萬象萬化之大原。」

〔三〕以理言鬼神 「神」下，詹本另有一條：「天下無氣外之理鬼神無可信之理正以無可憑之氣也。」

〔四〕即皆善也 「也」下，詹本另有一條：「存爲四德，發爲四端，分明各露頭面，豈是儱侗一物？但全體混淪，難分界綫耳。」

〔五〕遏人欲 「欲」下，詹本另有一條：「天君泰然，百體從令。洗心藏密，秉衷塞淵。敬以直内，齋戒以神明其德。」

〔六〕歇旅店 「歇」，詹本作「宿」。

〔七〕文敬曰 「文」前，詹本有一「胡」字。

〔八〕舍成法 「成」，詹本作「拙」。

閑道録卷中

真心實理，要人識得守得。

或問心，曰性情之主。問性，曰仁義禮智。問情，曰惻隱、羞惡、辭讓、是非。問道，曰父子有親，君臣有義，夫婦有别，長幼有序，朋友有信。問學，曰明善。問其目，曰博學之，審問之，慎思之，明辨之，篤行之。問五者之要，曰主敬。問主敬之目，曰非禮勿視，非禮勿聽，非禮勿言，非禮勿動。凡履所舉，皆古今常理，聖賢成法。既爲常理，便是千古不易的，既爲成法，便是萬世無弊的。舍此而言，便是異端，便是邪説，終爲名教之罪人也。

横渠曰「孔子煞喫辛苦來」，和靖曰「古來唯孔子好學」，皆知聖之言也。

顔嘆曾唯，火候一般。

顔齋心，曾守身，豈有精粗之别？

顔之一嘆在「四勿」之後，曾之「三省」在一唯之前。

顔子仰高鑽堅，曾子臨深履薄，工夫何等緊策，何等痛切，何等迅發，何等貼實。真是一棒一條痕，一摑一掌血也。

孟子曰「我四十不動心」，又曰「是不難，告子先我不動心」，是難莫難於孟子，易莫易於告子，漸莫漸於孟子，捷莫捷於告子。學者學爲孟子乎？學爲告子乎？

告子曰：「食色，性也。仁，内也，非外也，義，外也，非内也。」仁豈可偏屬之内？告子未嘗知仁。義豈可偏屬之外？告子未嘗知義。仁義，性之本體也，仁非内，義非外，性之所以無外無内也。告子未嘗知仁義，以告子未嘗知性。

告子以食色爲性，以欲爲性也，只教人縱欲；孟子以仁義爲性，以理爲性也，只教人循理。

甘食，性也，抮兄之臂而奪之食，亦得爲之性乎？悦色，性也，踰東家墻而摟其處子，亦得爲之性乎？大抵戰國時人欲横流，天理滅没，皆以縱欲爲率真，循理爲作僞，一時淫詞邪説，只要抹煞天理，回護人欲，如告子芻狗仁義，任人弁髦禮法，向非子輿氏極力論辨，綱常名教，竟不知飄汨何極矣？「孟子之功，不在禹下」，豈虚語哉！

不忍觳觫，仁之端也，擴而充之，而仁不可勝用也；不屑呼蹴，義之端也，擴而充之，而義不可勝用也。孟子千言萬語，只是發明性善，「仁義」二字是直指本體，「擴充」二字是直指工夫，七篇大意皆是如此。

一是統體之太極，貫是各具之太極。

吾儒一以貫萬，異端一以廢百。

易之數八，範之數九，自一而八，自一八而八八，自一而九，自一九而九九，理一而分殊也。由八八而一八，由八而一，由九九而一九，由九而一，分殊而理一也。一八一九，八八九九，數雖異而理則同。

論語曰「毋意」，大學曰「誠意」，蓋毋意之意，只是不誠之意。不誠之意，不可不無；誠其意者，正是要無這不誠之意耳。意者，心之發，所謂念頭是也。這念頭有善有惡，善念頭不可無，惡念頭不可有。一槩有也，不得一槩無也。不得一槩有，勢必至於只有惡而不有善，一槩無，勢必至於只無善而不無惡。此論語所以紀無意，而大學所以貴誠意也。

隱對費言，以云藏也，微對顯言，以云密也。分明有箇物事，非空虛杳茫、全無着落之謂也。

中者，天下之定理，庸者，萬世之常道。唯中故庸，唯庸故中。鄉愿似中而非中，似庸而非庸，竊中庸之名者也。二氏不中故不庸，不庸故不中，反中庸之實者也。

在天曰命，在人曰性。謂之命，必有所以賦於人者，謂之性，必有所以受於天者。原是實實落落，人人具足，物事若云一切都空，一切都無，不知天所賦於人者何在？人所受於天者何在？無所賦，無所受，何以謂之性？何以謂之命耶？「性命」二字都解説不去矣。

朱子曰：「有天地後，此氣常運，有此身後，此心常發。要於常運中見太極，常發中見本性。離常運者而求太極，離常發者而求本性，恐未免釋老之荒唐也。」至哉斯言，爲後世學者慮至深切矣。

程子曰：「善觀者卻於已發之際觀之。」予曰：「善養者卻於未發之前養之。」程子恐人討索於未發，撓其體也，愚意恐人安排於已發，滯其用也。

纔學孔孟，便要勝似孔孟；纔學程朱，便來鄙薄程朱，於孔孟何傷？於程朱何傷？止謂之狂妄無知而已。

老氏竊弄闔闢，芻狗天地，釋氏塵芥六合，土苴萬物，不敬之罪，孰大于是？

老氏要無，到底無他不得，佛氏要空，到底空他不得。吾儒有還他有，實還他實，是曰率性，是曰循理，是曰盡性至命。

明明有，卻要説無，其於有何？明明實，卻要説空，其於實何？

老氏無只無理，不曾無欲，佛氏空只空理，不曾空欲。吾儒有的是理，無的是欲，實的是理，空的是欲。

韓子在用上闢佛老，謂其既無用，怎見有體。程朱在體上闢佛老，謂其原無體，安得有用。程朱三夫子皆拔本塞源之論，而昌黎原道亦大中至正之理也。天下之可知者，即其不可不知者也，吾道是也；天下之不可知者，即其不必知者也，佛老是也。

仙家認器爲道，溺于有；佛家離器言道，墮于無。老氏以氣爲性，無理之氣也；佛氏以心爲性，無理之心也。聖人之學，心學也，即性學也。性者，理也，無無理之性；理者，善也，無不善之理。二氏不明善，焉能窮理？不窮理，焉能知性？「無理」二字是他根本上病痛也。

今之學者紛紛言心、言性、言道，不知既丢卻理字，千説萬説，總無有一是處。丢過這理字，更有甚説得；會得這理字，更有甚説得。

吾儒以二氏爲虚無，二氏亦以吾儒爲虚無。吾儒謂二氏不認自家本來的實有，二氏亦謂吾儒不識自家本來的虚無。大都二氏持彼之虚無以抑吾儒之實有，又借吾儒之虚無以崇彼之虚無。不知吾儒之所謂實有，彼不得而窺測之，吾儒之所謂虚無，彼亦不得而混亂之也。

吾儒曰：「易有太極，是生兩儀，兩儀生四象，四象生八卦。」又曰：「無極而太極，太極生二五，二五流行，化生萬物。」老氏曰：「谷神不死，是曰玄牝。玄牝之門，是謂天地根。」

佛氏曰：「有物先天地，無形本寂寥。能爲萬象主，不逐四時彫。」宗旨迥然不同，不可不辨。

這道理無容毫髮滲漏，毫髮差池；這工夫不可些微鶻突，些微散漫。只合平平着眼，實實下脚，新奇意思，一些都着不上。槁木頑石，放在匣膜裡也是死物，正使捉拿得住，亦安所用，禪客偏要如此。喫飯着衣，便是莫大勾當，另外有神奇否？有玄妙否？釋子撐眉豎眼，只是謾己謾人。不踰矩之心，即心即矩也；不違仁之心，即心即仁也。道心也，天理也。踰矩之心，離矩爲心也，違仁之心，離仁爲心也。人心也，人欲也。即心即矩，即矩即心，即心即仁，即仁即心。非心外有矩，亦非矩外有心，非心外有仁，亦非仁外有心也。離矩爲心，將離心求矩，離仁爲心，將離心求仁。離心無所爲矩，離矩亦安可爲心？離心無所爲仁，離仁亦安可爲心也？此天理人欲之辨、人心道心之分也。

吾儒言心便是言理，言理便是言心。言理便不離氣，言氣便不離理。故心爲理義之心，而非佛氏空靈之心；氣爲道義之氣，而非老氏精神之氣。蓋吾儒之心有理之心，佛氏之心無理之心。吾儒之氣有理之氣，老氏之氣無理之氣。吾儒之心之氣不得在天理之外，二氏之心之氣不曾在天理之中。吾儒心即理也，氣即理也，與理爲一。二氏心自心也，氣自氣也，判理爲二。二氏不知天理爲何物，吾儒不知天理之外爲何物。

天理者，天然自有之條理，天叙天秩、天命天討是也。天理本有善而無惡，唯有善無惡，故好善惡惡。好惡，情也，好善惡惡，性也。聖人代天理物，經世宜民，是是非非，善善惡惡，辨之井然而不淆，處之秩然而各當，賞罰以持一時之平，褒貶以維萬世之公，皆由此道也。釋氏以無善無惡爲本體，以好善惡惡爲情識，夷是非善惡而一之爲平等，爲圓妙，纔有辨别揀擇於其間，則曰分别心，曰人我相儱侗混淆，顛倒錯謬。操斯術也，雖接一物，處一事，亦有所不能，況可以宰世經物，而冀其區置咸當乎？每見世之自命爲豪傑者，其身三綱五常之身也，其位致君澤民之位也，負家國天下之責，而復窮年肆力於若曹之説，而恬不之返，是果無所分别之説竟可以治萬有不齊之天下而無弊耶？吾不知其所見安在也。

禪家拿來拿去，不過一團空氣，弄來弄去，不過一點靈明。「天理」二字，未曾夢見。考諸三王而不謬，建諸天地而不悖，質諸鬼神而無疑，百世以俟聖人而不惑，只是「天理」二字。

天理是自然恰好的物事，若有一毫意思安排、一毫意見夾雜，便不是天理了。憑虚臆揣度，用虚譚湊合，總非實際。

釋子飜騰萬狀，播弄千般，玄之又玄，妙而又妙，説之可喜可愕，聽之可想可參，儘竦動人，儘鼓舞人，但中間没些子實理。飜來覆去，只不奈自家一點精靈何耳，先儒所謂虛頭帳也。

禪家不着有，不着無，卻着不有不無；不倚色，不倚空，卻倚非色非空；不思善，不思惡，卻思無善無惡。

天理者，不容一物，而物物咸具者也。不容一物，何以謂之障？不容一物，而實物物咸具，又何以謂之障？

止可以欲爲障，不可以理爲障。欲是本無的，理是本有的。本無的，始謂之障，本有的，如何謂之障？本無的，添一毫是增一重障，減一毫是撤一重障。本有的，一毫也添不得，何處增得一重障？一毫也減不得，何處撤得一重障？既謂之本有，便不得謂之障，既謂之障，便不得謂之本有。佛家以本無者爲性，以本有者爲障，總是本有者、本無者辨得不明，認得不真耳。

沖漠無朕，即萬象森然，障在何處？萬象森然，即沖漠無朕，障在何處？無朕者，本自無朕也，無容于障也；森然者，本自森然也，無容于障也。豈沖漠無朕之外，另有一物爲沖漠之障乎？或另有一物爲沖漠所障乎？萬象森然之外，另有一物爲萬象之障乎？或另有一物爲萬象所障乎？借曰有之，則寂焉，必不能沖漠無朕；感焉，必不能萬象森然，以障故也。障沖漠者，非沖漠也，障萬象者，非萬象也。佛氏不以障沖漠、障萬象者爲障，而以沖漠萬象爲障。彼誠不知沖漠萬象之爲本來之物，而欲一切掃而去之。誤以非障者爲障，而以障者爲非障也，亦終其身于障蔽而已。

佛氏論緣業以誘愚氓，其爲害淺；談心性以惑賢智，其爲禍深，所謂彌近理而大亂真也。〔一〕

釋氏既不肯認他合下俱有的，又如何肯做他分内當爲的？

心事本一，二之便不是。

高者入于釋老，卑者流于申韓，皆是不知循理之故。理者，大中至正，一定不易之天則，若能循理，焉有二者之病？

告子曰「生之謂性」，朱子曰「生之理之謂性」，儒釋之辨在此。

心外無事，事外無心，心即理，理即心，事即理，理即事。有何内外？有何精粗？一空則都空，一實則都實，一是則都是，一非則都非。釋氏視事爲心外之事，而事無心之事，視心爲事外之心，而心無事之心。夫無心之事尚可以爲事乎？無事之心尚可以爲心乎？事無心之事，心無事之心，是果心事有内外之殊，事理有精粗之别，而可以舍此取彼乎？弗思甚矣！

有物必有則，物只是氣，則便是理，與生俱生，一齊俱有，不待安排，無容造作，所謂天則也，如明聰是耳目的天則，忠孝是臣子的天則。若視不明、聽不聰，便欠缺了耳目的天則。事君不忠、事親不孝，便欠缺了臣子的天則。視思明，聽思聰，是復還耳目的天則；事親孝，事君忠，是復還臣子的天則。是之謂復性，是之謂循理，是之謂存心，是之謂踐形，是之謂盡性，是之謂至命。聖人教人，非求其所本無，迺全其所固有耳。釋氏將這天秩天叙、自然恰好的條理都不承認，只守着他昭昭靈靈的一點靈明，便以爲明心，以爲見性，杳茫空蕩，毫無着落，毫無依據，終日閉眉合眼，都只養成一箇癡呆麻木漢，以至遺棄事物，滅絶倫理，病狂喪心，無所不至。其骨髓上病痛，只是認氣爲性，而不認理爲性。殊不知既無理矣，則其所謂性者，尚得謂之性乎哉？亦誤甚矣！

精的就在粗的上，微的就在顯的上。若無粗的，那精的無處湊泊；無顯的，那微的無處掛搭。佛氏每遺粗言精，離顯語微。夫既無粗矣，又安有精？既無顯矣，又安有微？乃猶侈然自命曰我但用力于精深微妙之處，而不屑屑于形器之末，沾沾于耳目之前。噫！抑未知微顯之無間，精粗之一致，形而上、形而下者之一以貫之也。

無形而有理，無而有；有理而無形，有而無。有而無，不滯于有；無而有，不墮于無。吾儒以有無爲一，即有即無，即無即有。異端以有無爲二，無中生有，有外尋無。

釋氏只是虛，吾儒只是實。釋氏只是無，吾儒只是有。

釋氏言虛，吾儒亦不諱言虛。釋氏言無，吾儒亦不諱言無。但吾儒之虛，非彼之所謂虛，吾儒之無，非彼之所謂無。蓋釋氏離實言虛，虛而虛也；吾儒即實即虛，虛而實也。釋氏離有言無，無而無也；吾儒即有即無，無而有也。吾儒虛而實，虛在實中，無而有，無在有中。至虛至實，無實非虛，至有至無，無有非無也。釋氏虛而虛，虛在實外，無而無，無在有外。實非其實，虛亦非其虛，有非其有，無亦非其無也。吾儒皆是，釋氏皆非，吾儒皆得，釋氏皆失，虛實有無，一以貫之也。若曰禪家悟上而遺下，無用而有體，是二本也，何以爲體用一原？何以爲微顯無間？程子謂釋氏唯務上達而不下學，然則其上達處豈有是也？誠本原之論。

吾儒以欲爲蔽，只要無欲，迺無其所本無者也，無其本無，實有其本有。禪家以理爲障，只要無理，乃無其所本有者也，無其本有，卻有其本無。

吾儒存的是一點天真，異端存的是一種妄念。吾儒養的是一團義理，異端養的是一箇精魂。

釋氏以物爲性，吾儒以則爲性。物，氣也，則，理也，理者天理，則者天則。

佛氏曰「放之自然，體無去住」，又曰「縱心所如，無不元妙」。吾儒首禁的是放，佛氏首要的是放；吾儒首禁的是縱，佛氏首要的是縱。彼不知這物事操之尚恐至於放，何況於放？存之尚恐至於縱，何況于縱？不患不放不縱，只患不操不存。操則儒，放則佛矣；存則儒，縱則佛矣。一操存，則失者以得，死者以生，由此而賢而聖，而幾於天矣；一放縱，則得者以失，生者以死，由此而愚而狂，而等於獸矣。此其關係，豈眇小哉？

心，一也，操存便是道心，舍亡便是人心。放的便是人心，求的便是道心。一存一亡，一求一放，道心、人心判於此矣。

吾儒得手後只是實落，異端得手後只是虛空。

聖賢悟後纔覺得難，狂禪悟後翻覺得易。

謹言慎行，即是存養之要。

吾儒謂天之所與我者，爲降衷之恒性，本來純粹至善，無有夾雜，即所謂天理也。然或拘於氣禀，蔽於物欲，則不能有善而無惡。聖賢教人以復性之方，存理遏欲，去惡爲善，在在持養，時時省察，以復其賦畀之初衷，使静焉體全，動焉用著，無非至善之妙而後已。聖賢之明物察倫，盡性至命，無不在此。乃禪家則目之爲麁行，爲外道，爲業識，爲無明，爲生滅心，爲輪迴劫，必要此中頑然，一念不起，不着色，不着空，不思善，不思惡，如槁木，如冷灰，而後爲言思路絶之上乘，爲非想、非非想之正果。故其立教也，只要虛空，只要超脱，謂當下便是這箇，一切皆是這箇，不假一毫功力，不須一毫防閑，不必分別是非，不用揀擇善惡，一任靈明圓覺，便是最上法門。慾熾情流，都是道妙，放僻邪淫，都是作用。壞理滅倫，亂常禍道，其爲世道人心害，可勝言哉！此從古有道仁人，每有所大不忍於中，而無能已於争辨也。

儒者曰有理有欲，有善有惡，有陽有陰，有君子有小人，要十分分別，要十分揀擇，分別知至至之，揀擇知終終之。存理遏欲，去惡爲善，扶陽抑陰，進君子退小人，是之謂大中，是之謂至正，是之謂盡人合天。範圍不過，曲成不遺，皆此道也。佛者曰無理無欲，無善無惡，無陽無陰，無君子無小人，無容於分別，無容於揀擇，分別是幻想，揀擇是妄念。無分別心，亦無無分別心，無揀擇心，亦無無揀擇心。何存何遏，何去何爲，何扶何抑，何進何退，是之謂兩忘，是之謂平等，是之謂一切圓妙。滅絶倫理，掃除紀法，職此故也。明乎其爲聖、爲凡、爲人、爲獸，而後知可聖不可凡，可人不可獸。凡知趨於聖人，恐墮於獸，是率天下而聖賢之也。忘乎其爲聖、爲凡、爲人、爲獸，則將可聖可凡，可人可獸，聖不嫌夷於凡，人不妨侔於獸，是率天下而禽獸之也。儒者之道，井然天秩，燦然天叙，可以治天下，可以垂萬世。佛者之説，一切都幻，一槩都空，不可以行一時，不可以了一身。然則儒佛二者，正自不難辨也。

教之以堯以舜，人尚不堯不舜，不教之以堯以舜，人誰肯爲堯爲舜？戒之以桀以跖，人尚爲桀爲跖，不戒之以桀以跖，人誰肯不桀不跖？「無善無惡」四字，足以禍萬世之天下而有餘矣。

本有的天理，斷不可無；本無的人欲，斷不可有。這界限要看得極分明，這關頭要守得極牢固，此事非關小可也。

毋意、毋必、毋固、毋我，只無人欲。無人相，無我相，無前念，無後念，併無天理矣。無人欲，實有天理，無天理，却有人欲，此儒佛之異也。

一切超脱，則絶聖棄智，病於空。兩下含糊，又藏垢納污，病於雜。

修身在正心，正心在誠意，吾儒之説也。動意則乖，擬心則差，釋氏之説也。

吾儒謂天理在人事中，理事合而爲一；異端謂天理在人事外，理事析而爲二。

太極生二五，二五生萬物，所謂吾儒本天。依空立世界，想澄成國土，所謂釋氏本心。然吾儒之所謂天，即吾儒之所謂性，而非釋氏之所謂天也。釋氏之所謂心，乃吾儒之所謂意，而非吾儒之所謂心也。釋氏以心爲性，非其性矣，以意爲心，非其心矣。

吾儒之異於釋氏，祇是一性字。吾儒以理爲性，釋氏以氣爲性。

天地人物，一理而已。聖人窮理，故同乎天地萬物之性，而爲聖人之性。釋氏滅理，故異乎天地萬物之性，而爲釋氏之性。窮理者全其真，滅理者喪其本也。

妄想戕賊本真，客慮損傷元氣。

佛家頓漸二法未爲不是，但其所以頓、所以漸者無有是處，此所以與吾儒不同也。

吾儒言生，指的是生理，言理兼言氣；異端言生，指的是生氣，言氣不言理。異端只言所生，所生只是氣，生之謂性是也。吾儒必言所以生，所以生乃是理，生之理之謂性是也。

吾儒言理，原不曾離却氣，離却氣亦無理矣。佛氏言氣，只要丢却理，丢却理皆成欲矣。

吾儒言理就在氣上，言氣就在理上，離理無氣，氣不在理外，離氣無理，理不在氣外，無之而非氣，無之而非理。異端言性只是箇氣，言氣只是箇欲，以氣爲性，不以理爲性，以欲爲氣，不以理爲氣，無之而非氣，無之而非欲。

氣，一也。有理的氣，氣便是理，無理的氣，氣只是欲。

吾儒以理爲宗，佛氏以欲爲宗，吾儒以善爲宗，佛氏以無善爲宗。善即理也，無善即欲也。

吾儒一點靈明，在天理上説，道心是也；佛氏一點靈明，在人欲上説，人心是也。吾儒以理爲性，以欲爲障，一切作用都是天理；佛氏以欲爲性，以理爲障，一切作用都是人欲。

吾儒無極是無形，太極是有理；佛氏真空是無理，妙有是有欲。

知，覺，一也，覺於理爲吾儒之覺，先知先覺是也，覺於欲爲釋氏之覺，皇覺圓覺是也。吾儒以理爲性，以覺於理爲心，以覺於理之覺爲覺，釋氏以欲爲性，以覺於欲爲心，以覺於欲之覺爲覺。儒釋之所爲覺者不同，所爲心者不同，所爲性者不同也。

吾儒言心，佛氏亦言心，吾儒言性，佛氏亦言性，其言語之相似處甚多。但吾儒之心，仁義之心，吾儒之性，義理之性。佛氏之心，靈明之心，佛氏之性，氣質之性。靈明何嘗不是心？但吾儒之靈明有所以靈明者理也，真心也。佛氏但以靈明爲心，而不知以所以靈明者爲心，心非其心矣。氣質何嘗不是性？但吾儒之氣質有所以氣質者理也，真性也。佛氏但以氣質爲性，而不知以所以氣質者爲性，性非其性矣。故吾儒之靈明皆理，而佛氏之靈明皆欲，吾儒之氣質皆理，而佛氏之氣質皆欲。吾儒心即理也，性即理也，佛氏心即欲也，性即欲也。然則儒佛雖并言心、并言性，祇同乎心性之名，而迥異乎心性之實。其所以異者不過理欲二字盡之，一有理，一無理，一無欲，一有欲，如是而已。

佛氏言靈明，吾儒亦言靈明。佛氏言氣質，吾儒亦言氣質。靈明一也，吾儒見爲吾儒之靈明，佛氏見爲佛氏之靈明。氣質一也，吾儒見爲吾儒之氣質，佛氏見爲佛氏之氣質。吾儒之靈明，有靈明之理，不專是靈明。吾儒之氣質，有氣質之理，不專是氣質。佛氏之靈明，無靈明之理，止謂之靈明。佛氏之氣質，無氣質之理，止謂之氣質。吾儒非離靈明以爲理，而必不離理以爲靈明，非離氣質以爲理，而必不離理以爲氣質。佛氏以靈明本無理，以無理之靈明爲靈明，以氣質本無理，以無理之氣質爲氣質。然則儒佛之差，只争一箇理字耳。

吾儒一生工夫、一生作用，只在這理字上。往聖先賢只窮究這天理源頭，千言萬語，都只講明這理字。佛氏一生工夫、一生作用，只在這欲字上。西佛東祖只参想這人欲根柢，千言萬語，都只翻弄這欲字。

儒曰易有太極，言有理也，佛曰覺性本空，言無理也。儒曰純粹至善，言無欲也，佛曰真空妙有，言有欲也。儒曰一物不容，而萬物咸備，言無欲而有理也。佛曰本來無物，而不礙諸物，言無理而有欲也。儒入于佛，佛托于儒，援佛溷儒，借儒談佛，陽闢佛而陰詆儒，明尊儒而暗崇佛，種種議論，紛淆熒惑，得其要而辨之，亦可以類推矣。

佛氏欲空其欲，又欲空其理，併欲空其空，以此爲第一乘，爲善知識，爲大解脱，爲大自在。夫空其欲，似矣，而併欲空其理，是空所不當空也。既空其理，則必不能空其欲，尚不能空其欲，又何以能空其空乎？況彼以氣爲性，是雖云空欲而實未嘗空也。以理爲障，是即欲不空理而實不能不空也。空者，無理也，而彼猶以爲頑空。空其空者，并無無理也，而彼自以爲真空。頑空者，無理盡也，彼之所謂不爲理障，不爲教縛者也。真空者，無無理盡也，彼之所謂有無不立、脱縛雙遣者也。總而論之，彼之所空者理也，所不空者欲也，空而不空者欲也，空而又空者理也。彼之所謂真空，乃彼之所謂真性，彼之所謂真空之性，非吾之所謂天命之性也。天命之性，無欲有理者也，天理也，善也，真空之性，無理有欲者也，人欲也，無善也。隨他閃爍翻弄，千變萬化，只「無理、有欲」四字總括殆盡，更無處躲藏，無處馳騁矣。

吾儒以實爲宗，實者，實有此理也，千言萬語，只是要有此理，循理便是率性，窮理便是盡性。釋氏以空爲宗，空者，空去此理也，千言萬語，只是要無此理，真空以爲真性，明空以爲覺性。夫此理本至有而不可無，至實而不可空者也。一有則無乎不有，一實則無乎不實，吾儒之所以體用兼全也；一無則無乎不無，一空則無乎不空，釋氏之所以内外俱喪也。

吾儒以理爲性，釋氏以氣爲性，吾儒以理爲心，釋氏以欲爲心。以氣爲性，宗旨只在憑氣；以欲爲心，宗旨只在縱欲。宗旨在憑氣，憑氣則得，不憑氣則不得，是以憑氣爲教也；宗旨在縱欲，縱欲則是，不縱欲則不是，是以縱欲爲教也。以憑氣爲教，學者安得不憑氣？以縱欲爲教，學者安得不縱欲？是故釋氏之徒率皆污穢不堪、放僻無狀者，非故畔其説而甘於不肖，乃誤信其説而陷於爲非，非粗習其説而流於世俗，正深入其説而墮於禽獸也。

佛氏既以理爲障，所以只要抹煞理字，既以欲爲性，所以只要回護欲字。其説似高出於吾儒，而實左袒乎流俗。故高者喜其玄妙，可以欺世而盜名；低者幸其放恣，可以棄義而趨利，無智愚、賢不肖，咸樂其便而遂其私，所以嗜好者獨多，而陷溺之尤易也。若吾道平平實實，至正大中，高者失之過，卑者失之不及，中庸之鮮能，斯道之不明不行，又何怪焉？

唯不騖玄遠，故不墮情欲。纔涉玄遠，便墮情欲矣。

總而言之，吾儒之虛靈是有理的虛靈，禪家之虛靈是無理的虛靈。吾儒之知覺是有理的知覺，禪家之知覺是無理的知覺。吾儒只是有理，釋氏只是無理。儒釋之分，有理無理而已矣。

孔孟以善爲性，善者，理也，仁義禮智是也。程子以孔孟之性爲性，朱子以程子之性爲性。佛氏以覺爲性，覺者，氣也，精魂靈明是也。象山以佛氏之性爲性，陽明以象山之性爲性。

程子得孔孟之道于遺經，朱子得周程之學于遺書。至論其入門，則一自濂溪，一自延平，不可誣也。

孔子，聖之至；朱子，儒之至。

濂水建圖，遂啓程朱之鑰，天將以大鄒魯之傳也；天泉證道，爰闢錢王之門，天將以絶洛閩之脉也。

象山之有慈湖，陽明之有泰州，觀其流，知其源矣。

陽明，象山之功臣；龍溪，陽明之佞臣。

龍溪在王門，功之首，在聖門，罪之魁。

象山之説，慈湖而後無傳焉，至文成而大行。紫陽之學，文敬而後寖息矣，至整庵而復著。

文清，勉齋之後一人。文敬，文清之後一人。整庵，文敬之後一人。〔一〕

論其體段，元公似孔子，純公似顔子，正公似曾子，文公似孟子。

晦庵似孟軻，而周詳過之；象山似曾皙，而狂放過之。間嘗罕譬而喻：晦庵是字紙，象山是白紙。晦庵是有星秤，象山是無星秤。知道者自能辨之。

朱子之學即程子之學，程朱之學即孔孟之學。若程朱非，則孔孟亦非矣。

程朱之學，孔孟之學也，程朱之道，孔孟之道也。學孔孟而不宗程朱，猶欲其出而不由户，欲其入而閉之門也。

或曰：「敢問其所願學？」曰：「孔子集諸聖之大成，朱子集諸儒之大成，孟子願學孔子，履也願學朱子。」曰：「許文正、薛文清何如？」曰：「姑舍是。」曰：「陸文安、王文成何如？」曰：「不同道。文正、文清之于朱子，猶夷尹之于孔子；文安、文成之于朱子，猶告子之于孟子也。」

顏子、明道難學，學顏子不如學曾子，學明道不如學伊川。學曾子正是學顏子，學伊川正是學明道。

程朱之居敬窮理，即孟子之知言養氣。子思之擇善固執，曾子之格致誠正，孔顏之博文約禮，堯舜之惟精惟一，聖聖相傳，宗旨無異。然二者相需并進，究竟只是一事，蓋居敬乃窮理之本，而窮理即居敬之功。未知者，非敬無以知，已知者，非敬無以行。静焉，非敬無以存，動焉，非敬無以察。此敬之所以徹上徹下、成始成終，而爲明善誠身之要也。

或問：明道顏子一派、伊川曾子一派、晦庵孔子一派、象山孟子一派、文清晦庵一派、文成象山一派，未知是否？曰：似矣，而未盡也。象山、陽明入手直捷處略似孟子。然孟子才甚樣大，學甚樣醇，豈區區二子之比？竊謂文公英發豪邁，真似孟子，其嘿識心通又似顏子，躬行實踐又似曾子，而爲學立教漸次平實，則又大似孔子。偉哉！文公誠三代以後之一人也。

余於文公無間然。

洙泗之統，唯朱子得其正；濂洛之學，唯朱子滙其全。自開闢以來，未有孔子；自秦漢以來，未有朱子。朱子乃三代以後絕無僅有之一人。不有孟子，則孔子之道不著。不有朱子，則程子之道不著，而孔孟之道亦不著。不有羅子，則朱子之道不著，孔、孟、周、程之道亦不著，而堯舜以來相傳之道亦因之不著。蓋羅子之道，朱子之道也。朱子之道，程子之道也，即孔孟之道也，即堯舜以來相傳之道也。列聖諸賢，授受唯一，而守先待後，閑聖距邪之功，則戰國之孟子、宋之朱子、明之羅子，尤其昭日月而垂天壤者也。朱子之功不在孟子下，羅子之功不在朱子下〔三〕，聖人復起，不易斯言矣。

慈湖只要一，却不一。白沙只要自然，却不自然。

文清而後流于拘，陽明恐其滯于實而虛之，「致良知」三字所以虛其實也，而不知其淪于虛。文成而後流於蕩，見羅恐其淪于虛而實之，「修身」二字所以實其虛也，而不知其滯於實。淪于虛者偏于內，不知無外之非內也；滯于實者偏于外，不知無內之非外也。

「致良知」三字無病，陽明説得有病；「修身爲本」四字無病，見羅説得有病。

口距揚墨，何如身距揚墨？

先儒謂秦不曾壞了道脉，至漢而大壞。予亦曰元不曾壞了道脉，至明而大壞。明之壞，不在弘正以前，而在弘正以後；不在嘉隆以後，而在嘉隆以前，又不可不知也。

顧端文曰：「孟子闢楊墨，其功不在禹下；闢告子，其功又在闢楊墨之上。」予亦曰：朱子闢佛老，其功不在孟子下；闢象山，其功又在闢佛老之上。羅子闢禪宗，其功不在朱子下；闢姚江，其功又在闢禪宗之上。蓋楊、墨、佛、老、禪宗之于吾儒也，各建旗幟，互相角犄，邪正判若霄泥，闢之猶易爲力；告子、象山、姚江之于吾儒也，改頭換面，隱跡潛踪，是非差之毫髮，闢之尤難爲功也。

性善之説，始於孔子，著於孟子，發揮於洛閩諸子。無善之説，昉於告子，盛於姚江，遏止於東林諸子。

無善無惡之説，人人皆能知其謬而闢其非，唯高景逸、顧涇陽二先生四路擎拿〔四〕，針針見血，使陽明復生，亦將理屈詞窮，更無張口處矣。

子輿單提性善二字，景逸、涇陽痛闢無善二字〔五〕，皆功在萬世。

夫子之「四毋」，毋其私者也，陽明之「二無」，并其公者而掃除之矣。顔子之「四勿」，勿其非者也，告子之「二勿」，并其是者而禁遏之矣。

天泉一證，而無善無惡之説自此大行；二泉一證，而無善無惡之説自此澌熄。邪説盛衰之機，正學消長之會也。

道理無彼此，工夫有先後。

既謂之理，更有甚内外？有甚精粗？

朱子釋「格物」，曰「因其已知之理而益窮之，以求至乎其極」。蓋極者天理之極，致即至善也。格物者，窮至事物之理，即止於至善也。故格物即是窮理，即是盡性，即是至命。陽明謂朱子所謂格物云者，是以吾心而求理於事事物物之中，未免析心與理而爲二，斥之爲玩物喪志，爲狥外遺内。噫！是誠朱子所謂理有未明，而不能盡乎人言之意者也。高子忠憲辨之詳矣。

朱子恐人分心與理爲二而渾而一之，陽明反謂其二之。陽明欲合心與理爲一而實岐而二之，學者反謂其一之。抑未取朱王之書而細讀之也。

心外無理，理外無心。無乎非心，即無乎非理。聖賢言心便是言理，言理便是言心。有時言心不言理，言心即言理也，有時言理不言心，言理即言心也。蓋心非理外之心，理非心外之理，或分説，或合説，或單提，或并提，無非此箇物事也。世儒膠執己私，主張偏見，不肯虚衷静氣，體貼聖賢道理，玩味聖賢語意，反咲傳註之支離，詆先儒爲割裂，是誠坐井觀天而謂彼蒼之小也，亦烏足怪哉！

這重擔，越擔越覺重，越重越放不下；這長途，越走越覺長，越長越住不下。

【校勘記】

〔一〕而大亂真也　「也」下，儈本另有一條：「佛氏要無心，勢不能無心，要無身，勢不能無身。既不能無，又不欲有，遂憑空作一奇想，捏一幻相，謂現在乃假身假心，另外有真心真性。假者生生滅滅，墮入輪迴劫中；真者不生不滅，脱離生死海裏。於是棄其假者，求其真者，以涅般爲無煩惱，以捨身爲大解脱，髡髮、墮體、打七、煉磨，無非爲此。殊不知其所謂假者，乃其最真者，而反欲棄之，所謂真者，乃其最假者，而翻欲求之，顛倒迷妄、狂病喪心，未有過於若曹者也。」

〔二〕整庵文敬之後一人　儈本作「文簡，文敬之後一人；忠憲，文簡之後一人」。按：整庵，指羅欽順，文敬，指胡居仁，忠憲，指高攀龍。又據明史，謚「文簡」者多至十餘人，然皆不及羅欽順理學名氣之高，疑當作「整庵」，儈本誤。

〔三〕不有羅子、羅子之道、明之羅子、羅子之功　「羅子」，儈本皆作「高子」。按：羅子指羅欽順，高子指高攀龍。

〔四〕高景逸　儈本作「馮少墟」。按：高景逸指高攀龍，顧涇陽指顧憲成，馮少墟指馮從吾。

〔五〕景逸　儈本作「少墟」。

閑道録卷下

開發遮迷易，破除謬妄難。〔一〕

嘿識必有所識，嘿成必有所成，豈是沉空守寂？

孟子曰：「人之所以異於禽獸者幾希。」子曰：「人之所以同於聖賢者幾希，去則爲跖爲蹻，違禽獸不遠，存則爲堯爲舜，與天地同流，所謂毫釐千里也。」

堯、舜、幽、厲、孔、顔、蹻、跖本體何曾差池一毫？畢竟堯舜成了堯舜，幽厲成了幽厲，孔顔成了孔顔，蹻跖成了蹻跖，其故安在？豈天之降材爾殊耶，可以醒矣。

分明是現成的狂愚，便認做現成的聖賢，非愚之所敢知矣。

告子只要打破孟子「善」字，東坡只要打破程子「敬」字，迨陽明之説行，「善」字、「敬」字一齊破碎矣。

吕文簡曰：「格物之義，自伏羲以來未之有改也，仰觀天文，俯察地理，遠求諸物，近取諸身，其觀察求取，即是窮格之義。」

有物必有則，則者理也，格物即是窮理；理者善也，窮理即是明善。物不格，知不至，將有自以爲誠而未必誠，自以爲正而未必正，自以爲修而未必修者。失毫釐千里之謬，實原于此也。

譚良知者，皆以物爲外，以格物爲徇外，不知格物只是窮理，窮理便是盡心。心即理也，理即心也，物即理也，心即物也。理無内外，心有内外乎？心無内外，物有内外乎？無内外，安有精粗？無精粗，安有彼此？即物即知，即格即至，本無二理，本非二事，又何疑焉？

致知在格物，猶云盡心在窮理也。理未窮，其所謂心只是習念，非真心也；物未格，其所謂知乃是妄見，非真知也。儒者之流入釋氏，病根在此。

致知在格物，一本而萬殊，各具一太極，天下莫能破焉；物格而知至，萬殊而一本，統體一太極，天下莫能載焉。

吉人爲善，唯日不足，那有閒口講閒話，閒耳聽閒話？玩物是放心，格物是盡心，二者正自相反。

學莫要於存心，是已。但恐所存者未必是心，正使真能存得，黐足爲累。蓋自世微道喪，學鮮真傳，詖淫邪遁之言充滿宇内。溺於其説者毒入膏肓，牢不可解，終日努目張眉，撑拳揮棒，以情慾爲天真，以幻想爲本體。其所謂心者，或光景之滉漾，或意見之迷沉，或懸空想像而胸臆偶開，或緣境揣摹而靈明乍露，妄生妄滅，倏起倏消，用力愈多，去心愈遠。故學者先論其是不是，然後論其存不存。若未免認賊作子，指石爲玉，將日顛月狂，無復有轉頭日子矣。

今人亦有所見，却不是真性，只窺覷得箇閃閃爍爍的光景；亦有所守，却不是本心，只把捉得箇膠膠擾擾的念頭。閃閃爍爍的是氣，不是理；膠膠擾擾的是欲，不是理。理即天也，天即理也，天理纔是真性，纔是本心，所謂善也。明者明此也，誠者誠此也，此性命根源、學問頭腦。此處差則都差，是則都是。天理二字未曾體貼出來，講甚麽心，講甚麽性，講甚麽道。

天理本不待安排，何等自然，本無容造作，何等現成。立意求自然，自然正是安排，立意討現成，現成正是造作。

善者，天理也，存是存這天理，養是養這天理。今人只守着一點虚静的影子，習得一箇寬舒的樣子，與聖賢存養之實，奚啻萬里？

非解字，則參話，那有實際？

認虚見爲上乘，認幻想爲超悟，認精魂播弄爲天機活潑，認靈明閃爍爲道體呈現，安得不誤却一生。

世儒非苦苦逼迫，則悠悠現成。逼迫便是安排，現成便是放倒。既爲山木，又爲斧斤，既爲萌蘖，又爲牛羊。試問伐的是誰？所伐的又是誰？牧的是誰？所牧的又是誰？真是自戕自賊，自害自滅，毫不干涉他人。

理明則心定。

掠虛影，墮實業，世儒通病。

古人無間斷，是本體存存；今人無間斷，是妄想營營。

世人無真正學爲聖賢之志，日用工夫，不過粧點文貌，應副格套，以之博聲名、美聽覩而已。到底勾當得甚事？

聖賢所謂靜，無欲而已，所謂敬，循理而已。無欲便是靜，循理便是敬。今之學者，坐蒲面壁以爲主靜，大袖寬袍以爲主敬。噫，誤矣！

今人有體而非本體，體非其體；有用而非本用，用非其用。

或謂佛老無用而有體，申韓無體而有用，非也。佛老無用之體不可以爲體，申韓無體之用不可以爲用。天下無無用之體，無無體之用，無有體無用、有用無體之道也。

世儒遏絶思慮以爲操存，捉住念頭以爲持守，分明墮入異學而不知也。這物事本合内外，通寂感，包體用，統性情，渾然一太極之妙。唯一主於敬，則該本末，徹表裏，渾精粗，兼巨細，無非太極本然之妙也。試思這物事何等神妙，何等虚靈，如何遏絶得，如何捉住得。聖賢教人只一主敬，是箇指訣，是箇要法，何嘗要遏絶他，何嘗要捉住他，學者殊未之思耳。

止可無私心，豈可無心？止可無妄思，豈可無思？

易曰「君子思不出其位」，詩曰「思無邪」，論語曰「近思」，中庸曰「慎思」，聖賢之言，非教人以廢思，正教人以善思也。心，君也，志，帥也，一身之主，萬事之綱也。天之所與我者，莫大乎是。若如禪家所云一念不起，言思路絶，是必欲措其衷於空虚無用之地，如頑石枯木而後已也。不知天之生斯民也何故，而皆與此贅物乎，此非愚之所解也。

不當思而思，是膠擾馳騖，衆人之失其本心也。當思而不思，是死木槁灰，二氏之滅其天性也。

厭事務，越多事務；息思慮，越添思慮。行所無事，思所當爲，「廓然大公，物來順應」，如是而已耳。

本是家常日用，大驚小怪甚麼。

駕虚翼僞，表異亂真，吾道之賊也。

自姚江提宗以來，學者以不檢飭爲自然，以無忌憚爲圓妙，以恣情縱慾、同流合污爲神化，以滅理敗常、毁經棄法爲超脱。道術人心，敝久壞極，若非東林諸子迴狂瀾於横流汎濫之中，燃死灰於燼盡烟寒之後，茫茫宇宙，竟不知天理人倫爲何物矣！然積習難除，幾微易汩，守先待後，吾黨之責也。願與同志共勉之。

於可知處求不可知，不可知者可知矣；於可見處求不可見，不可見者可見矣。於不可知處求不可知，并可知者亦不知矣；於不可見處求不可見，并可見者亦不見矣。此儒佛之辨，朱陸之分，薛王之異也。

乾健故易，非容易之易；坤順故簡，非苟簡之簡。

高者只一段虚光景，下者只一場空議論，誠近來學者通患也。

世儒愛儱侗而厭分疏，喜顢頇而惡詳細，凡遇道理精微曲折處，都囫圇混去，鶻突滚過，更不去潛心玩索，仔細參詳。舉聖經賢傳，皆鄙爲支離，斥爲瑣屑，大都只是忽卑近，鶩高遠，畏繁難，希簡捷，到底只做得個狂瞽癡呆漢也。

聖賢真無虧欠，猶恐有虧欠；真無間斷，猶恐有間斷。世人實有虧欠，冒認爲無虧欠，實有間斷，冒認爲無間斷。此聖賢之所以爲聖賢，而世人之所以爲世人也。

大賢大聖都從這愚夫愚婦脚底來，小子後生便跳在大聖大賢頭上去。吁，誠可訝也！生安神聖，只要做困勉的工夫。初學下根，便要討神聖的快活，多見其不知量也。

合下便是，不用修爲；一切都是，不須防檢。近來學者大率皆是此種議論，只愛徑捷，只喜便易，自誤誤人，自誑誑人，是誠以學術禍天下也。彼開端作俑者，即欲少逭其辜，得乎？

工夫略不平實，道理略不庸常，便會落玄妙窟子裏去，作擎拳舞掌生活也。

今之學者，説着五經四書，便以爲頭巾語學究氣，然則彼之所以爲學者可知矣。

陽明之後學者皆譚玄妙，尚圓通。毘盧性海、虛空法界，何嘗不玄妙，只是無着落。千峰頂上、十字街頭，何嘗不圓通，只是無忌憚。

玄妙者笑宋儒之淺近，圓通者笑宋儒之拘泥，徑捷者笑宋儒之支離，儱侗者笑宋儒之瑣屑，馳騁者笑宋儒之迂疎，炫爛者笑宋儒之固陋。不知宋儒之所以上承往聖，下開來學，垂之久遠而莫或能易者，正在此也。

今人言學在學問思辨行之外，言性在仁義禮智信之外，言道在君臣父子夫婦昆弟朋友之外，雖孔子復生，亦末如之何也已。

初學一番疑難，一番覺悟，一番奮迅，一番精進。〔一〕

語上而遺下，求精而棄粗，判心迹，岐事理，使道常無用於天下，世儒求高騖遠之過也。

心與理無二，不可析之而爲二；心與理本一，不待合之而後一。

心即理也，盡之者亦理；理即心也，窮之者亦心。未窮之理，即未盡之心，不可以爲心也；未盡之心，即未窮之理，不可以爲理也。

昔之學禪者，軒禪輕儒，而駕出吾儒之上；今之學禪者，借儒崇禪，而竄入吾儒之中。學儒而流於禪者，以似是亂真，而儒之名濫；學禪而託爲儒者，以真非滅是，而儒之實亡。儒而流於禪者，名尊孔孟，而實夷之佛氏之下；禪而託之儒者，陽貶佛祖，而陰擠之聖人之上。假儒諱言禪，而儒亂矣；真禪冒認儒，而禪尊矣。

在我曰萬物一本，所以斥二氏之非爲真是者，正其統也。在彼曰三教一家，所以表二氏之是爲似是者，破其防也。

昔之佛老猶是門庭之寇，今之狂禪則爲堂奧之賊矣。昔之佛老猶是膚骨之疾，今之狂禪遂成心髓之毒矣。

昔之辨，辨其畔儒者；今之辨，辨其溷儒者。昔之辨，辨其侫禪者；今之辨，辨其諱禪者。昔之辨，辨其似禪之儒；今之辨，辨其似儒之禪。昔之辨，辨其歸禪之假儒；今之辨，辨其歸儒之真禪。昔之辨，正其儒禪之名，使彼不得淆其實；今之辨，剖其禪儒之實，使彼不得竊其名。

昔之儒在儒之中，今之儒在儒之外；昔之禪在禪之中，今之禪在禪之外。昔之儒以儒爲儒，今之儒以禪爲儒；昔之禪以禪爲禪，今之禪以儒爲禪。昔之儒，儒其名而儒其實；

今之儒，儒其名而禪其實。昔之禪，禪其實而禪其名；今之禪，禪其實而儒其名。昔之儒，内儒而外儒；今之儒，内禪而外儒。昔之禪，外禪而内禪；今之禪，外儒而内禪。曠觀今日，皆儒也，而皆禪也，名皆儒也，而實皆禪也。非禪之過，而儒之過也，非真禪之過，而假儒之過也。是烏得不辨，烏得不深爲辨哉！

道之明也，無儒而有儒，有禪而無禪；道之晦也，有儒而無儒，無禪而有禪。

薛胡在姚江之前，爲其易；顧高在姚江之後，爲其難。象山之所謂心，分明是告子之心；陽明之所謂性，分明是告子之性。雖有善辨者，不能代爲之解免也。

明其可知，而不惑於不可知，勉其可行，而不騖於不可行，聖人之徒也。舍其可知而索之不可知，棄其可行而求之不可行，異學之誤也。

吾儒之學，只是人倫日用、布帛菽粟之常，而窮神達化之妙即在其中，思之而無不可知之理，爲之而無不可見之事，何等明白昭著，何等顯易平實！若老佛之説，幽杳陰暗，怪誕詭僻，不可摸捉，不可方物，詰之而總不可知，求之而總不可見，飜騰播弄以神其奸，躲閃變幻以藏其陋，誠青天白日之么魔，明晝大都之魑魅，宜其不可容於唐、虞、三代之世也。

看三藏十二部五千四百八十卷佛經，不如讀一章小學。

寧可數墨尋行，拘泥陳迹，不可談神説妙，飜弄新奇。寧可樸實椎魯，甘爲下士，不可圓熟曠達，號曰聞人。寧可顛斤樸兩，爲狹隘規模之細儒，不可高視闊步，爲蕩軼繩檢之豪傑。寧可爲有破綻之狂狷，不可爲無忌憚之中庸。寧可硜硜自守，爲必信必果之小人，不可閹然媚世，爲無舉無刺之鄉愿。寧可摘句尋章，爲聖門之末學，不可擎拳豎拂，爲菩提之上乘。寧可倚識解，墮言詮，斥爲佛祖之外道，不可弄精魂，蔑倫理，目爲孔孟之罪人。

古人自幼教之以誠敬，如灑掃應對之類是也；今人自幼教之以虛憍，如詩詞制義之類是也。

古人之學，所以養心；今人之學，適以害心。

俗學不明心，安能明經？異學不明經，安能明心？心是無形之經，經是有形之心，以經傳經，以心印心，以心治經，以經證心，合外内之道也。

俗學只是要加，異學只是要減。不知這物事完完足足，停停當當，加也没處加得一些，減也没處減得一些。

俗學論性失之低，異學論性失之高。俗學滯於有，和人欲也有了，異學淪於無，連天理也無了，皆不知明善之故也。

這物事干係甚大，塞上塞下，亘古亘今，在在充滿，時時周到，取之不得，捨之不得，加之不得，減之不得，無智無愚，無賢無衆，合下皆有，生來各足，不絕不續，不欠不零，所謂本體是也。但俗學一味蔽錮，自家埋倒了自家的；異學一味超脱，自家抛棄了自家的。吾儒只是還他本色，没一些走作，没一點攙和，没一毫虧欠，没一分夾帶，没一隙罅滲，没一刻間歇，乾乾浄浄，圓圓滿滿，適如其賦畀之初、彝秉之良而已。

「無聲無臭」言帝載之不墮聲臭也，「無思無爲」言太極之不假思爲也，「不學不慮」言良知良能之不由學慮也，皆是指這實理，而極言其微妙耳。吾儒之言無者如此，非二氏虚空寂滅、恍惚杳冥之説也。故曰吾儒以有無爲一，二氏以有無爲二。

「無思無爲」不在思爲之外，「不學不慮」不在思慮之外。思只思這無思的，爲只爲這無爲的，學只學這不學的，慮只慮這不慮的。無思無爲，何曾少得思爲？不學不慮，何曾廢得學慮？無思之思、無爲之爲，何害其無思無爲？不學之學、不慮之慮，何害其不學不慮？錯認本體，以無思無爲、不學不慮爲玄空，爲自在，爲不致毫力，爲不起一念。錯認本體，因錯認工夫，以思爲學慮爲鶩外，爲襲義，爲倚靠墮落，爲幫貼障蔽。殊不知聖賢之所謂無思無爲、不學不慮者果指何物。且既曰無思無爲、不學不慮矣，而復諄諄教人以思爲學慮之方者，豈聖賢立言自相矛盾有如是耶？學者所當深長思之也。

吾儒所謂思，只思其無思而已；所謂爲，只爲其無爲而已。世俗思非其思，是曰妄思；爲非其爲，是曰妄爲。佛氏一味無思，一味無爲，一味無思，而勢不能不思，一味無爲，而勢不能不爲。不能不思，不能不爲，究之，思非所當思，爲非所當爲，止謂之妄思妄爲而已。此佛氏之所以似高於吾儒，而實同於世俗也。

人若信得及，何愁不肯向前。進學不力，爲善不勇，只是信不及。

孔子曰「人之生也直」，不曾説有直有曲，不曾説無直無曲。孟子曰「性善」，不曾説有善有惡，不曾説無善無惡。

曰無善，無善，非惡而何？曰有善之善，有無善之善，無善之善，非惡而何？無善云者，荀子之見，商韓之祖也。無善無惡云者，告子之見，佛老之祖也。

道不明，纔在身心上用工，便墮入老佛；道不行，纔在事功上着脚，便流入管商。

學不明理，雖遷固之文、儀秦之辨、賁育之勇、般輸之巧，反爲心害，何濟於事？

楊墨流弊至於無父無君，申韓流弊至於弑父弑君，總是私欲用事。

從義起見，便謀利計功不害爲公；從利起見，縱談仁説義不害爲私。

静坐不是閉眼合眉，講求不是指天畫地。

講以身心方是學，講以口耳只是講。

學不聞道，雖胸富五車，才高七步，只是箇末學，雖功彌六合，澤及兩間，只是箇私意。此詞章功利，聖賢所以鄙而不道也。

食知味，行知步，知性知天亦不外此。

象山注六經，心齋治總經，見解一般。

見不真切，非認賊作子，即認子作賊。

吾儒無的是人心，異學無的是道心，吾儒有的是道心，俗學有的是人心。道心，本有者也，天理也。人心，本無者也，人欲也。本有者不可不有，本無者不可不無。本有者有，則本無者自無，本無者無，則本有者自有。若本有者無，則本無者反有，本無者有，則本有者反無。學者亦唯有其不可無者，無其不可有者而已。若一槩都有，可有者有之，不可有者亦有之，吾恐可有者未必有，而不可有者未必無也。若一槩都無，可無者無之，不可無者亦無之，吾恐可無者未必無，而不可無者未必有也。蓋本有者、本無者無頃刻并立之理，彼有則此無，此有則彼無也。應無者、應有者無一切掃除之理，應無者固不可使之有，應有者正不可使之無也。但當明辨其所有、所無者之爲何如，而後知槩滯於有者之病於雜，槩淪於無者之墮於空也。

人之應有者即其本有者也，應無者即其本無者也，本有者是天理，本無者是人欲。吾儒所恃以能無其本無者，全在能有其本有。能有其本有，則其本無者不期無而自無。既無其本無，則其本有者亦不期有而自有，乃自然之道也。俗學欲有其本有者，并有其本無者，究之，本無者有之，本有者不得而有之。異學欲無其本無者，并無其本有者，究之，本有者無之，本無者不得而無之。俗學言有，有所不當有，故無所不當無。異學言無，無所不當無，故有所不當有。吾儒有所當有，自無所當無，無所當無，自有所當有。聖學、俗學、異學之辨，耑在於此。然則一有一無之間，顧不重哉！

有其所應有、無其所應無者，吾儒也。有其所應無、無其所應有者，庸衆也。無其所應無、并無其所應有者，佛氏也。是佛氏之説，不特超於庸衆，抑且高於吾儒矣。然而應有者、應無者遞爲消長，中間不能容髮，二者斷無一時并有之理，亦無一時俱無之理。佛氏既取其所應有者而無之，則其所應無者，即欲無之而不可得矣，而況乎未必欲其無之也。其所應無者既不得而無之，則其所應有者，即欲有之而不可得矣，而況乎本不欲其有之也。是佛氏欲無其所應無者，并欲無其所應有者，到底只無其所應有者，不無其所應無者，似超於庸衆而實等於庸衆，似高於吾儒而實流於異類矣。

本有是有善，本無是無惡，本體也。有其本有是爲善，無其本無是去惡，工夫也。説不得都有，説都有，世俗之見也；説不得都無，説都無，異端之見也。説都有，到底不能都有，依舊只有得惡，不曾有得善；説都無，到底不能都無，依舊只無得善，不曾無得惡。有的自當説有，無的自當説無，只看這有的無的果奚若耳。若有的是所應有，無的是所應無，應有的不令其一毫不有，應無的不令其一毫不無，爲聖爲賢，配天配地，不外是矣。

後儒好高耽異，炫巧鑿空，聖經賢傳直等諸老生常談，拘儒陳説，漫不爲之留意矣。此所以畔道日遠，而害理滋甚也。

執定本，遵成法，守先王之道，以待後之學者，乃吾人人本分内事。若自作見解，分外穿鑿，則貽悮後人，得罪名教不小矣。

聖賢不輕棄人，不苟授人，一以廣教，一以重道也。

日用細行，皆有天則。賢者審處而不違，聖人從容而不過，有生熟安勉之分耳。

學者日用常行，一念之私便是伯，一念之公便是王，一念之僞便是伯，一念之誠便是王，不待事君使民、措諸事業而後知也。

狂者過，狷者不及。狂之入道也易於狷，其畔道也亦甚於狷，此夫子所以有「歸與」之嘆也。狂狷似遠中庸而實相近，故可以入道，而聖人取之；鄉愿似近中庸而實相遠，故足以亂德，而聖人惡之。近遠之分，誠僞之間而已。

狂玩世，狷傲世，鄉愿媚世。

安於義則無怨尤，勇於義則無瞻顧。

存諸念慮不雜，見諸踐履不雜，發爲言詞不雜，措爲事業不雜，可以爲醇儒矣。

心術不雜，則學術不雜，學術不雜，則治術不雜，故正心爲學問經濟之本。

勇於改過，善莫大焉；巧於遂非，惡莫大焉。

聖賢教人，只要知得善是生來本有的，爲善是分内應該的，有所本有，爲所應爲，斯已矣。

既無人倫，又安有天德？如證父攘羊以爲直，避兄離母以爲廉，禍理害道，莫此甚矣！

易之道，剛柔進退，不失其正而已。老氏耑要退步，耑要柔伏，可謂得易之體乎？

老氏以清浄柔弱爲體，以權謀變詐爲用，以退爲進，以與爲取，以無爲爲，以不争争，竊弄闔闢，總歸於自利而已。彼爲其學者流於刑名，入於術數，不亦宜乎？

仲淹中説勝於子雲法言，然其僭擬聖經，不知而作，則一也。

言不切理，縱錦心繡口，祇爲悦人耳目之資，程子所以比之俳優也。

巢由之辭，有天下之見者也；舜禹之任，無天下之見者也。

堯舜之禪讓，仁也。堯舜之禪讓得人，仁之至也。

淡然無欲，嶷然有守。

富於德者，人不得而貧之；貴於己者，人不得而賤之。

富貴不淫、貧賤不移、威武不屈者，未見其人也。

志伊尹之所志〔三〕，當自「一介」始；學顔子之所學，當自「四勿」始。

學者動口便講國家利害，談政事得失，評前輩優劣，論時人短長，自家一箇身子偏不去檢點照管，何其舍近而務遠、重外而輕内也，亦惑甚矣！

唐虞咨儆吁咈，是圖治，即是論學。

今之學者，未曾實落刻苦，做得幾年真工夫，只憑著殘編斷簡的話頭，管窺蠡測的見識，便侈然以斯文自任，前無古人，後無來者。及登壇講論，非亂言混過，則大話謾過。彼矇瞽之流，方且推爲宗匠，而奉若筮龜，一遇明眼人，則本色畢露，更無處躲閃矣。夫子曰「蓋有不知而作之者」，孟子曰「人之患在好爲人師」，一聖一賢，直道破千古學人好高之病，令人讀之毛骨俱竦。

既要撑乾拄坤，便當做天長地久的生活，猶屑屑焉争目前毁譽，較世俗短長，何耶？

鄉愿嗜欲深而天機淺，狂士質美而未學。

只一念便利之私，充之無所不至，故患得患失之鄙夫，即弑父弑君之亂賊也。

審幾於初動，防患於未萌。易曰「履霜堅冰」，謹未然也，「月幾望」，戒將然也。

有爲善之心，而不務明夫所以爲善之理，則忠孝或失之愚，仁義或流於過，是以君子貴學也。

天地之大常，亘萬世而不易，所以範圍而不過也；古今之通義，隨時會而遞更，所以曲成而不遺也。範圍不過者，中之定體，經統乎權也；曲成不遺者，中之妙用，正通乎變也。

恰好是中，件件恰好是時中。

經是一定之權，權是無定之經。經是權之常，權是經之變。常變，時也，經權，理也。權以酌乎時之常，權即經也，經以通乎時之變，經即權也。不一者時，至一者理。無定者時，有定者理。不一者以至一一之，無定者以有定定之，所以先天而天弗違也，天下之大經也。不一者以不一一之，無定者以無定定之，所以後天而奉天時也，天下之大權也。經即是權，權即是經，顧其時何如耳。

中是經，時中是權。有物有則是經，因物付物是權。

易有二義，一不易，一變易，不易者體也，變易者用也。不易而變易，體不離用，天下之達道也；變易而不易，用不離體，天下之大本也。此即經權之謂也。

「不好名」三字，礙於鶩外的假君子，便於作惡的真小人。

君子不好名，是不表襮；小人不好名，是無忌憚。

世人開口便謂學者要率性，要近情。不知彼之所謂率性，乃是恣情縱欲，名爲率性，實則滅理，所率者非真性也。彼之所謂近情，乃是同流合污，名爲近情，實則狥物，所近者非真情也。真性者，天性也，天性即天則也，帝之衷也。真情者，人情也，人情即人理也，民之彜也。内焉戒慎恐懼，外焉規矩準繩，方是率性。小則曲成不遺，大則範圍不過，方是近情，豈世俗之云云者哉！

以禮爲僞，以肆爲真，以放僻爲圓通，以持守爲拘滯，以詩、書、禮、樂爲糟粕，以綱常倫理爲情緣，以日用常行爲末節，以規矩繩墨爲桎梏，虚誕猖狂，無所不至。不圖學術之弊，一至於斯也！

王門之有泰州、龍溪，猶孔門之有顔曾二子也。泰州之學，一傳而爲顔山農，再傳而爲羅近溪、趙大洲。龍溪之學，一傳而爲何心隱，再傳而爲李卓吾、陶石簣。惑世誣民，日新月盛，斯其爲禍，雖洪水猛獸不足比其烈矣。溯流窮源，實姚江提宗不善之故，即欲稍爲之寬解，不可得矣。

聖賢千言萬語，論學只是遏欲存理，論治只是扶陽抑陰。

理一分殊，自然之禮，分殊理一，自然之樂。

君子小人，件件相反，判若霄泥，睽如涇渭。然揆厥本原，祇争一念之公私而已。

貪夫逐利，烈士殉名，其私心一也。

爲學不期於孔顔，爲治不期於堯舜，皆自畫也。

拂理則傷心，是曰害仁；違心則虧理，是曰賊義。

人立身兩間，唯綱常爲重。若大節有虧，雖才技絶人，勛名蓋世，皆緒餘耳，無足比數。故夷吾之烈，曾西恥不屑爲，仲子之廉，子輿鄙不足道。然世人每舍重而取輕，明小而暗大，如葉公以證父之過爲直，司敗以隱君之惡爲黨，皆斤斤於形跡之末，而昧於天經地義之大常者也。世俗之難與言，大率類此。

天高地下，萬物散殊，各有不齊之則，各有不一之分。聖人以人治人，因物付物，齊以不齊，乃所以齊也，一以不一，乃所以一也，如吾老之必先於人老也，吾幼之必先於人幼也，伯兄之必異於鄉人也，鄰子之必異於兄子也，楚人之長視吾長有間，秦人之弟視吾弟有間，鄉鄰之救較緩於同室，其兄之道較切於越人，野人君子必不同其位，大人小人必不同其事，飲湯飲水必不一其時，巨屨小屨必不若其價。蓋天秩天叙、大經大綸，即欲不如是而不可得也。聖人天下一人，四海一家，既非爲我之私，親疏異施，崇卑異等，又無兼愛之弊。齊而治，治而平，由内而外，由近而遠，推之有漸也。親而仁，仁而愛，由厚而薄，由貴而賤，施之有等也。所謂理一而分殊，仁至而義盡也。乃莊生取而齊之，許子比而同之，不亦異乎？

堯、舜、湯、武之征讓，禹、稷、顔回之出處，微、箕、比干之生死，曾子、子思之去留，都是合該恁的，所謂時中也。

周公戒逸，召公陳敬，是千古事沖主的樣子。

帝王之治本於心，帝王之心主於敬。

君心者，萬機之樞要，而萬化之權輿也，故王道必以正心爲本。

爲君者當思天所以立君之意，爲臣者當思君所以任臣之意。君以天之心爲心，百執事以君之心爲心，期於仁愛斯民而已。

太陰五星，光有大小，皆借太陽之光以爲光，行有遲速，皆視太陽之行以爲行。近太陽則行急而盈，光晦而伏，遠太陽則行緩而縮，光生而見。太陽，君道，太陰五星，臣道，自然之理也。

得聖人之理，可以制作；得聖人之意，可以沿革。

天道有常有變，王道有經有權。

各循其理而天下平。

人主恐懼修省，祥莫祥於此矣，怠荒佚豫，災莫災於此矣。但當問人事之修否，不必問天象之禎異也。天人一理貫通，一氣感召，和致祥，乖致異，乃常道也。然人主恃祥而怠，祥亦爲災，遇災而警，災亦成祥。盛世亦有饑沴，末流常多符瑞，人主亦盡其在我而已。

治曆授時，敬天勤民之首務，爲政者所當盡心也。

曆法至爲繁賾，其緊要處只在得太陽盈縮之真限，一切加減增益皆從此起。此處差則無不差，合則無不合。

由漢以來，造曆者七十餘輩，立法者十有三家，求其理明數著、精密脗合者，僧一行之大衍、郭守敬之授時而外，則未之槩見也。

步算之法，莫緊要於日行，莫繁難於日食。

交食者，曆法疎密之證。交食不差，則朔望不差，朔望不差，則節氣不差。二分二至，又一歲之關鍵，四時之樞紐也。二分二至不差，則二十四氣、七十二候亦自無大差矣。

歲差之法，舊法是太陽退數，新法是經星退數。舊法換宫兼換宿，換太陽宫，不換經星宫，新法換宿不換宫，換經星宫，不換太陽宫。其數雖不殊，而理則大相逕庭矣。

新法之最奇者有四：觜參顛倒，一也；節氣那移，二也；歲差環轉，三也；歲實參差，四也。之四者，有識之士皆能辨之矣。至謂天有經緯，地亦有之，二曜有經緯，五星亦有之，如視差、氣差、里差等法，殊爲細密，可補舊法所不及也。

新法千條萬緒，究竟不過高卑二字，高減卑加一法。其作表立式，都是一箇套子。測以多邊三角形，視舊爲繁，算以割圓八線表，視舊爲簡。

舊法以二至爲主，新法以二分爲主。舊法以赤道爲主，不論黄道，新法以黄道爲主，兼論赤道。立法之不同，大要在此。

賢不肖無并進并退之理，小往則大來，大往則小來。否泰剥復，自然之道也。所應非所求，所學非所好，君臣遇合之難，自古然也。謂其君不能者，不敬其君也。謂其君不能而舍所學以徇之，不敬其身者也。

寬以養國家之元氣，嚴以鼓國家之神氣，循資格以盡庸才之用，破資格以盡奇才之用，皆千古不易之論也。

世亂而無守，世治而無爲，其人可知矣。

天德、王道，一以貫之。

【校勘記】

〔一〕謬妄　詹本作「意見」。

〔二〕一番精進　「進」下，詹本另有一條：「自姚江之説充塞一時，浸淫後世，學者莫不憑意見而棄精靈，棄行檢而趨放蕩，宗旨愈妙，陷溺愈深，議論愈玄，志趣愈下。高者猖狂叫呶，怪誕而不經；卑者邪僻慆淫，污穢而無恥。害理賊道，流弊不可勝言。然後知洛、閩之學直接洙、泗之統，誠垂千古而無弊，歷萬世而莫易者也。」

〔三〕志伊尹　「志」前，詹本有「馮少墟先生曰」六字。

附録一：傳記資料

熊賜履傳

熊賜履，湖北孝感人。順治十五年進士，由庶吉士授檢討。十七年，充順天鄉試副考官。康熙二年，遷國子監司業。四年，遷弘文院侍讀。

六年，聖祖仁皇帝屢詔臣工直陳政事得失。時内大臣鼇拜輔政自專，賜履疏言：「内臣者，外臣之表也。今國家章程法度不聞略加整頓，而急功喜事之人又從而意爲之，但知趨目前尺寸之利以便其私，而不知無窮之弊已潛滋暗伏於其中。部院臣工大率緘默依阿，託老成慎重之名，以濟尸位素餐之計。樹義者謂之疏狂，任事者目爲躁競，廉静者斥爲矯情，端方者病爲迂腐。間有讀書窮理之士，則羣指爲道學，百計詆排，欲禁錮其終身而後快。乞皇上申飭滿、漢諸臣虛衷酌理，實心任事，化情面爲肝膽，轉推諉爲擔當，漢官勿阿附滿官，堂官勿偏任司官。宰執盡心論思，毋以唯諾爲休容，臺諫極力糾繩，毋以鉗結爲將順，則職業修舉，官箴日肅矣。」

疏入報聞。

七年，遷祕書院侍讀學士。疏言：「朝政積習未除，國計隱憂可慮。皇上聰明天亶，天下之人靡不翹踵拭目，仰觀德化之成，而設施措置猶未足厭服斯人之望。年來災異頻仍，饑荒疊見，正宵旰憂勤、徹懸減饍之日。伏乞時御便殿，接見儒臣，講論政治，行之以誠，持之以敬，庶幾轉咎徵爲休徵。」疏入，内大臣鼇拜傳旨詰問「積習、隱憂」及「未厭人望」實事，賜履言即「制治未亂、保邦未危」之意，欲至尊憂勤惕勵也。鼇拜復傳旨，嚴飭賜履不能實在指陳，妄行冒奏，以沽虚名，下部議處，應降二級調用，上寬免之。未幾，命康親王傑書等勘鞫鼇拜結黨專權罪狀，讞辭有「鼇拜啣賜履刼己，意圖傾害」一款。互詳鼇拜傳。

賜履嘗以上即位後未舉行經筵舊典，謂宜慎選儒臣以資啓沃，並請備記言記動之職，設起居注官，又以上欲巡幸邊外，疏請停止，皆得旨俞允。諭廷臣曰：「朕頃以農隙講武之時，欲一往邊外閲視，有疏稱災變甚多，不宜出邊、增兵民困苦者。深嘉其抒陳忠悃、直言進諫，已如所請停止。此後有未當之事，其各直陳所見，朕不憚改焉。」

九年四月，擢國史院學士。十月，改内三院爲内閣，設翰林院，以賜履爲掌院學士。會復設起居注日講官，命賜履充之，又充經筵講官。十年六月，乞省母疾，命勿開缺。十一年，命教習庶吉士。十二年，充會試副考官。十四年三月，奉旨：「翰林院掌院學士熊賜履，素有才能，居官清慎，著升内閣學士。」於是授武英殿大學士。時恭輯太祖高皇帝、太宗文皇帝聖訓，御撰孝經衍義，重修太宗實録，賜履並充總裁官。

十五年六月，陝西總督哈占有盜犯已獲開復疏防官員一疏，内閣誤票三法司覈擬，既檢舉，得旨寬免處分。大學士杜立德告之大學士索額圖，謂「前此票擬草簽，今已改寫，不無情弊」。既而索額圖欲閲草簽，杜立德又以被竊去告。於是索額圖、大學士巴泰同奏請，敕吏部集問諸大學士、學士及中書等，嚴察改寫竊取情弊。吏部尚書明珠、郝惟納等議賜履票擬錯誤，欲諉咎杜立德改寫草簽，復私取嚼毁，失大臣體，革職。遂罷歸，家江甯。二十三年，上南巡，賜履迎駕，召對良久，遣侍衛齎御書及食物賜之，尋御題「經義齋」扁額以賜。二十七年六月，授禮部尚書。十二月，丁母憂，歸。二十九年十一月，仍授禮部尚書。三十年，充經筵講官及武會試正考官。三十一年二月，命往江南察審運河同知陳良謨訐告河道總督王新命勒取庫銀事，鞫新命及良謨並那移庫銀，論罪如律。十月，調吏部尚書。

會河道總督靳輔奏所屬州縣開河築隄、建壩栽柳之民間田地，應令督撫察勘豁免額賦。上曰：「此事若令地方官履勘丈量，恐借端擾民。」特遣賜履前往，會同督撫察勘。尋還，奏高郵、山陽等州縣應豁免額賦田地三千七百二十八頃有奇。三十三年，九卿會推兩江總督，以吏部侍郎布彥圖等十二人列奏。上詰問保舉布彥圖者何人，大學士等以賜履覆奏。上以尚書庫勒納與布彥圖同旗同部，素所稔知，諭責之，寘賜履弗問。互詳庫勒納傳。三十五年七月，御史龔翔麟劾奏：「吏部擬補擬選先後互異，單月府州縣缺壓歸雙月，河工咨留人員或准或否，高下其手。尚書熊賜履竊道學虛名，負恩溺職，應與久任吏部之侍郎趙士麟嚴加處分。」得旨，吏部回奏，復下都察院察議，以回奏含糊矛盾，賜履與尚書庫勒納、侍郎趙士麟、彭孫遹並應降三級調用。上命從寬留任。

三十八年，授東閣大學士。時纂修平定朔漠方略及明史，賜履充總裁官。先是，三十三年、三十六年會試，至是三十九年會試，並爲正考官。四十二年二月，復充會試正考官。三月，以年届七十乞休。得旨：「鄉才學敏贍，講幄久勞，簡任綸扉，勤慎益著，老成在列，倚毗方殷。覽奏，引年求罷，情詞懇切。准以原官解任，仍食俸留住京師，用備顧問，以示優眷。」四十三年，賜御書「壽者」扁額。四十五年十月，疏辭食俸，復乞歸江甯，命乘驛官爲護送。四十六年，上閱河，駕幸江甯，召見慰問，賜御用冠服。四十八年十月，卒於家，年七十有五。命禮部遣滿漢司官各一員往視其喪，予䘏銀一千兩，贈太子太保，賜祭葬如典禮，謚文端。

所著有經義齋集、學統、學辨、學規、學餘諸書。當賜履遺疏至京，時其同姓編修熊本竄入薦己語。上覽疏，諭廷臣曰：「熊賜履學問既優，人品亦端，此遺疏内薦舉其姪熊本，必係虚僞。」命總督噶禮確察。噶禮取其疏草以進，果無是語，下法司鞫問，論熊本罪如律。

五十一年，諭吏部曰：「原任大學士熊賜履夙學老成，歷任多年。朕初立講官，熊賜履早夜惟勤，未嘗不以内聖外王之道、正心修身之本直言講論，務得至理而後已。且品行清正，學問優長。身殁以後，朕屢加賜卹，至今猶軫於懷。原任大學士張英、張玉書，朕因眷念舊勞，擢用其子。熊賜履之子自應一例推恩，著調取來京，酌量録用，以示不忘耆舊之意。」六十年，吏部以其二子引見，命俟年壯時録用。諭大學士等曰：「原任大學士熊賜履居官清正，學問優贍。朕每念舊勞，不忘於心，屢諭織造李煦、曹頫周卹其家。今其二子來京，觀其氣質，尚可讀書。熊賜履屢爲試官，所取門生不下千人，身後竟無一顧卹其家者。朕於故舊大臣身故之後，不忍忘懷。當熊賜履居官時，政事言論有不當者，朕未嘗不加訓飭，即凡大臣皆然。及已去位身故，則但念其好處，如李霨、王熙之孫，勵杜訥之子，俱見爲京職，見任大學士王頊齡之子王圖炳，亦在内廷行走。沈荃之子沈宗敬爲人參劾，朕念伊父存日勤勞，姑留其職。杜立德、張玉書之家，時時問其子孫何如。至於讀書學問之事，必思及李光地，其子姪亦見官於朝。此皆爾等所知也。今聞熊賜履二子家甚清寒，爾等亦應共相扶助，令其讀書，俾有成就。」今上乾隆四年，吏部以熊賜履之子志契年已及壯，具奏，奉旨以京職用，尋授翰林院孔目。（録自清史列傳卷七）

熊賜履事狀

［清］彭紹升

公諱賜履，字青岳，湖北孝感人。順治十四年舉於鄉，明年成進士，選庶吉士，授檢討。十七年，充順天鄉試副考官。康熙二年，遷國子監司業。四年，遷弘文院侍讀。

六年五月，聖祖詔臣工直陳政事得失。公於是上書曰：

「臣荆楚鄙儒，猥蒙先帝簡拔，授以清班，繼荷皇上殊恩，累遷今職。兩朝知遇，高厚難名，中夜捫衷，汗流浹背。伏念臣自幼讀書辨志，竊以聖賢爲師。數年來，恭遇皇上高拱深居，經筵未舉，區區獻納微忱，無由上達，且以出位陳辭，典制有禁，因循緘默，尸素到今，臣之辠也，亦臣之分也。兹者伏遇皇上恪謹天戒，軫念民依，虚己下詢，采及葑菲，此正微賤小臣圖報涓埃之日也。謹仰遵明詔，殫竭愚衷，惟皇上留神省覽。

伏讀詔書，有曰：『今聞直隸各省人民多有失所，疾苦窮困，深可軫念。或因官吏貪酷，朘削民生；或因法制未便，致民失業。』嗚呼！皇上此心乃二帝、三王之心，皇上此言乃二帝、三王之言也。夫民生今日，其困苦亦孔亟矣！國家日言生聚而凋敝愈甚，日言軫卹而創痍不起，日言招集、言蠲免而流亡滿目，逋欠浸多，近而畿甸，遠而各省，流離瑣尾，所在皆然。遡厥由來，惟是官吏之割剥、徭賦之繁重有以致之，誠有如聖諭所云者。蓋小民水耕火耨，終歲勤勞，僅足以贍給俯仰，而夏税秋糧，朝催暮督，賣絲糶穀，十室九空。私派倍於官徵，雜項浮於正額，分外之誅求，無名之賠補，種種朘刻，剥膚及髓。一有不應，即已顛頓，呼號於捶撻敲扑之下，而無能安其室家井廬之樂。哀此小民，正使年熟歲稔，尚難保須臾之命，一旦水旱頻仍，饑饉見告，其不轉徙流亡，填溝渠而委道路者幾何哉！蠲賦則吏收其實而民受其名，賑濟則官增其肥而民重其瘠，彊者斬木揭竿，弱者析骸易子，此理勢所必至者。嗚呼！此固民情之大可憫，而國計之重可憂者也。雖然，此不獨守令之過也，上之有監司，又上之有督撫。朝廷於守令方責之以廉，而上官實教之以貪；皇上授以養民之職，而上官自課以厲民之行。今日之爲守令者亦甚難矣，督撫廉則監司廉，守令亦不得不廉；督撫貪則監司貪，守令亦不得不貪。表有影，原有流，此又理勢之必然者也。今之爲督撫者，求所謂精白乃心，爲國家安輯地方、愛養黎庶者，臣不敢謂無其人。獨是國家以全省民命舉而付託於其身，畀以察吏安民之權，屬以興利除害之任，其待之不爲不隆，而任之不爲不重矣。乃日望其察吏而吏治日壞，日望其安民而民生日蹙，日望其興利除害而一利未行、一害未去，不可不謂之上負朝廷，下負生靈矣。大抵有司之職，業在地方，而上官之激勸在舉劾，年來督撫之所薦揚者，果小民之戴爲父母而尊若神君者乎？其劾爲貪庸者，果百姓之畏若豺虎而疾如蛇蝎者乎？是未可知也。以督飭爲能而不問其慈惠，以催科爲政而不問其撫綏，以夤緣之巧拙爲優劣而不問其材幹之短長，以禮節之厚薄爲殿最而不論其品誼之高下。此風一倡，争相效尤，交蟠互結，牢不可破。是以數年以來，旱澇時聞，死亡載道，而此輩輿金饌玉，暮宴朝歌，恬焉不知有困窮疾苦之足念。在在此輩不過爲一時之利，梯一己之貪欲，而不知其斂怨聚愁爲國家釀此不解之毒。在廷諸臣習爲瞻徇，務相容隱，不冐舉發其貪惡之迹以告皇上，間有一二指名糾參者，亦不過淡寫輕描，微示其意。而皇上亦莫得洞悉其蠹國養奸、横虐殃民之實狀。故此輩得以久竊威權，爲壟斷之長計，而無辜赤子顛連莫告者，正未知何日有再生之地也。伏乞皇上將見任督撫大加甄别，其賢而能者加銜久任，其貪汙不肖者立賜黜退，無令久居人上，荼毒生民。嗣後遇督撫缺出，不拘内外大小臣工，果有端方清正、望重才優，如古大臣其人者，敕下部院大臣，從公保舉，授以兹任。其考課也，以民生之苦樂爲守令之賢否，以守令之貪廉爲督撫之優劣。則督撫得其人，監司自得其人；監司得其人，守令亦得其人。自然廉者勸，貪者懲，有利必興，有害必除，而民之不獲其所者寡矣。不此之計，日敝敝焉言計吏，言安民，言舉劾，言蠲賑，終不過空文故套、美人聽聞，毫無補於吏治民生之實事。何則？任之非其人，行之失其意，雖周官、周禮，祇足爲厲民禍世之具而已。此聖諭之所已及，而臣詳切言之者也。雖然，内臣者外臣之表也，京師者四方之倡也，本原之地在乎朝廷而已。朝廷一舉一動，萬方之則傚、九土之觀瞻於是乎出。而其大者，則在立綱陳紀、用人行政之間。今朝廷之可議者不止一端，臣請擇其至重且大者言之：一曰政事極其紛更，而國體因之日傷也。從來聖君賢相，開國承家，必取一代之典章法制，斟酌損益，著爲百世不易之令模。遠之子孫，率由無變亂之患；近之臣民，遵守無叢脞之虞。三代盛王所以保世滋大，無疆惟休也。我國家所用章程，一踵勝朝之舊，雖其事極敝而難行者，類無不承訛襲陋，苟且因仍，不聞略加整頓，去其太甚。而急功喜事之輩又從而意爲更變於其間，但知趨目前尺寸之利以便其私，而就中莫大之憂、無窮之患潛滋暗伏，不知所以爲之計，朝舉夕罷，旋罷而旋舉，甲張乙弛，倏弛而倏張。王言屢褻，朝政滋煩，議論日多，成功絶少，此時事之最當講究者也。伏乞皇上敕下議政王貝勒大臣九卿科道，將國家制度文爲詳慎會議何者當沿，何者當革，何者宜益，何者宜損，參以古制，酌以時宜，務期允當，勒爲會典，著爲成憲，則上有道揆，下有法守，億萬年無疆之基業在此矣。一曰職業極其墮窳，而士氣因之日靡也。國家之設官，滿、漢相制，堂屬相維，使事無偏畸，責無他委。近見各衙門臣工大率以意見爲嫌疑，以和同爲推委，明知其事之必不可行而不以爲否，明知其事之必不可不行而不以爲是，緘默瞻顧，而奸人猾胥因得以舞文弄法，偷換手眼。比年以來，此風尤甚，外託老成慎重之名，内懷持禄養交之念。憂憤者謂之疏狂，建白者目爲浮躁，廉静者斥爲矯激，端方者詆爲迂腐。間有修身體道、讀書窮理之士，則羣指爲道學之人，而誹笑之、排擯之，勢不至於禁錮其終身而不已。此識者所爲深憂永歎，而不能不爲世道之慼也。伏乞皇上立振頹風，作興士氣，申飭滿、漢諸臣虚衷酌理，實意任事，化情面爲肝膽，轉推委爲僭當，是曰是，非曰非，可則可，否則否，漢官勿阿附滿官，堂官勿偏任司官。宰執盡心論思，勿以唯諾爲休容，臺諫極力糾繩，勿以鉗結爲將順，則職業修舉，而官箴日肅，士氣日奮矣。一曰學校極其廢弛，而文教因之日衰也。宋儒程顥曰『治天下以正風俗、得賢才爲本』，又曰『三代養賢爲本而德化行焉，治道出焉』，明乎學校爲賢才之藪、教化之基，而學術事功之根柢也。今者庠序之教缺焉不講矣，師道不立，經訓不明。士子伏案呻唫，惟是揣摩舉業，以爲弋科名、掇富貴之具，絶不知讀書講學、求聖賢理道之歸。即號爲高明有志者，或汎濫於百家，沈淪於二氏，惑世誣民，充塞仁義，斯道之淪晦，未有甚於此時者矣。伏乞皇上隆重師儒，興起學校，畿輔則責成學院，各省則責成學道，使之統率士子，講明正學，非六經、語、孟之書不得讀，非濂、雒、關、閩之傳不得講，扶持正教，削去從前浮薄偏曲之陋習與空虛荒誕之邪説。而又舉行貢監之法，令於士子中擇其志趣端卓、英俊可造者，縣學一人，州學二人，郡學三人，貢之國雝，寬其館舍以居之，豐其廩餼以養之。廷臣中有老師宿儒如宋胡瑗、元許衡其人者，特簡一二人，使司成均，主教導，日進諸生而陶淑造就之。其道必本於人倫，達乎天德，其教自洒埽應對以至於義精仁熟，漸摩誘掖，循循有序，三載之後學成，才就司成次其優劣等第，彙送吏部，量其才之大小、學之淺深而授之秩，其公卿大夫之子弟亦如之。至於山林高蹈之士，有經明行修、德業完備者，仍請敕下地方官，悉心咨訪，據實奏聞，優禮延聘，加意褒崇，以爲士習人心之勸，則道術以明，教化大行，人才日出矣。一曰風俗極其僭濫，而禮制因之日壞也。禮者，聖王所以節性防淫而維繫人心者也。小民至無知也，其氣易勝，其情易流，勝者每至不可禦，流者常至不可遏。其不至於横潰四出者，由有禮教持之於先，又有法制繩之於後也。臣觀今日風俗，其奢侈淩越，不可殫述：一裘而費中人之産，一宴而靡終歲之糧，輿隸被貴介之衣，倡優擬命婦之飾，習爲固然，争相雄長。彼又安知王章之不可渝，天叙之不可紊乎？夫禮教之不行，自貴近始。朝廷崇儉約，重等威，誰敢有好侈靡、逾制度者？風行草偃，理有固然。夫奢則必貪，廉恥喪矣；奢則必僭，名分蕩矣。奢則必驕，奢則必競，禮讓衰，節文亂矣。嗚呼！此飢之本、寒之原也，盜賊獄訟、水旱災荒之所由起也。伏乞皇上躬行節儉，爲天下先，明詔内外臣民，一以儉約爲上。自王公以及士庶，凡宫室、車馬、衣服、僕從，一切器用之物俱規定經制，限以成數，不許少有逾越。久之，儉德日彰，貪風日息，民俗醇，人心厚，以幾敦龐之治，不難矣。雖然，猶非本計也。至於根本切要之地，端在我皇上之一身矣。蓋皇躬者，萬幾所受裁，萬化所從出也。孟子曰：『天下之本在國，國之本在家，家之本在身。』董子曰：『正心以正朝廷，正朝廷以正百官，正百官以正萬民，正萬民以正四方。』二子之言，萬世之龜鑑也。聖如堯舜，可謂至矣，而諄諄於危微、精一之誡，明雖生知之聖，亦藉學問之功也。我皇上神明天縱，睿哲性成，豈區區常情之所能窺？然生長深宫，春秋方富，誠宜選擇左右，輔導聖躬，薫陶德性。伏乞慎選耆儒碩德置之左右，優以保衡之任，隆以師傅之禮，不必勞以職事，拘以文貌，使之出入禁闥，時親便座，從容閒燕，講論道理。又妙選天下英俊，使之陪侍法從，朝夕獻納，切劘治體，毋徒事講幄之虚文，毋徒應經筵之故事，毋以寒暑有輟，毋以晨夕有間。至於大學衍義，尤爲切要，下手之書。其中體用兼舉，本末貫通，法戒靡遺，洪纖畢具，誠千聖之心傳，百王之治統，而萬世君師天下者之律令格例也。伏願皇上延訪真儒深明厥旨者，講求研究於是，考之以六經之文，監之以歷代之迹，實體諸躬，默會諸衷，以爲敷政出治之本。若夫左右近習，必端其選，綴衣虎賁亦擇其人，壬人佞倖不置於前，豔色娃聲不御於側，非聖之書擯而不讀，無益之事戒而不爲。内而深宫燕閒之閒，外而大廷廣衆之際，微而起居言動之恒，凡所以維持此身者無不備，所以防閑此心者無不周。君志清明，君身彊固，舉夫立政敷教，知人安民，無非天德之流行，天則之昭著。是皇上直接夫二帝、三王相傳之心法，自有以措斯世於唐、虞、三代之盛，又何吏治之不清、民生之不遂哉？易傳曰：『正其本，萬事理。差之毫釐，謬以千里。』此聖諭之所未及，而臣推本言之者也。臣志學有年，麤知章句，凡所敷陳，率皆聞諸師友，考諸經傳，而非敢妄爲臆説，以自干罔上之誅。昔宋儒朱熹入對，有戒其勿以正心誠意之説進者，熹曰『生平所學，止此四字』，臣之心亦如是而已矣。伏乞皇上諒其樸愚，恕其狂妄，俯賜包涵，留神采擇，天下幸甚。」疏入，輔臣鼇拜惡其侵己，請治公妄言辠。聖祖弗許，曰：「彼自陳國家事，何預汝等耶？」

七年，遷祕書院侍讀學士。復上言：「朝政積習未除，國計隱憂可慮。年來災異頻仍，饑荒疊見，正宵旰憂勤、徹縣減膳之日，講學勤政，在今日最爲切要。乞時御便殿接見羣臣，講論政治，設誠而致行之，庶可轉咎徵爲休徵。」疏入，鼇拜傳旨詰問「積習」、「隱憂」實事，以所陳無據，下部議，降二級用，聖祖原之。八年，鼇拜敗，聖祖手書前事付廷臣，令並案輔臣欺罔辠。公再疏請舉經筵，設起居注官。會聖祖欲巡幸邊外，公疏言水旱頻仍，聖駕不宜輕出。詔罷前命，並嘉其直，俾繼今以後「事有未當，其悉陳所見，朕不憚改焉」。

九年四月，擢國史院學士。召入内廷，命作楷書，公大書「敬天法祖，知人安民」八字以進。復承命講大學、中庸首節，聖祖首肯者數四。十月，改内三院爲内閣，設翰林院，以公爲掌院學士，兼禮部侍郎。遂以明年二月，肇舉經筵大典於保和殿，以公爲講官，知經筵事。頃之，聖祖以春秋兩講爲期闊疏，遂命公日進講弘德殿，每詰旦進講，聖祖有疑必問。公上陳道德，下達民隱，引伸觸類，竭盡表裏。蓋公自初應詔上書，即力言聖學爲第一要務，其後屢以爲言。會聖祖日益勤學，既開經筵，益盡心於堯、舜、羲、孔之道，暨周、程、張、朱五子之書，咨諏討論，達於政事，仁浹而義炳，其端緒實自公發之。及公去位後，聖祖每論侍學諸臣，未嘗不稱公之忠益也。

十年，夏，乞省母疾歸，尋還朝。十一年，命教習庶吉士。十二年，充會試副考官。其年冬，公以疾假數日。疾已，入直。時有詔徵三藩，聖祖舉以問之。對曰：「國家方太平，以無事爲福道，在休養綏定之而已。今無故徙數十萬安居樂業之衆，移置窮荒不毛之墟，倉卒逼迫，勢逐刑驅，未有不生懟怨。衆怒不可激，一夫稱亂，所至瓦解，前事如此，可勿戒與！」聖祖以語諸大臣，皆言吴三桂僅一子質於朝，可勿慮，其他又安能爲？未幾，三桂反。明年，耿精忠反。十四年春，授公武英殿大學士，兼刑部尚書。公疏辭，不許。既受命，參畫軍機及諸道糧餉，並請嚴飭軍行所過，不得蹂踐禾稼，使兵不病民，民不失業。時方纂太祖太宗聖訓、孝經衍義，重修太宗實録，公並充總裁官。

十五年，陝西總督有開復疏防官員一疏，内閣誤票三法司覈擬。既檢舉，大學士索額圖索初擬票稾不得，謂公有改寫情弊，請察。議免，歸家於江甯。二十三年，聖祖南巡，召對行在，賞賚有加，尋書經義齋三字題其居。二十七年夏，起禮部尚書。冬，丁母憂歸。先是，公因進見，言西夷噶爾丹且有變，宜爲備。至二十九年，邊人告警，聖祖念公言，趣起前官。三十年，充經筵講官，及武會試正考官。明年春，命往江南鞫河督王新命侵帑事，論辠如律。冬，移吏部尚書。會河督靳輔請豁近河公占民田額賦，詔公會督撫察勘。還，奏免高郵、山陽等州縣額賦三千七百二十八頃有奇。

三十三年，充會試正考官。三十五年春，聖祖親征噶爾丹。公言内大臣費揚古可重任，聖祖命爲撫遠大將軍，統西路兵前行。及戰，大捷，噶爾丹尋走死。三十六年，復充會試正考官。三十八年，拜東閣大學士，知經筵如故。嘗進言：「海内乂安，休養化導，正在此時，宜益崇學校，廣教化，豫積貯，戒奢汰，則萬世太平之業也。」每燕見，輒陳四方水旱、官方得失，推古聖人所以憂民、保治之意，竭慮無隱，聖祖輒改容稱善。三十九年，充會試正考官。四十二年，復充會試正考官。四十三年春，公年六十九，乞休。詔解機務，留京食俸。四十五年，疏辭食俸，乞歸江甯。陛辭，聖祖召入，講論累日。公因言：「巡幸所至，官民供辦，不無煩費，惟上留意。」聖祖頷之，命馳驛歸，官爲護送。明年，聖祖視河工，幸江甯，賜御用冠服。會纂朱子全書，詔李文貞與公移書往復商定。

公平生論學，以默識爲真修，以篤行爲至教，其居也恭，其動也毅，其事上也誠，其與人也恕，辭達而已不爲飾，時措而已不爲矯，以是由程朱之途而上溯乎孔孟。其言曰：「聖賢之道不外乎庸，庸乃所以爲神也。」所著書有學統、學辨、學規、學餘、經義齋諸集。

四十八年十月，卒於家，年七十有五。命禮部遣司官二人視其喪，賜銀一千兩，祭葬如制。贈太子太保，謚文端。子三人，志伊、志契、志夔。志伊以疾廢。五十一年，聖祖追念公學行，召志契、志夔入京，以年稚不能應詔。六十年，二子年十餘，始入京。吏部引見，聖祖命俟年長録用，且憫其家貧，諭諸大臣飭公故舊門生各助金買屋京城以居，餘交江甯織造生息，歲廩其家。逾年，志夔卒。乾隆九年，授志契翰林院孔目。

公之薨也，碑誌之文缺焉。紹升讀公書，恨未悉公行事。三十六年入京，與志契遇，得其家所書公事略，竝考集中諸疏及論學書爲之狀，竢史官采録焉。（録自國朝耆獻類徵初編卷七）

熊賜履學案

［清］唐　鑑

熊先生諱賜履，字敬修，原字素九，歷官東閣大學士，謚文端。尊朱子，闢陽明，著學統、閑道録、程朱學要、十子學要、下學堂劄記、會約等書。謂「洙泗之統，惟朱子得其正；濂洛之學，惟朱子滙其全。」又謂「自開闢以來，未有孔子；自秦漢以來，未有朱子。朱子乃三代以後絶無僅有之人」。又曰：「不有孟子，則孔子之道不著；不有朱子，則程子之道不著，而孔孟之道亦不著。不有羅子，則朱子之道不著，孔、孟、周、程之道亦不著，而堯舜以來相傳之道亦因之不著。蓋羅子之道，朱子之道也；朱子之道，程子之道也，即孔孟之道也，即堯舜以來相傳之道也。列聖諸賢，授受惟一，而守先待後、閑聖距邪之功，則戰國之孟子、宋之朱子、明之羅子，尤其昭日月而垂天壤者也。朱子之功不在孟子下，羅子之功不在朱子下。聖人復起，不易斯言矣。夫羅子豈可與朱子比哉？特以良知肆行之時，而能謹守朱子，砥柱狂流，則亦朱子已矣。」又曰：「孩提不學而能，不慮而知，聖人不勉而中，不思而得，論其本體，誠如是也。然能即能其所學者，知即知其所慮者，中即中其所勉者，得即得其所思者，學即學其所能者，慮即慮其所知者，勉即勉其所中者，思即思其所得者。且不學而能是不學之學，不慮而知是不慮之慮，不勉而中是不勉之勉，不思而得是不思之思，不能而學是學其不學，不知而慮是慮其不慮，不中而勉是勉其不勉，不得而思是思其不思。若徒騖於不學不慮、不勉不思之虚名，坐棄其與能與知、自中自得之實理，廢置有本體之真工夫，冒認無工夫的假本體，希圖自在，厥棄修爲，而不知其與禽獸同歸也，亦甚非聖賢教人之本意矣。」又曰：「不學而能是良能，學而能亦是良能。不慮而知是良知，慮而知亦是良知。能而不學是良能，不能而學亦是良能。知而不慮是良知，不知而慮亦是良知。人但知不學、不慮之爲良知、良能，不知不學而學、不慮而慮之乃所以爲良知、良能。但知不能而學、不知而慮之非良知良能，不知不能而不學、不知而不慮之尤非良知良能也。孟子此言正爲不善學、不善慮者指出不學不慮之本體，又爲泥煞不學、泥煞不慮者指出不學而學、不慮而慮之工夫，使人知不學而能者竟以廢學而成不能，不慮而知者竟以廢慮而成不知，不學而能者必以學而後無不能，不慮而知者必以慮而後無不知。其所謂不學、所謂不慮者究不足恃，而所謂學、所謂慮者乃終不可廢也。是所望於善讀孟子者。」又曰：「無思無爲不在思爲之外，不學不慮不在學慮之外，思只思這無思的，爲只爲這無爲的，學只學這不學的，慮只慮這不慮的。無思無爲，何曾少得思爲？不學不慮，何曾廢得學慮？無思之思、無爲之爲，何礙其無思無爲？不學之學、不慮之慮，何害其不學不慮？錯認本體，以無思無爲、不學不慮爲元空，爲自在，爲不致毫力，爲不起一念。錯認本體，因錯認工夫，以思、爲、學、慮爲騖外，爲襲義，爲倚靠墮落，爲幫貼障蔽。殊不知聖賢之所謂無思無爲、不學不慮者果指何物，且既曰無思無爲、不學不慮矣，而復諄諄教人以思、爲、學、慮之方者，豈聖賢立言自相矛盾如是耶？學者所當深長思之也。」又曰：「命也，性也；道也，教也，一以貫之也。如云無善無惡，則是在天爲無善無惡之命，在人爲無善無惡之性，率無善無惡之性，爲無善無惡之道，修無善無惡之道，爲無善無惡之教，幾不知成何宇宙？甚矣！姚江之徒之謬也。」讀此數則，可知先生之學矣。先生中年被罷，流寓金陵，寄懷園林溪壑，曰愚齋，曰樸園，曰歸潔園，曰豁然樓，曰默默軒，假名勝以徜徉，擇幽深而遊息，依山傍水，問柳尋花，則與遷客之流連、騷人之寄託同其懷抱也。（録自國朝耆獻類徵初編卷七）

附録二：序跋題記

閑道録叙

聖賢何爲而有言哉？以明道也。夫道出於天，賦於命，統於心，周於物，固無物而能外，亦無時而不存者也。而必有待於聖賢之言，何也？出於天者，而或以人參之則妄；賦於命者，而或以氣撓之則私；統於心者，而或以欲間之則荒；周於物者，而或以意濟之則雜。聖賢懼其妄也、私也、荒也、雜也，於是乎明辨其所非，直陳其所是，反復以其理，勸導以其方，務使夫妄者實，私者公，荒者治，雜者醇，遂不覺其辭之長而誡之切也。故曰聖賢之有言以明道也。惟其言主於明道，故堯、舜言之不足，而周、孔言之；周、孔言之不足，而思、孟言之；思、孟言之不足，而周、程、張、朱言之；周、程、張、朱言之不足，而薛、胡、羅、高言之。道誠明，則一言不爲少。道不明而求明，則千萬言不爲多。

然則自有天地以來，日月所以常照，江河所以常流，綱常所以常定，人心所以常存者，皆由於道之明，而道之所以明者，皆由於聖賢之有言也。雖然，聖賢豈得已而言哉！知其無言之本旨，又知其不容不言之苦心，於是乎聖賢之言始爲大有賴於萬世，而學者亦可因言以見道矣。

熊敬修先生之有閑道録也，是亦不得已而言之者也。蓋自姚江以「無善無惡」之旨告天下，而天下不知性之即理、理之即天，羣焉放其心於氣稟物欲之私，以求夫真空、大覺之妙，引儒入佛，引佛竄儒，所謂「道之出於天、賦於命、統於心、周於物」者，淪没晦昧，而無有識焉者矣。百餘年來，有志之士雖亦嘗知其非真，懼其有害，而學不足以窮理，見不足以釋疑，波流雲擾，蔽日滔天。至明季，東林諸君子始爲之，探其穴而攻其瑕，異學之書稍爲削色，而餘毒固猶未艾也。先生有憂之，毅然以倡明正學爲任，察邪正之不兩立，觀理欲之不并行，潛修而默識，夜仰而晝思，體聖賢不容不言之苦心，以求復無言之本旨。援筆伸紙，大書特書，標其善之體，晰其敬之功，嚴其幾微之介，審其離合之端，明辨之，直陳之，反復而勸導之。見之真，故發之也暢；憂之遠，故闢之也詳，庶乎姚江之説自此而灰飛燼滅，而道之明也可計日待矣。雖使堯、舜、周、孔、思、孟、程、朱、薛、胡之徒復起於今日，亦惡能有加於此乎哉！

世之君子讀是書也，必有慨然而嘆、惻然而興者矣，讀之再三，又必有手舞足蹈、心怬神怡者矣。然而知之非艱，行之維艱，若徒涉於口耳，而不體諸身心，不大負先生立言衛道之深意乎？

先生自弱冠志學，即望聖賢以爲歸，一言一動，皆可爲鄉里法式。通籍十餘年，清風亮節，朝野瞻仰，不啻泰山、北斗焉。蓋先生造詣純全，故其發爲文章，措爲事業，皆有以見其躬行心得之妙，而允接乎列聖諸賢授受之正脉焉。讀先生之書者，其亦可知所從事矣。先生明道之書，有下學堂劄記、程朱學要、會心録、十子學要、學統、學辨，凡數百卷，兹録其一也。學者因先生之言以求先生之道，因先生之一二言以求先生之千萬言，亦在乎善學之而已。

康熙六年歲次丁未孟春吉旦，漢陽後學蕭企昭謹叙。（録自南京圖書館藏閑道録卷首）

閑道録後序

孔子集列聖之大成，尚已。戰國之世，處士横議，日趨天下於淫邪，岌岌乎乾坤，或幾於熄矣。子輿氏毅然特出，爲之稱説仲尼，正其回慝，幾希之一綫賴以不絶，功豈遽出禹下哉！

道也者，率性之謂也，性無乎不備，道無乎不存，離之而不得，悖之而不可。俗學支焉，異學叛焉，自支耳，自叛耳，烏能支道叛道耶！孟氏既歿，邪説蠭起，荀況造端於刑名，楊雄開基於讖緯，而老佛之徒始得乘釁搆隙，以簧鼓其説於當世，猖狂幻怪，反若有出乎吾儒之上者，斯其禍吾儒也尤烈。清譚麈尾，日浸月淫，江都、昌黎相望於千百年之間，卒莫能犁其庭而搗其窟。軻之死，不得其傳焉，是誠不得其傳也已。迨有宋，真儒輩出，斯道大明，然而象山之燈、慈湖之焰，固隱然在也，不數傳而大義乖亡，微言湮落。新建龍谿之説，充塞泛濫於有明之世宙，而莫之可挽，大壞極敝，沿迄于今。斯其爲患，視洪水猛獸何如哉？

敬修先生固彼蒼篤生，爲今兹之孟氏者也。先生功業文章，表著海宇，無遠邇賢愚，靡不飯服瞻仰，奉爲楷模。名生東吴菰茭中二十五年矣，方兒童時，即耳先生名，顧無由得及於門也。今年冬，買舠而南，涉湘沅，陟衡岳，渡洞庭，徘徊於赤壁、鄂渚之間，遂擔簦攜卷，謁先生於黄鵠磯頭。先生鼓琴初罷，莫我教也。名固知先生之莫我教也，然是乃所爲教已。名既退，寓居荒寺，焚香危坐者幾宵旦，始悔從前習氣，何莫非自誤自欺者之爲，一切痛洗而大懲之，浩浩然，蕩蕩然，蓋不啻沉痾之忽脱諸體也。他日，復拜先生於晴川，吟風弄月，先生其許我矣，先生則曰唯唯否否。道若大路，率而由之，難乎哉！雖然有辨，爲是、爲非、爲同異，如黑白泥霄之莫可混淆，察識而明辨之，又難乎哉！嘻，是乃所爲教已！

因於同人所覓得閑道録讀之，乃知先生之所爲道大中至正，極深研幾，鉅包無際，細入無倫，用備體全，百慮一致，愚夫有所不能外，聖人有所不能盡。大矣哉！至矣哉！列聖之真傳、斯文之的派在是矣。至其憂道之深心、衛道之苦衷，則端以訂百家、闢二氏爲己任。其於似是而非、疑同而異之辨，斷然無少寬假焉。孟子曰「我亦欲正人心」，先生曰「我亦欲維世道」。夫世道之不晦，即人心之不死也。嗚乎！先生之言，其子輿氏之言，先生之心，其子輿氏之心乎。

是録也，爲先生著述之一種。年來海内誦習，尊若筮龜，坊間急於剞劂，頗疎校訂，字句舛訛，題跋冒濫，殊失先生立言明道之意。兹同人覓得真本，再三讎校，新付梨棗，用公同志。名非能讀是書者也，然幸而及先生之門，與聞緒論之萬一，則亦烏可以無言？爰薰沐拜手颺言簡末，以就正有道云。

時康熙十年歲次辛亥仲冬穀旦，江左布衣受業門人洪名拜書於漢水之滸。（録自南京圖書館藏康熙十年刻閑道録卷末）

熊敬庵閑道録序

［清］魏裔介

聖賢之學，躬行爲急，著述立説其末也。自講學者紛紛，而去道益遠。道本光明也，或以講而反晦；道本正大也，或以講而反鑿。嗚呼！豈聖經賢傳可不遵，而猶須多議論以相尚哉？雖然，學之不講，聖人憂之。當羣言淆亂之日，正不可不急講焉以正其謬，排衆議以定一是，引之於光明正大之域，則明道之功，實與行道相表裏。孔、孟而後，斯道之傳，其危如綫。周濂溪一出，羣議頓息，倡明絶學，開有宋諸儒之先。而元之趙復，自姚樞軍中北歸，闡明伊、洛之學，時稱江漢先生，蓋亦楚産也。

敬庵熊子，承二先生之後，毅然以斯道爲己任，又與黄岡曹厚庵相爲劘切。既通籍爲詞臣，居長安徵逐之地，門如冰雪，公卿罕覯其面。取宋、元、明以來理學之書，窮研搜討，無間宵晝，條分縷析，洞厥委源。兹以閑道録示余，讀之，大抵以性善爲宗，以倫紀爲準，以窮理爲基，以主敬爲要，一一步趨考亭，期於實踐，不以渺論爲名高。至於辨異端，排曲學，斷然無所寬假，豈不力大而思深者與！夫道者，治化所從出也，空言不適於用，君子無取焉。

敬庵以明體達用之學爲斯世模楷，一時負笈從遊之士，崇尚實學，彬彬質有其文。廣勵人才，以佐聖天子菁莪棫樸之化，讀閑道録，思過半矣。

余於癸巳年著有約言録，丙午年復著有聖學知統録，大指在乎明善、格物，而以敬義爲立德之要。得此録，乃益有以自信也。以是爲學者躬行之標準，豈但曰文辭爾雅、剖晰精詳已哉！（録自魏裔介兼濟堂文集卷四）

閑道録三卷提要

［清］紀　昀

閑道録三卷（湖北巡撫採進本）

國朝熊賜履撰。賜履有學統，已著録。是書大旨以明善爲宗，以主敬爲要，力闢王守仁良知之學，以申朱子之説，故名曰閑道，蓋以楊、墨比守仁也。其間辨駁儒禪之同異，頗爲精核，惟詞氣之間抑揚太過，以朱子爲兼孔子、顔子、曾子、孟子之長，而動詈象山、姚江爲異類，殊少和平之意，則猶東林之餘習也。其中如云「一箇分萬箇，萬箇又分萬箇，萬箇合一箇，一箇又合一箇」，然既已合爲一箇，不知所云「又合之一箇」竟指何物？又云「無方，無方之方，無體，無體之體，無外，無外之外，無内，無内之内，無終，無終之終，無始，無始之始」；又云「自寂自感，自感自寂，恒寂恒感，恒感恒寂」；又云「無斷無續，無出無入」，皆不免故爲杳冥恍惚之詞。又云「食知味，行知步，知性知天亦不外此」，尤不免仍涉良知之説。其謂老氏「無止無理，不曾無欲」，佛氏「空止空理，不曾空欲」，亦不甚中其病。至謂「學不聞道，雖功彌六合，澤及兩間，止是私意」，以陰抑姚江之事功，尤爲主張太過，轉以心性爲虚無矣。（録自四庫全書總目提要卷九七子部儒家類存目）

下學堂劄記

［清］熊賜履 撰　丁紅旗 校點

目録

校點説明

下學堂劄記三卷，清熊賜履撰。其生平、傳記資料見前叙。

據下學堂記，熊氏曾「於齋後之隙地，構屋一楹，藏所積書卷，其中扁之曰下學堂」。之所以如此命名，是取魯論「下學而上達」之意。「上也者，理也，則也，精義入神是也；下也者，氣也，物也，灑掃應對是也」（經義齋集卷五）。就是説，由下學，即日常灑掃應對中躬行體悟，而能上達，到達精義入神的境界。

下學堂劄記是熊賜履閲讀程、朱理學時所作的隨筆。熊氏感憤於明末清初王陽明「無善無惡」學説的盛行，以及老、佛之徒的「猖狂」，認爲邪説横行，爲扶持正教，以維繫世道人心而作此書。這也即劄記中所自言的「是陸而非朱者，不可不辨，是朱而並是陸者，不可不爲之深辨」，「闢五宗之狂禪，訂百家之訛舛，殫力竭精，舌敝穎秃，豈得已哉，亦時爲之也」。爲此，四庫全書提要評其書「大旨仍以辨難攻擊爲本」。

據熊賜履本人撰寫的下學堂劄記小序，「下學堂劄記，昉自戊戌（順治十五年，一六五八），迄於甲子（康熙二十三年，一六八四），廿餘年間積有若干卷」，康熙二十四年（一六八五）夏，「乃就向所劄記中摘其與是録（指閑道録）更相發明者，得三百三十有三條，遂釐爲三卷」刻印。這一年，熊賜履五十歲，正罷官閑居金陵。下學堂劄記後有「同里七十五叟杜濬」撰寫的跋。按杜濬（一六一一—一六八七），原名昭先，字于皇，號茶村，别號黄鶴山樵、黄鶴山農等，湖北黄岡人，明末清初著名詩文家、小説批評家、戲曲理論家。其七十五歲時正在康熙二十四年，時亦閑居金陵，與熊賜履、李秋水等詩酒唱和。熊賜履請其作跋，殆因同鄉之誼，關係密切，且其詩名甚盛的緣故。熊賜履經義齋集卷九、卷一一、卷一四共有九十一封二人交往的書信，可見關係至爲密切。其輓杜于皇文亦言二人「同客他鄉，把臂情殷」，「執袂拍肩，杖履從容」（經義齋集卷八）。並譽爲客金陵後人生之一「大幸」（經義齋集卷一四復杜于皇）。又，其曾在與杜于皇信中，談及丐序的經過，「小著數種，皆二十年前頭巾語也」，「稍稍付災梨棗，然猶未敢自信，謹先奉三册請正。如尚不謬於名理，或序或跋，概賜數行，如何」（經義齋集卷一四）。這也是下學堂劄記最早的刻本。

今即以湖北省圖書館藏清康熙刻本爲底本，進行校點整理。

校點者　丁紅旗

二〇一五年十二月

小序

余佔畢之餘，偶有所測，輒筆之於楮，以備參證，題曰下學堂劄記。昉自戊戌，迄於甲子，廿餘年間積有若干卷，藏諸敝笥，未敢以問世也。今年夏，友人取余舊時所著閑道録重訂授梓，以公同好。余乃就向所劄記中，摘其與是録更相發明者，得三百三十有三條，遂釐爲三卷，並付剞劂，自餘仍束之梁間而已。

昔河東薛氏倣横渠正蒙之義，著正、續讀書録十餘萬言，若曰以防心開而還塞也，後餘干之居業與泰和之困知，實皆有爲而作，微言大義，吾道誠重有賴焉。余不敏，亦猥附於三先生論著之遺意，第淺衷膚見，率筆濫書，於斯道全未能有當，尚冀海内君子明以教之，庶幾可惬就正之鄙願，而區區狂僭之咎，亦或少逭其萬一云。

康熙乙丑日躔鶉火之次，濮川熊賜履謹題於石城精舍。

下學堂劄記卷一

一物各一父母，父母一小天地也；萬物共一天地，天地一大父母也。分而言之，一物各一胞與；合而言之，萬物總一胞與。仁者事天如事親，以萬物爲一體，道理合當如是。敬親即是畏天，愛親即是樂天。

順天者存，孝子也；逆天者亡，賊子也。

道大，我亦大；我大，物亦大。

顏子曰「卓爾」，孟子曰「躍如」，程子曰「活潑潑地」。

我固有之，我自得之。

六十四卦也説不盡，乾、坤二卦也不消得。

幽厲桀紂自亡爾，豈能亡道？申韓佛老自賊爾，豈能賊道？

非顏有跖無，非堯增桀減，箇箇圓滿，人人充足，但一去一存，遂一霄一壤矣。

若此是彼非，甲有乙無，是二本也。

六十四卦只是一箇陰陽消長之理。以先天圓圖言之，自復至乾，陽之進，陰之退。自姤至坤，陰之進，陽之退。然陰陽之進退，皆有其漸，莫不始緩終速，始少終多，如陽始復之初九，十六變而爲二陽臨，又八變而爲三陽泰，又三變而爲四陽大壯，又一變而爲五陽夬，而極而爲乾，此陽之進也。陽之進，即是陰之退。陰始於姤之初二，十六變而爲二陰遯，又八變而爲三陰否，又三變而爲四陰觀，又一變而爲五陰剥，而極而爲坤，此陰之進也。陰之進，即是陽之退。陽之進數即陰之退數，陰之進數即陽之退數，此長則彼消，此消則彼長，一定之勢，必然之理也。復至無妄二十陽，姤至升二十陰，明夷至同人二十八陽，訟至師二十八陰，臨至履二十八陽，遯至謙二十八陰，泰至乾三十六陽，否至坤三十六陰，進之數也。復至無妄二十八陰，姤至升二十八陽，明夷至同人二十陰，訟至師二十陽，臨至履二十陰，遯至謙二十陽，泰至乾十二陰，否至坤十二陽，退之數也。此進之緩，即彼退之速；此進數之少之多，即彼退數之少之多，無有二也。然自復至乾爲陽之長，自姤至坤爲陽之消；自姤至坤爲陰之長，自復至乾爲陰之消。一消一長，有大界限，萬物共一陰陽也。而一消一長之中，又各有界限，消而長，長而消，爲消爲長之不一，一物各一陰陽也。以言乎長，陽自復始，陰自姤始。一長而三，三消而二。二長而四，四消而二，二長而四，四消而三。三長而五，五消而三。三長而五，五消而二，二長而四，四消而三。三長而五，五消而三。三長而五，五消而四。四長而極，乾坤是也。長極而消，得姤復焉。以言乎消，陽自姤始，陰自復始。五消而三，三長而四。四消而二，二長而三。三消而一，一長而二。二消而盡，坤乾是也。消極而長，得復姤焉。一消一長，一長一消，長中有長，長中有消，消中有消，消中有長，自然而然，不待安排布置者也。合而言之，自復至乾，百一十二陽，陽中陽也，八十陰，陽中陰也。自姤至坤，百一十二陰，陰中陰也，八十陽，陰中陽也。百九十二陽總一陽，百九十二陰總一陰，百九十二陽、百九十二陰總一太極。推而至於百千萬億之陽總一陽，百千萬億之陰總一陰，百千萬億之陽之陰總一太極。太極不雜乎陰陽，亦不離乎陰陽。陰陽，易也，所以陰陽太極也。故曰易有太極。

天地之數，莫不始於一，而中於五。五者，生數之盡，變數之極也。一二三四五，五行之生數，六七八九十，五行之成數。未有五，五在一二三四之中，一合四爲五，二合三亦五也。既有五，五又在六七八九之内，一二得五爲六七，三四得五爲八九也。前乎五者，至五止；後乎五者，又從五起。一二三四，二老二少之位。六七八九，二老二少之數。二其五爲十，即一二三四與六七八九合也。三其五爲十五，即六與九合、七與八合也。故河圖、洛書皆以五居中，而表裏經緯、縱横曲直，其數無不脗合也。河圖、洛書，其位其數，似不同而實無異。河圖一連九，二連八，三連七，四連六。洛書一對九，二對八，三對七，四對六，合之皆得十。河圖左七與八，右九與六，又左一三五、右二四爲九與六，中五與十；洛書縱之二七六爲九與六，一五九爲九與六，四三八爲七與八，横之二四九爲九與六，三五七爲七與八，六一八爲七與八，合之皆得十五。十者，二五之數，一二三四與六七八九合，而五在其中。十五者，三五之數，七與八合，九與六合，而一二三四在其中。河圖天數五，地數五；洛書奇數五，偶數五。天數即奇數，一三五七九是也，積而爲二十五。地數即偶數，二四六八十是也，積而爲三十。二十五者，五五之數，三十者，六五之數，合之爲五十有五。要之，不離乎五也。是以五之爲數也，於德爲信，於行爲土，於位居乎中，於時旺於季，舉參天兩地、經天緯地，皆不能外於其數。積其實，衍其子，爲數無窮，而無非是也。故河圖有五有十而無非五，洛書有五無十而無非十。河圖虚五虚十，洛書虚五，其外皆四十。四十者，又八五之數。河圖虚十即洛書之數，虚五即大衍之數。洛書五自含五而得十，即大衍之數。積五與十而得十五，即河圖之數。大約一二三四與六七八九合，皆得十之數。七與八、九與六合，皆得十五之數。以五乘十，以十乘五，以五積五，以十積十，皆得大衍之數也。理無二，數有二耶？且河圖一六二七三八四九五十皆合而爲奇，體中之用；洛書一九二八三七四六皆對而成偶，用中之體。二五爲十，除却二老二少本身之位，即各得二老二少本身之數；三五爲十五，除却二老二少本身之數，仍各得二老二少本身之數。二老二少，四象也,即圖之一合六、二合七、三合八、四合九,書之一含九、二含八、三含七、四含六也。而四實四虚之位、四正四隅之數即在其中,此八卦之所由出也。是故以四積之,四八三十二,少陰之策;四七二十八,少陽之策,合之得六十。四六二十四,老陰之策;四九三十六,老陽之策,合之亦得六十。至於律吕、干支之類,其相乘之數,無不與策數相合,豈非圖書爲數之祖,而易與範之所從出者耶?其上下左右、前後順逆,叠相生尅,遞爲消長,互藏其宅,各得其配,參伍縱横,錯綜變化,無往而不得其妙也。學者詳之。程伯子曰:「上天之載,無聲無臭。其體則謂之易,其理則謂之道,其用則謂之神,其命於人則謂之性。率性則謂之道,修道則謂之教。」程子之言,是何等樣平實。今之解「無聲無臭」者極其張皇,極其閃爍,必要引向虚空玄妙窟子裏去,何耶?

一定而無定,無定而一定,故曰常道,常道即至道也。隨在隨時,可識仁體,程子觀鷄雛,張子聽驢鳴,皆此意也。

太極圖是箇「誠」字,西銘是箇「仁」字,其實一也。

理一而分殊,分殊而理一,天地間道理本來如是。先天圖、太極圖、西銘、皇極經世,皆分明畫出這體段來,證之聖賢經傳,無有不合。知道者,自能嘿而通之也。

這已然,便是當然,便是所以然。仔細看來,直是無乎不然,不得不然。

天即理也，心即天也，違心即是違理，逆理便是逆天。心一而已，根於性命，發於義理，道心爲主，人心退聽，則形爲心役；感於物欲，生於形氣，人心爲主，道心退聽，則心爲形役。心得其心，而形役於心，心失其心，而心役於形。

人得二五之氣以有此形，即得二五之理以有此性。氣與理合，而有此虚靈知覺之心，舉參贊位育、神聖功化之極，皆賴這物事做出。今欲使形如槁木，心若死灰，而後爲見道，是天之所畀於我，我之所受於天者，悉皆土塊木石、贅麗無用之廢物，何以謂之萬物之靈乎？

性即理也，仁義禮智是也。率而由之之謂道，三綱五常是也。所謂道心，即真心也；真性，真情是也。所謂真心，即本心也；本性，本情是也。性本無不善，情本無不善，故心本無不善，是曰本心，是曰真心，是曰道心。若有不善，必非本性，必非本情，則不可謂之本心；必非真性，必非真情，則不可謂之真心。世人不識心，即不識性，因不識情。亦惟不識情，因不識性，即不識心。心也，性也，情也，豈有二耶？

伊川曰「性即理也」，千古之論性者蔑以加矣。明道曰「情者，性之動也」，千古之論情者蔑以加矣。横渠曰「心統性情者也」，千古之論心者蔑以加矣。朱子學問之根源在此。

有本然之性，即有本然之情；有氣質之性，即有氣質之情。本然之性無不善，本然之情亦無不善。氣質之性有善、不善，氣質之情亦有善、不善。無不善，理也；有善、不善，氣也。不可因氣質之情有善、不善，遂以爲本然之情有善、不善，竝疑本然之性亦有善、不善。此張、程氣質之説，大有功於孟子性善之旨。而荀、楊諸子之紛紛，爲不攻而自熄也與。

上下四方是箇善字，古往今來是箇善字。善只是一團天理，本來焉得有不善？若有些須不善，便夾雜了，本體便不是完完全全底太極。聖人中和位育，只要圓滿。這天地古今本來底分量，纔是明善誠身，纔是窮理盡性，以至於命。

程伯子曰：「人生氣稟，理有善惡。然不是性中原有此兩物相對而生也，有自幼而善，有自幼而惡，是氣稟有然也。善固性也，然惡亦不可不謂之性也。」分明説性中只有善而無惡，其爲惡者，乃氣稟爲之，而非本然之性也。後人不細味語意，曲爲之解，以附會無善無惡之邪説，亦獨何哉？

善是本然之性，固性也。惡雖非本然之性，亦是氣質之性，亦不可不謂之性也。程子此言，當如是解。

程子曰：「善惡皆天理，謂之惡者，本非惡，但或過或不及便如此。」朱子曰：「天下無性外之物，本皆善而流於惡爾。」然則爲無善無惡之説者，亦可不必借口矣。

程伯子曰：「凡人説性，只是説繼之者善也，孟子言『性善』是也。夫所謂『繼之者善也』者，猶水流而就下也。皆水也，有流而至海，終無所污，此何煩人力之爲也。有流而未遠，固已漸濁，有出而甚遠，方有所濁。有濁之多者，有濁之少者，清濁雖不同，然不可以濁者不爲水也。如此則人不可以不加澄治之功。故用力敏勇則疾清，用力緩怠則遲清。及其清也，則却只是元初水也，不是將清來换却濁，亦不是取出濁來置在一隅也。水之清，則性善之謂也。故不是善與惡在性中爲兩物相對，各自出來。」程叔子曰：「性即理也。天下之理，原其所自來，未有不善。喜怒哀樂未發，何嘗不善？發而中節，則無往而不善。發不中節，然後爲不善。故凡言善惡，皆先善而後惡；言吉凶，皆先吉而後凶；言是非，皆先是而後非。」朱子曰：「人雖爲氣所昏，而性則未嘗不在其中，故不可不加澄治之功，惟能學以勝之。則知此理渾然，初未嘗損，所謂元初水也。雖濁而清者存，故非將清來换濁。既清則本無濁，故非取濁置一隅也。如此則其本善而已矣，性中豈有兩物對立而竝行也哉？」又曰：「『性即理也』一語，自孔子後惟伊川説得盡，攧撲不破。性即天理，那得有惡？」又曰：「未發之前，氣不用事，所以有善而無惡。」二程發揮孟子性善之旨，朱子發揮二程之言，以發揮孟子性善之旨，可謂至矣，盡矣！數百年而後，猶有持無善無惡之説以惑世，反詆前賢爲非是者，豈不大可笑哉！

人無有不善，水無有不下，過顙在山，非水之本性也。人無有不善，水無有不清，污濁滓泥，非水之本性也。水雖上，而其下者未嘗不存，引之而就下，復其元初本下者而已。水雖濁，而其清者未嘗不在，澄之而使清，復其元初本清者而已。不可聽其上、聽其濁，失却本來之下、本來之清，亦不可因其或不下、或不清，遂疑本來有上有下、有濁有清，竝疑後來有下有上、有清有濁，而本來無上無下、無清無濁也。只要知道本來有下無上、有清無濁，後來有上有下、有濁有清，後來之下之清，即本來之下之清，後來之上之濁，非本來之上之濁。蓋本來無有不下、無有不清，後來亦無有不下、無有不清。而或變而爲上，流而爲濁，其究之，上者無不可引而之下，濁者無不可澄而爲清。其下其清，率其本來之下之清也。其引而之下，澄而爲清，還其本來之下之清也。以此知本來之無不下、無不清，後來之或變而上，或流而濁之，終亦歸於無不下、無不清也。爲俗學之説者，謂本來有上有下、有濁有清，後來可下可上，可清可濁。下得其本性，上亦不失其本性；清得其本性，濁亦不失其本性。俗學不知本來之無上無濁，而失之雜，所謂有所不有是也。爲異學之説者，謂本來無上亦無下、無濁亦無清，後來可下亦可上，可清亦可濁，下無與於本性，上亦何礙於本性？清無與於本性，濁亦何礙於本性？異學不知本來之有下有清而失之空，所謂「無所不無」是也。吾儒謂本來有下無上，有清無濁，後來有下而或變爲上，有清而或流爲濁。下者自下，清者自清，適如其本來之下之清。變爲上者，引而就下；流爲濁者，澄之使清，適還其本來之下之清，去其後來之上之濁而已。知水性，則知人性矣。

俗學曰「本來有善有惡，後來有善有惡」，異學曰「後來有善有惡，本來無善無惡」，聖學曰「本來有善無惡，後來有善有惡」，而究歸於有善無惡。俗學雜，聖學純，異學空，聖學實。惟純故實，惟實故純。惟雜則空，惟空則雜。一是都是，一差都差矣。

放去便是人心，收來便是道心。人心便自不收，道心便自不放。

朱子曰：「此心虛明，萬理具足。外面理會的，即是裏面本來有的。」觀此語，朱子之視心與理一耶，二耶？又何疑於「格物」二字之義也。

韓子曰「所以爲性者五」，此語却的當。

韓子以仁義禮智爲性，以喜怒哀樂爲情，秦漢而後，無人能見到此。

孟子曰「必有事焉」，「事」字要人識認。

若聖人不可學而至，「性善」二字說不去了。

人皆可以爲堯舜，乃是真實底道理，非姑爲是說以示勸誘也。

戰戰兢兢，便是坦坦蕩蕩。

學者自有極簡要、極切實工夫，如起一念，則辨其爲公爲私，處一事，則辨其爲是爲非。公則存之，私則遏之，是則行之，非則去之。省察體勘，極其分明，極其果斷，不容有一毫含糊混淆、一毫游移假借。久之，天理純熟，人欲淨盡，則念念皆公，事事都是矣。然念念公，保無有一念之或出於私；事事是，保無有一事之或隣於非。若一念差，將念念皆差矣；一事苟，將事事皆苟矣。此省察克治之功，雖大聖大賢，亦終身從事焉，而不敢須臾間斷也。

公私是非，明明白白，何處容得回互，容得遷就？

須知人心只有箇公私，天下只有箇是非。公是天理，私是人欲；是是天理，非是人欲。聖賢千言萬語教人做工夫，只要分别一箇公私是非出來。公便知爲公，私便知爲私，是便知爲是，非便知爲非。公便存，私便去，是便行，非便止。認得一些不差，做得一毫不錯，爲賢爲聖，不過如此，此外更有甚説得。

聖賢只是箇公，衆人只是箇私。聖賢只是箇是，衆人只是箇非。一念公，一念聖賢；念念公，念念聖賢。一事是，一事聖賢；事事是，事事聖賢。聖賢不異於人，人自異於聖賢爾。

學者講存養，講省察，講居敬窮理，講致知力行，依舊只是解書，只是説話，自己緊要親切工夫未曾得在。這工夫只在日用常行，隨時隨在，辨别出公私是非的界限，公則擴而充之無不至，私則遏而絶之無不盡，是則毅然行之而不疑，非則斷然去之而不顧。一日如此，便是一日聖賢；終身如此，便是終身聖賢。雖是常法，却是的傳；雖是庸行，却是奥訣。此外無他謬巧，無他神妙，不用多費思量，枉勞口舌，只此認定做去，管取目前有效驗，到頭有結果。

能通天下之志，斯能類萬物之情；能盡一己之心，即能立萬物之命。有孔子之六經、朱子之解經，天地古今之理備矣，顧學者真知實踐何如爾。道理，經先聖先賢發揮殆盡，學者只合遵守奉行，不須更去饒舌也。

存心是存此理，養心是養此理，盡心是盡此理，收心是收此理，致知是知此理，力行是行此理，察識是識此理，擴充是充此理。聖賢千言萬語，都不離這理字。蓋塞上塞下、亘古亘今，只是這理而已。

問：孔門只問仁，不問心，何故？曰：仁者，心之全德，問仁即問心也。然則聖門之所謂心者可知矣。

見得不的確，行得不穩帖。行得不穩帖，説得不親切。見得後臨時未免假借，依舊是不曾見得。

説得好，不如做得好。

天來大事，只在日用常行上。誠能戒懼慎獨，無有間斷，便是爲天地立心，爲生民立命，爲往聖繼絶學，爲萬世開太平。誠能規矩準繩，無有渝越，便是與天地合德，與日月合明，與四時合序，與鬼神合吉凶。不必慕大貪高，譚泫説妙，空空落得一席好話，没些子實際，于自家身子甚事？

學者源頭要認得極真，界限要辨得極嚴，一毫攙和、一毫夾帶、一毫假借、一毫調停都用不著。

問：生知可不須工夫否？曰：不然。所謂生知，是生來便知道做這工夫也。若不須工夫，所知的是甚麽？

世人論學，只要人難曉，履只要人易曉。世人論學，只要人難爲，履只要人易爲。易曉的，便是當曉的；易爲的，便是當爲的。難曉的，便是不當曉的；難爲的，便是不當爲的。

問：存理、遏欲是一事否？曰：然理存安得有欲？無欲又安用遏？誠能存理，即「遏欲」二字成剩語矣。

存養心性，播弄精魂，修飾踐履，妝點格套，所差只在幾微之間，而究之遂成霄壤之隔。所謂幾微者，一念之公私是也。

「博學之，審問之，慎思之，明辨之，篤行之」，是萬世學則。「父子有親，君臣有義，夫婦有別，長幼有序，朋友有信」，是萬世教條。

嘿而識之，學而識之，兩箇「識」字是一般。嘿而識的就是學而識的，學而識的就是嘿而識的，所識的只是一箇物事。

認得十分真，做得十分真，説得十分真始得，否則到底影響，到底鶻突，到底游移，算不得真知實踐。

察之不精，則必認利爲義、認欲爲理，而措履多失；守之不固，則必倏是倏非、旋得旋失，而識見益昏。此知行二者，斷不可以偏廢也。

問：如何方是真志？曰：夫子曰「志於道」，又曰「志於仁」，又曰「志於學」，這便是真志。

曹月川曰：「一誠足以消萬僞，一敬足以敵千邪。所謂先立乎其大者，莫切於此。」

見人説力行，便説要力行，不知所行者何事；見人説致知，便説要致知，不知所知者何物。若不曾尋著這理字，恐只是道聽途説，學人講話而已。

有人謂學不必講，不必辨；又謂學無可講，無可辨，便知他都不曾學來，故有此説。説不必講、無可講，便是他不能講。説不必辨、無可辨，便是他不能辨。孔孟程朱何嘗一日不講？何嘗一日不辨？可謂之不善學耶。

古人無時無在不是學，如讀書也是學，如説話也是學。今人讀書不過是讀書，説話不過是説話，却不算做是學。

檢點日間，看一日失容幾次，失言幾次，便知道自家理欲消長分數。但得每日自朝至暮口無妄言，身無慢容，即渾是一團天理矣。雖然，豈易言哉！

意所便安處，須用力克治之，此最是初學緊着。

問孔門「求仁」，程門「主敬」，微有異乎？曰：無異。「仁」只是天理，求仁只是復還天理。主敬者，復還天理之道也。天理之在人心，本無間斷。人能於日用間念念無間斷，事事無間斷，便全然是本來物事了。然非聖人不能。

惟念念無間斷，故能事事無間斷；必事事無間斷，纔算得念念無間斷。

樂莫樂於無欲，苦莫苦於無理；樂莫樂於循理，苦莫苦於縱欲。

順理則易，逆理則難；順理則安，逆理則危。人每爲其難者、危者，而不爲其易者、安者，是誠何心哉？

明道曰：「若不能存養，只是説話。」伊川曰：「人只有一箇天理，却不能存得，更做甚人也？」二先生教人存養的是甚物事？今人言存養矣，不知所存養者與二先生之云同耶？否耶？此處最要體認。

只是合眉閉眼，塊然默坐，何以謂之必有事？必有事者，工夫無間於動静語嘿也，敬是也。

誠者，物之所以然者也。不誠則喪己矣，何以動人？

纔學便要做聖人，勇也；纔學便居然聖人，妄也。

厭事與喜事，皆不敬也。

爲學莫要於存心，存心必在於窮理。心不存，學非其學；理不窮，心非其心。有自以爲存心者矣，而所存者非其心，妄念而已，不可以謂之存心。有自以爲窮理者矣，而所窮者非其理，邪説而已，不可以謂之窮理。

有人説事無與於心，事雖差無礙於心，吾不信也。

入德是敬，成德亦是敬。

曹月川曰：「無欲便覺自在。」

魏莊渠曰：「心不可有游思，身不可有惰氣。游思多則神明散，惰氣勝則嗜慾滋。」此亦近裏著己之言。

識曰嘿，修曰闇，聖賢做工夫便是這樣。

謹言慎行，全從平日存養心性中來。若待臨時檢點，恐躁妄之氣乘之，將有發不及覺者矣。

一微六合，一息千古，無在不然，無時不然，無有欠缺，無有間斷，本體如是，工夫如是。斯八語盡之矣，盡之矣！

下學堂劄記卷二

全體渾成無一毫虧欠，大用流行無一息間斷者，聖人也。全體立而微有虧欠，大用行而微有間斷者，大賢也。體具而多虧欠，用著而多間斷者，賢者也。若衆人，則無所爲用之發，而並不知所爲體之存矣。

聖賢不棄人，人自棄於聖賢爾；天地不絶物，物自絶於天地爾。

千聖千賢，口口聲聲，只要人做個好人便了。

聖賢論學，立説不同，大都只教人切實去做。

聖人與天爲一，聖不能違天，天亦不能違聖。

聖人不同流，亦不矯俗，從違取舍，惟義所在。

聖人不役志於物爾，非恝志於物也；不馳情於世爾，非忘情於世也。

聖人，天理人倫之至，幸而處其常，不幸而值其變，總歸於仁至義盡而已。

聖人之身，天地萬物之身；聖人之心，天地萬物之心。若到得聖人分量，宇宙間完完全全是個善那，惡字著在何處？

位天地，育萬物，只是要復還這本來的「善」字。

聖人在上，天地間都是一團生意。

聖如孔子，猶下困勉工夫，孔子之所以爲孔子，正在此。

若上智可以廢學，孔子何以學如不及耶？

「講學」二字，昉於孔子。試看孔子當年講是甚樣講，學是甚樣學，自無入耳出口之弊矣。

顔子一善弗失，所以「三月不違」。

或曰「孔子轍環」、「顔子閉户」非也，此不知顔子之言也。自古君臣一德，師弟一心，有堯舜，必有禹皋；有湯武，必有伊周。若曰有仲尼以道濟爲心，顔氏子可悠悠閒散，忘情於斯世斯民而不顧，豈理也哉？孔子大聖也，顔子大賢也，志合道同，争差不過毫髮。若孔勞而顔逸，顔樂而孔憂，是道不同，志不合矣，其何以爲孔顔？何以爲孔顔之學哉？孔子一生用舍行藏，獨許顔子，問爲邦，即告以四代之禮樂，死則哭之慟，曰「天喪予」。迹其生平，孔子平日之所欲付托於顔子之身，顔子平日之獨能即當乎孔子之心者，可想而知矣。當年周流環轍，道路栖栖，顔子何嘗不在追隨杖履之列，陳蔡之厄，顔子與焉，匡人之圍，顔子與焉。遐考當年，蓋未嘗須臾離孔子也。孔子既不得大行其道，顔子之不出而仕，又何疑焉？史稱顔子有王佐才，決非無稽之語，使孔子得爲堯舜，顔子即其禹皐；孔子得爲湯武，顔子即其伊周。不幸而所如不合，歸老尼山，非顔子志也，勢也。由此觀之，蔬水曲肱、簞瓢陋巷，非聖賢之樂必存乎此也，蔬水曲肱而樂在其中，簞瓢陋巷而其樂不改，蓋聖賢之境遇雖窮，其樂亦未嘗或替，以此見性分之至真，而大行窮居之無容加損於其間也。至論聖賢用世之心，即須臾不忘，特不宜貶道狥人。故嘗難進而易退，何嘗一日漠然於天下，與沮、溺、丈人之硜硜同本而齊末哉？孟子曰："禹、稷、顔回同道，易地皆然。"周子曰："志伊尹之所志，學顔子之所學。"一則禹、稷、顔回同稱，一則伊尹、顔子並舉，是千古之知顔子者，莫如孟周二子矣。後之學者見其"心齋"、"坐忘"，又見其簞瓢陋巷，遂將顔子做一個杜門枯坐、清虚冷淡、孤孑高閒、厭事務、棄倫類之人，非等之遺世獨立自了漢，則擬之閉眉合眼禪和子，殊失却顔子真面目矣。從古無潔身自了之聖賢，而謂顔子爲之乎？聖門中終身不仕者，顔曾冉閔其最也。粵稽當日，非不仕也，不輕仕也，不苟仕也。知顔子，則知諸子矣；知諸子，則知諸儒矣。嗚乎！山林隱逸之人，蒲團棒喝之子，揮麈談玄，擎拳説法，口口不離顔淵，口口不離明道，自附於大賢之流以誑惑愚夫之耳目，有能聞吾説而翻然自醒者乎？是所翹足而望矣。

世儒流入於禪，都只爲錯認了顔子。

貧與夭，皆顔子之不幸，顔子之所以爲顔子不在此，正使顔子富而壽，亦不害其爲顔子。近世學者不勝其好高之病，及門中但有貧而夭者，亦不顧其學行何如，徑拿來做了顔子，如陽明之於徐愛是也。不知顔子去聖人毫髮，二千年來，未見有如之者，即黄叔度，猶恐其出於標榜，未敢即信，惟明道庶幾近之。若只貧夭便把作顔子，則世之顔子亦多矣。此兒童之見，可發一笑者也。

近日方知得個真顔子。

聖門傳道，顔曾而已。然回也愚，參也魯，得力處正在此。有若無，實若虚，回也如愚。不遷怒，不貳過，回也不愚。回「四勿」，參「三省」，都只是一個「敬」字。

一嘆前是「四勿」，一嘆後只是「四勿」。一唯前是「三省」，一唯後只是「三省」。

朱子一生只教人實落做工夫，不許懸空摹擬，所以諸般穩貼。

朱子善學孔子。

朱子合顔曾思孟周程張邵而爲一身。

朱子，孔子而後一人。

朱子集先賢先儒之大成。

朱子，宋之孔子也。

自孔子至朱子，凡一千六百三十三年。

文公自少至老，無時不學，無在不學，誠得聖賢授受之真脉。讀其年譜，求一毫一刻爲自家寬假之地，不可得矣。

論語「吾十有五」章，是孔子學譜；大學「補釋格物」章，是朱子學譜。大學明德親民止至善三綱、格致誠正修齊治平八目是孔子學規，中庸擇善固執兩綱、學問思辨行五目是朱子學規。

「喟然嘆」一章是顏子學譜，「啓手足」一章是曾子學譜。「四勿」是顏子學規，「三省」是曾子學規。

文、行、忠、信四者，孔子之所以教也。如「時雨化」、「成德」、「達才」、「答問」、「私淑艾」五者，孟子之所以教也。

聖經一章是大學綱目，真西山二十二帙四十三卷是大學衍義。論語第六章是小學綱目，朱考亭内外二篇三百八十五章是小學衍義。聖人之言有綱有目，故曰經。賢人之言綱中有目，目中有綱，綱中有綱，目中有目，故曰傳。

聖人之言如兩儀，如六合；賢人之言如二曜五緯，如五岳四瀆；學人之言如列宿衆星，如千垤百川。若聖人果無心，是聖人反廢却一官矣。洪範「思曰睿，睿作聖」，何爲而有此言乎？

逐物者，不知己之重於物；絶物者，不知物之備於己。異端語道，必形如槁木，心若死灰，而後有所見。夫既形槁心死矣，吾不識其所見更安在哉？

程子易序中云：「易有太極，是生兩儀。太極，道也。兩儀，陰陽也。陰陽，一道也。太極，無極也。」象山與朱子辨云「二程未嘗一及無極字」，何其考之弗詳耶？

若説孔孟微有不同，不知孔孟矣。若説顔曾微有不同，不知顔曾矣。若説周程微有不同，不知周程矣。若説二程微有不同，不知二程矣。若説伊川、晦庵與濂溪、明道微有不同，不知四子矣。若説孔老無有大異，不知孔老矣。若説孟荀無有大異，不知孟荀矣。若説朱陸無有大異，不知朱陸矣。若説薛王無有大異，不知薛王矣。若説敬齋、整庵與白沙、陽明無有大異，不知諸子矣。惟真知其所以同，自知其所以異；真知其所以異，自知其所以同。世人未嘗實見其同，實見其異。實見其異而不異，同而不同。漫然而同之，同非其同；漫然而異之，異非其異。彷彿皮毛，捕捉風影，牽合傅會，圖便己私，以致角口騰舌，聚訟無已。此深思明辨，誠有志斯道者所不能辭其責也已。

江西頓悟、永康事功，陽明兼之矣。予友蕭文超曰：「未有禪而不霸，未有霸而不賊者。」此言殊有見。

是陸而非朱者，不可不辨；是朱而並是陸者，不可不爲之深辨。尊禪而貶儒者，不可不辨；尊儒而實尊禪者，尤不可不爲之明辨。蓋狃執一偏之見，其惑世淺；模稜兩可之詞，其惑世深。倚靠依傍之言，其誤人小；閃爍顢頇之説，其誤人大也。

信其所好，疑其所惡；是其所同，非其所異，皆私心也。象山以晦庵爲意見，陽明以晦庵爲支離，初學不加詳考，誤信爲真。他姑不論，如象山辨論「無極」二字，愈争愈激；陽明表章大學古本，轉解轉支。以予觀之，莫意見於象山，莫支離於陽明矣。

有人曰儒是而禪非，禪者不受也；有人曰禪是而儒非，儒者宜受乎？有人曰儒非而禪亦非，禪者將必辨也；有人曰儒是而禪亦是，儒者能無辨乎？

孔子惡鄉愿，孟子距楊墨，程子闢佛、老，朱子非象山，羅子詆姚江，從古聖賢嚴似是之辨，都是一副心腸，一般手段。

昔之儒只要闢佛老，今之儒只要佞佛老。昔之儒只要明二氏之異，今之儒只要明三教之同。

不及者猶或宜進步，太過者斷不宜轉頭。蓋好高慕遠，世人之常情，一意所向，長往不回，雖流於異類弗顧矣，哀哉！

狷不裁，不失爲狷介；狂不裁，便成了狂禪。滔滔者今日皆是也，而誰與裁之？

今人説著聖賢正論，便摇頭不許，曰此是舊話，是常套，笑爲依傍門户，爲勦襲窠臼，爲隨人脚跟，爲拾人口唾，必要自己另開一個生面，另揭一個宗旨，懸空杜撰出一種無根無據的話頭，流傳布散於天壤之間，使全不知學者驚愕艷羡於其説，而天下之名於焉歸之。噫！這個念頭，這種舉動，以之沽名釣利則可，拿來講學明道，聖賢其許之乎？然此風已久，牢不可破，日新月異，相爲雄長，道術學術安得不千門百户，安得不千蹊萬徑？殊不知思孟之學只是孔顔舊話、孔顔常套，程朱之學只是孔孟舊話、孔孟常套，薛胡之學只是程朱舊話、程朱常套。若求新便失却故，立異便畔了同，可勿戒哉！學者能除却好新喜異的心，這道也不難明。

天下真非不足以亂是，而似是始足以亂是，如濁不足以亂清，而似清足以亂清，似清者不清不濁、清濁之間也。奸不足以亂忠，而似忠足以亂忠，似忠者不忠不奸、忠奸之間也。如陸不足以亂朱，而似朱足以亂朱，似朱者不朱不陸、朱陸之間也。王不足以亂薛，而似薛足以亂薛，似薛者不薛不王、薛王之間也。不清、不濁、不忠、不奸是名節中鄉愿，不朱、不陸、不薛、不王是學術中鄉愿。

聖賢嚴王伯之辨，以伯之近王也。惟近王，故足以亂王。嚴儒佛之辨，以佛之近儒也。惟近儒，故足以亂儒。

孔子曰：「攻乎異端，斯害也已。」只説異端，未曾指出何人。又曰：「蓋有不知而作之者，我無是也。」又曰：「鄉愿，德之賊也。」由二説觀之，孔子之所謂異端，亦可想而知矣。

儒佛二家，總只差一理字。儒者曰形而上形而下、大而無外小而無内皆指理而言也。佛者曰色非色空非空、生生滅滅不生不滅皆指無理而言也。吾儒只是有，佛家只是無；吾儒只是有理，佛家只是無理。有理故無欲，無理故有欲。有欲故無理，無欲故有理。儒佛之别，如是而已。

禪家説他大自在，其實在嘮嚷場中，説他大解脱，其實在葛藤窩裏。人惟欲浄，故心寧，亦惟理明，則性定。禪家能寡欲乎？能窮理乎？既不能去欲而存理，則所謂自在、所謂解脱，只是一味斷滅、一味播弄而已，豈所語於聖賢定静安慮之妙哉！

顔子四個「勿」字，是禁止這心不到人欲上去，吾儒閑邪存誠工夫。告子兩個「勿」字，是遏住這心不到天理上去，異學絶聖棄智宗旨。

周子太極圖、程子定性書，今人把作楞嚴、法華解了。横渠東銘正是「四勿」註脚，學者亦安可忽諸！

東銘，克己之實事。

吾儒之學，惟其義而已；二氏之學，惟其利而已。

須知孟子本是静重簡嘿之人，今日距楊墨，明日闢告許，辨論衎衎，迄無寧日，豈好勞哉？時爲之也。朱子之在淳熙也亦然，當年闢五宗之狂禪，訂百家之訛舛，殫力竭精，舌敝穎禿，豈得已哉？亦時爲之也。當今日而有衛道其人者乎？孟朱之徒也，吾不得而見之矣。

孟子之在戰國，戰國之幸，而孟子之不幸也。孟子之不幸，而天下萬世之幸也。知孟子則知朱子矣。

「空」字、「實」字，最要看得明白。試問空是空個甚麽，實是實個甚麽。蓋空是空此理，不在别上説空；實是實此理，不在别上講實。天地間形上形下，有物有則，只是一團實理。吾儒成己成物，配天配地，盡性至命也，只是這一點實理。仙家一味要葆形骸，固精氣，自私自利，是一團人欲，無這天理。佛家一味要認靈明，弄精魂，不生不滅，是一團人欲，無這天理。乃至諸子百家、一切支離偏曲龎雜泛濫之説，皆是人欲爲主，所少的是這天理。下而至於流俗庸衆醉生夢死，恣情縱欲，並不知天理二字爲何物。合筭下來，惟有吾儒是實，實者，實有此理也。仙家也是空，佛家也是空，諸子百家也是空，流俗庸衆也是空，空者，空去此理也。學者認得這空字、實字透，便知道。惟吾儒是實，其餘都是空。吾儒空欲不空理，其餘空理不空欲。一實一空，一理一欲，聖賢庸衆、二氏百家盡判於此矣。

朱子曰：「近年以來，乃有假佛釋之似以亂孔孟之實者。其法首以讀書窮理爲大禁，常欲學者注其心於茫昧不可知之地，以僥倖一旦恍然而獨見，然後爲得，蓋亦有自謂得之者矣。而察其容貌詞氣之間、修己治人之際，乃與聖賢之學有大不相似者。」又曰：「世學不明，異端蠭起，大率皆便於私意、人欲之實，而可以不失道義、問學之名，以故學者翕然趨之。然諺有之，『是真難滅，是假易除』，但當力行吾道，使益光明，則彼之邪説，如雪見晛爾，故不必深與之辨。」朱子此言，爲象山而發也，然後世之爲象山者，豈少哉？使朱子見之，當不知若何流連，若何太息矣！

待之一言，誤人終身，今日待來日，來日又待來日，竟無學之期矣。古人所以惜寸陰也。

勉其所未能，自不矜其所已能。

闇修日密，則美譽日彰；虚望日隆，則實行日損。

有云學焉而不達者，陋也；有云不學而自達者，妄也。天下無學而不達之理，亦無不學而達之理，真正下學，便是上達了。

不可全無師友，亦不可全靠師友。

靳氏以三品槩士，學者當自居何等。

日用常行，井然而不紊，秩然而可觀。天下文章，莫大乎是矣！何必托諸言辭，著爲竹册，而後謂之文也！

聖人立言，明白顯易，發明義理而止。聖人之文，即聖人之行也。世儒屑屑於詞章之末，判道與文爲二，何耶？

無父無君，等於禽獸；避兄離母，比於蚓螬。蓋倫理有虧，雖特操畸行，亦不足以贖罪之萬一也。

士君子進退係家國安危，出處關世運隆替，可不慎與！

責難陳善，恭也；糾謬繩愆，敬也。唯諾阿順，奔走趨承，乃妾婦之行，僕隸之役，而世俗之所謂恭敬也。

古之賢士，人富貴他不得，故亦貧賤他不得。

聖賢亦非愛貧賤而惡富貴也，顧其合義與否爾。如其道，則保之而弗失；非其道，則辭之而不處。

伊尹之視一介與視千駟無以異，理無大小故也。

孔子是磨不磷、涅不淄的孔子，故仕止久速無所不可。孟子是無官守、無言責的孟子，故去留進退綽綽有餘。往佛肸、見南子，有孔子之道則可，無孔子之道則枉也。受兼金、宿晝邑，有孟子之道則可，無孟子之道則貪也。

孔子答彌子、答陽貨，孟子弔滕國，弔公行，皆是君子待小人的樣子。

孟子初見惠王，王曰「亦將有以利吾國乎」，開口便説錯了。再見惠王，王立於沼上，顧鴻雁麋鹿，舉目便看差了。孟子一則明義利之關，晝出一個理安欲危的光景來；一則論聖狂之别，寫出一個仁興暴亡的榜樣來。立譚之間，痛切敷陳公私善惡之界、存亡治忽之幾，和盤托出，十字打開，可謂忠告直諒之至矣，然而惠王不能用也。試看孟子當日，何嘗有戰國時君在其目中？直是壁立千仞，俯視一切，浩然剛大之氣，亦可想見一斑矣。

七篇之中，論心性則曰善，而二氏百家之紛争息矣；論事功則曰王，而五伯七雄之假托黜矣。無非遏人欲於横流，存天理於將滅，一片維世苦心、救世婆心，宛然可見。韓愈謂其功不在禹下，予亦謂其德不在孔下。

孔子曰：「如有用我者，期月而已可也，三年有成。」又曰：「吾其爲東周乎？」孟子曰：「以齊王，猶反手也。」又曰：「如欲平治天下，當今之世，舍我其誰也？」一聖一賢，分明將濟世心腸極口説出，而當世侯王無有能信而用之者。春秋、戰國之不得返而爲唐、虞、三代也，天也。

周末時，公卿大夫留心講學者已不多得，孔子時止得一蘧伯玉，孟子時止得一滕文公，自餘則未之槩見也。勢利之足以移人有如此。

顧涇陽曰孟子「齊人」一章是求字行狀，予曰孟子「戴盈之」一章是竊字行狀。

問立志，曰「不降其志」；問守身，曰「不辱其身」。爲聖爲賢，方是不辱其身，方是不辱其親。

「原思辭禄」一節是夫子裁狷者法子，「原壤夷俟」一節是夫子裁狂者法子。

堯舜爲父而有朱均，瞍鯀爲父而有舜禹，人品之不係於世類也，明矣。

氣節而非理學者有之矣，未有理學而無氣節者；功業而非理學者有之矣，未有理學而無功業者；文章而非理學者有之矣，未有理學而無文章者。三者從理學中流出，自然成就得大，否則祇緒餘爾，末節爾，何足道哉！

聖人窮神達化，察往知來，惟斷之以理而已。易曰「知幾其神」，中庸曰「至誠如神」，豈後世讖緯占候、術家射覆觀梅，一切鄙俚妄誕之説耶！

君子淬金之礪，小人亦攻玉之石。君子，吾之楷模；小人，亦吾之盤鑑。滿則覆，盈則虧，窮則變，君子宜知所以自處矣。

祭不可僭，僭則亂；不可濫，濫則惑；不可瀆，瀆則褻。

燔黍捭豚之不得不爲犧牲俎豆也，污尊抔飲之不得不爲粢醍清酒也，蕢桴土鼓之不得不爲琴瑟管磬也，勢也。勢之所趨，雖聖人亦無可如何，但聖人能斟酌損益，俾不至於極重難返爾。

至公無私，至正無偏，則是非明而好惡當。

爲久遠之謀者，必不規目前之利；計旦夕之效者，適以重後日之憂。

賞罰不中，小人之幸，君子之不幸也。

人各有能有不能，知之明，用之當，斯無棄人矣。

我可疑而後人疑之，我可欺而後人欺之，君子惟必其在我之無可疑、無可欺而已，亦不能必人之必不我疑、必不我欺也。

君以天之聰明爲聰明，天以民之視聽爲視聽。順天理則愜人情，合人心即當天意。如賞曰天命，罰曰天討，爵與衆共，戮與衆棄。大權大法，人主亦不得而私之也。

喜其順己，怒其拂己，非喜怒之正也；好其同己，惡其異己，非好惡之真也。惟克己，則皆中節矣。

圖書、卦畫、曆律、干支，皆造化自然之理數，異世而同符者也。世儒牽合穿鑿，轉相傳會，悖謬甚矣！術家剽竊其說，妄譚休咎，旁引物情，曲指事類，其惑世誣民，爲風俗人心害，豈渺小哉！

伊川先生曰：「窮理盡性，則性天德，命天理。氣之不可變者，獨死生修夭而已。」然則爲龍虎鉛汞之術者，不亦勞而罔功與！而溺於其説者每不之悟，亦可哀也。

國家不可一日無賞罰，宇宙不可一日無是非。一日無賞罰，便不成國家；一日無是非，便不成宇宙。

事無鉅細，皆有當然之則，爲政者惟付之當然而已。不與則處置合宜矣。

居官無不廉、不慎、不公、不勤之理。既是理上合該的，便是分內應做的。分內之事，且問世間那一件不是分內事？人生在世，能勾做得幾件事出來？看來只有歉於分量拿來驕世傲物，反爲識者所鄙矣。

卑汚者以勢利驕人，矯亢者以氣岸驕人，浮薄者以詞章驕人，狡黠者以材幹驕人。凡之處，斷無及於分量之處。所以從古聖賢，惟廑終身之憂而已。今之人，惟驕而已。

朝廷令甲爲中人以下而設。蓋賢智之人兢兢循理，何至有作奸犯科之事？若中人以下，可善可惡，則視乎其教矣。惟上有德政以導之，下有風俗以維之，漸摩誘掖，天下亦自無不可轉移改易之人，此三代之所以化行而俗美也。若夫令下而從之者寡，法立而犯之者衆，乃是居上者爲之不得其方，行之未盡其誠，群焉視爲故事，習爲虚文，徒有張弛文告之煩，而卒無補於世道人心之實爾。「君子之德風，小人之德草」，其權在上不在下，在朝廷不在四方，斷斷如是，不可誣也。

若舉世皆知善爲本有而爲之，惡爲本無而不爲，則教亦不必設，而法亦不必立矣。然而不能也。法立，則人知善可爲而爲之，惡不可爲而不爲；教行，則人知善當爲而自爲之，惡不當爲而自不爲。法者禁其所本無，而教者復其所本有。教者倡導於未然，而法者遏止於已然。教以經之，法以緯之。教以綱之，法以紀之。久之，不令而教行，不教而民化，群遊於太和宇宙之中矣。

在上爲教，在下爲學。所教非其所學，教可知矣；所學非其所教，學可知矣。

清心寡欲，何事不辦？

天理人情、聖學王道、名教國法，原是一物一事。

下學堂劄記卷三

周公朝讀百篇，孔子韋編三絶，試看大聖人是何等様讀書。

知而不行，便是侮聖人之言。

今人不肯耐煩去窮理，硬將「格物」二字解向别處去。真是强聖賢從自己，認便利作究竟，到頭有甚結果？

顔子簞瓢，子路緼袍，聖人並極稱許，安貧豈是細事？

今人讀書也只爲科名，著書也只爲科名，雖汗牛充棟，何補於身心之實？吾見其鷄鳴而起，孜孜爲利而已。

凡行己在清濁之間，乃濁而不清者也；立身在邪正之間，乃邪而不正者也。不清不濁，其實是濁；不正不邪，其實是邪。造物無不陰不陽之時，人心無不善不惡之理，模稜兩端，徒事掩飾爾。

正人講學，邪人禁學。盛世講學，衰世禁學。

大河横流，厥有砥柱。大火鑠金，清風泠然。世間安得有此人？

魏莊渠曰：「萬分廉介，不過小善。半點貪污，便成大惡。」此言可爲居官律己之戒。不怨不尤，要在失意時看；不驕不侈，要在得意時看；不愧不怍，要在衾影處看；不流不倚，要在黨類處看。不援，要看他事上；不陵，要看他接下；不貪，要看他臨財；不奪，要看他臨難。在聖賢可信之平日，在中材必試之臨時。在上智惟視其大端，在下學須覘其末節。此觀人之法，亦省己之道也。

初學不難於千駟而難於一介，不難於萬鍾而難於一豆，不難於白晝而難於昏夜，不難於大廷而難於暗室。真正爲己者先從難處下手，實處立脚，細密處加意，幽隱處著力，自微而顯，由小而大。久之，表裏精粗打成一片，無有走作矣。

對得妻孥，便對得君父；對得僮僕，便對得師友；對得黑夜，便對得青天；對得屋漏，便對得大廷，不是兩項勾當。

吕文簡公曰：「志在榮身者，未必能榮其身；志在榮名者，未必能榮其名。故君子以正心爲本，務實爲要。」千虛不敵一實，千邪不敵一正。

君子以聖賢自期，不以聖賢自居；小人以聖賢自居，不以聖賢自期。君子以聖賢望人，不以聖賢責人；小人以聖賢責人，不以聖賢望人。君子公，小人私；君子恕，小人刻。

惟其公，是以恕；惟其私，是以刻也。

君子與人爲善，故成人之美；小人與人同惡，故忌人之善。

孔子曰：「德之不修，學之不講，聞義不能徙，不善不能改，是吾憂也。」孔子之所憂如此。今人之所憂，何其與孔子異也？又曰：「飯蔬食飲水，曲肱而枕之，樂亦在其中矣。」孔子之所樂如此。今人之所樂，又何其與孔子異也？能憂孔子之憂，則能樂孔子之樂；能樂孔子之樂，則能憂孔子之憂。先儒欲學者尋孔顏樂處，予意欲學者尋孔顏憂處。

堯舜之道，孝弟而已矣，故曰「人皆可以爲堯舜」。

孔子之道，忠恕而已矣，故曰「箇箇人心有仲尼」。

「天不生仲尼，萬古如長夜」二語，是仲尼「日月也」的注脚。

由萌蘖而干霄，有本故也，否則立見其槁矣；由涓流而放海，有源故也，否則立見其涸矣。

善人，天地之紀也，小人多方摧折，必不使容於天地之間，亦不仁甚矣！

小人妨賢病國，從古一轍。病國之罪，十世不宥；妨賢之罪，百世不宥。

大行不加，以有大行之理，窮居不損，以有窮居之理。理上合當大行，何加之有？理上合當窮居，何損之有？

庸醫戕人生，庸師戕人性。

萬善只是箇誠敬，萬惡只是箇不誠敬。

二千年一箇孔子，生平言動見諸載籍者，不知經幾許人考究，幾許人品評，宜若有定議矣。乃至今聖人年歲履歷，求之羣書，訛誤甚多，傳疑不一，則自餘人物傳記史册所書者，顧又可盡信耶？

只一孔子，至今尚不得箇真年譜，學者何易言博學。

孔子墮三都、却萊兵，自是聖人舉動，無可疑者。惟誅少正卯一事，不見之春秋、左、國諸書，太史公止據荀子之言載入世家。先儒頗疑其妄，但太史公去春秋世不遠，當時必有所見，猶或可信。若商羊、蘋實、羵羊怪、專車骨等事，勿論未必有，就令有之，不過侈稱弘博，與張華、郭璞等爾，亦何關聖人之大！自可闕而弗録，毋爲好異小儒借口。時著學統，編次聖賢紀傳，偶記於此。

大抵聖賢言行，往往爲當世好事者所假托，不特莊列及諸雜書所載，讀之可笑。即經傳著有明文，就中矛盾者亦不一。學者生數千年之後，焉能起古人而親問之？無已，惟取其近似可信者而已。

徐幹曰：「身没道存，謂之不朽。」顏淵時有百年之人，今寧復知其姓名耶？詩云「萬有千歲，眉壽無有害」，皆令德之謂也。仁者壽，豈不信哉！此論可以解世俗之惑。

曾子名參，字子輿，據取子輿之意，則「參」音七南反爲是，所金反爲非。

説文曰：「孔子家兒不知怒，曾子家兒不知罵。」何則？生而善教也。然則人生長於聖賢之門，何其幸哉！

班氏古今人表列曾子於上下等，是猶之以仲尼爲中賢之見也。噫，何其陋與！

高氏子略曰：「曾參與其弟子公明儀、樂正子春、單居離、曾元、曾華之徒講論孝行之道、天地事物之原，凡十篇。自修身至於天員，已見於大戴禮，篇爲四十九、爲五十八。他又雜見於小戴禮，略無少異。是固後人掇拾以爲之者與？劉中壘父子奏漢七略，已不能致辨於斯，況他人乎？」方正學曰：「曾子十篇，格言至論，雜陳其間，而於言孝尤備。意者出於門人弟子所傳聞，而成於漢儒之手，故其説間有不純，如曰『喜之而觀其不誣，怒之而觀其不昏，近諸色而觀其不渝，飲食之而觀其有常』，又曰『神靈者，禮樂仁義之祖也』，又曰『君子將説富貴，必勉於仁』，若是者，決非曾子之言。」由二子之言觀之，則所謂曾子書，誠哉其未可盡信也。豈獨曾子書，秦火之後，一切載籍皆然，此可爲知者道爾。

徐幹曰：「曾參之孝，有虞不能易。」陸賈曰：「曾子孝於父母，昏定晨省，調寒暑，適輕重，勉之於糜粥之間，行之於衽席之上，而美德重於後世。」二子亦可謂知言。

宋潛溪曰：「曾參年七十，文學始就，乃能著書。孔子曰『參也魯』，蓋少時止以孝顯，未如晚節之該洽也。」予謂古人著述多在晚年，以孔子之聖，六十有八，自衛反魯，方删定六籍，可知曾子早年不爲也，非不能也。

孔子生於魯而不能救魯之衰，久於衛而不能弭衛之亂，蓋不幸不用於時，雖聖人亦無如之何也。

「已閉心矣，何閉門乎？」善哉！公儀休之言也。

孟子曰：「魯穆公無人乎子思之側，則不能安子思；泄柳、申詳無人乎穆公之側，則不能安其身。」夫必待人而後安，抑已危矣。嗚乎，此亦衰世之事也！

哀公之於孔子，穆公之於子思，敬禮之而已，終不能用也。魯之日削也，又奚怪焉？

與中人以上言，則曰寧爲真士夫，毋爲假道學；與中人以下言，則曰寧爲僞君子，毋爲真小人。

聞人片善，如萬箭鑽心，甚矣，小人之不仁也！

罪莫大於妨賢病國，功莫大於薦賢爲國。

孔子生平諄諄於君子小人之辨，聖人爲世道人心計至深遠也。

聞惡則信，聞善則疑，是何等肺腸？逢之則喜，拂之則怒，是何等情狀？若不幸而遇斯人，感化不能，承奉不可，惟有謹避之而已。

狷者有所不爲，鄙夫無所不至。

詳考傳記所載，孟子距子思年歲不能相逮。史記云「孟子受業於子思之門人」，馬遷去周未遠，其言可據。孔叢子所載思孟問荅之語，多屬附會之辭，而涑水司馬氏編入通鑑，何耶？

孔子曰「自吾有由，惡言不入於耳」，然則未有由之先，惡言不能不入於耳矣。又曰「自吾有回，而弟子日益親」，然則未有回之先，弟子未必日親矣。以孔子之聖，當三代之時，世道尚且如此，何況輓近？

馮道若不永年，其醜態尚不如是之甚，年愈永，遺臭愈無窮。彼猶自以爲得意，號爲長樂老，豈不哀哉？

危太樸對明太祖自稱老臣危素，尚謂之有恥心耶。太祖令守余闕廟，甚於斧鉞之加矣。

劉産冲曰：「時無孔子，顔子没於陋巷，而少正卯爲聞人；時無孟子，匡章陷於不孝，而陳仲子爲廉士。」然大聖大賢不世出，後世是非賢否，惟折衷於聖賢之理，庶幾不至差謬爾。

鶴林玉露曰「孟子以儀、秦之齒舌明周、孔之肺肝」，此語煞有味。春秋成而亂賊懼，七篇作而楊墨息，孔孟所以功在萬世也。許行托於神農之言，作書二十篇，大約言農業也。叔亢毀仲尼，曾何傷於仲尼哉？所謂小人枉做了小人也。聖門賢如子路，於師説尚有信不及處，何況子禽、武叔之輩哉？趙清獻以人言疑周濂溪，久乃信之；陳忠肅不知有程伯淳，以范淳夫始知之，知己之難如此。

按周子通書本名易通，疑六十四卦皆有其説。今考其書，獨有乾、損、益、家人、睽、復、無妄、蒙、艮等説，而傅伯成嘗有書謝其所寄姤、同人説，亦不可復見。蓋其書之散逸甚多，而今之通書委非當日之全本矣。

明道不著書，伊川著書不以示門人，二先生皆有深意。

明道欲著樂書，有志未就；伊川易傳只管修改，晚年方出其書，學者何易言著述也。

伊川語龜山：「勿好著書，好著書則多言，多言則害道。」又曰：「吾四十以前讀誦，五十以前研究其義，六十以後反覆紬繹以後著書。著書，不得已也。」又曰：「某於易傳却已成書，但逐旋修改，期以七十其書可出。」蓋古人不輕著述，故有則必傳。今後生小子纔有一知半解，便捉筆立言，無怪乎其徒以糊篋覆瓿，枉費心思於無用之地也。

蘇東坡以伊川爲奸，劉三傑以考亭爲僞、爲逆。三傑本無知，東坡文士也，而亦無忌憚至此。

孔文仲劾伊川，沈繼祖劾晦菴，可謂極其醜詆矣。後來公論何如，真是小人枉做了小人。

李微之，名教干城也，有功斯道不淺。

韓侂胄、沈繼祖爲害於考亭小，陸子静、王伯安爲害於考亭大。

論語載閔子騫辭費宰，閔子之不臣季氏甚明。家語則載閔子爲費宰問政，殆當時記者之誤也。史記稱閔子不仕大夫，不食污君之禄。太史公去古未遠，宜有所據。然太史公誣宰我以從叛，傳子貢以貨殖，則未免毁損其真矣。

春秋、戰國時，遊譚捭闔之士往往誣聖賢以自便，其言荒唐媟褻，至不忍見聞。子輿氏稍爲辨其一二，其餘散見於雜乘者尚多。漢儒弗加深考，輒筆之史傳，承訛襲誤，莫知是正。自家語、戴記諸書已多失真，而孔叢子、吕氏春秋、韓詩外傳、新序、論衡、説苑及馬班之書爲甚，學者所宜著眼，無爲所誤。孟子曰「盡信書，則不如無書」，最是學者讀書之法。

有若似孔子，非以其貌也。後世圖七十二賢像，有若與仲尼略等，豈不可笑？乃知太史公誤人不淺。

朱子論韓昌黎曰：「退之雖是見得道之大用是如此，然却無實用功處。他當初本只要討官職做，始終只是這心。他只是要做得言語似六經，便以爲傳道。至其每日工夫，只是做詩博弈、酣飲取樂而已，觀其詩便可見，都襯貼那原道不起。至其做官臨政，也不是要爲國做事，也無甚可稱，其實只是要討官職而已。」論歐陽永叔曰：「歐公大槩皆以文人自立。平時讀書，只把做考究古今治亂興衰底事。要做文章，都不曾向身上做工夫，平日只是以飲酒戲謔度日。」觀文公評韓歐之言，學者全是日用做工夫要緊，文章事功，其末也歟！

朱子曰：「韓退之、歐陽永叔，所謂扶持正道，不雜釋老者也。然到得緊要處更處置不行，更説不去，便説得來也，拙不分曉，緣他不曾去窮理，只是學作文，所以如此。」可見學者若無十分真本領，只靠皮毛上略綽些須，便要去闢異端，亦可謂不度德量力者也。

韓文公令陽山民生子，多以其姓字之。守潮州，能馴鱷魚之暴。潮人至今有韓山、韓水、韓木之稱，非誠意感人而能如是乎？

范文正自謂生平無怨惡於一人，司馬文正自謂生平所爲無不可以對人言者，即此可想見二公忠厚正直、光明洞達底氣象。

温公神道碑云：「其文如金玉穀帛藥石也，必有適於用。無益之文，未嘗一語及之。」

然則必如温公而後可以言爲文。

邵堯夫居洛四十年，安貧樂道，自云未嘗皺眉，誠無愧安樂先生矣。

史稱楊子雲少嗜欲，不愛富貴，顧頗好詞賦。夫詞賦，文章之富貴者也。天下豈有溺詞章而淡榮利者哉？卒爲莽大夫，著美新論，生平本色盡露矣。故學者必以存理遏欲爲本。

狄梁公何嘗不爲斗南一人，人亦顧自立何如爾，時與地烏得而限之？

古人震驚不喪，只是平日養勝，自能如此。若待臨時强制，便做得來，也風吹草動，決不稳貼。

不動心，乃是内重外輕，不爲事物所勝，一爲所勝，即不能不動矣。然非平時見得明透，守得堅定，亦不能不爲事物所勝。此孟子之知言養氣，爲學者切要工夫也。

人心一足，處處皆安樂窩也。不然，焉往而不得陷阱荆棘哉？

陶靖節豈讀書不求解者，李延平豈不著書作文者，所重在風節行誼，不欲以此見長爾。而固陋人往往以之借口，則可笑也。

大都古人多是自謙、自責，不得已而後爲自任之辭，如淵明云「讀書不求甚解」，自謙辭也；明道云「新法之禍，吾黨激成之」，自責辭也。後人不察，都認以爲真。然則孔子之「何有於我」、「則吾豈敢」、「丘未能一」等語，豈皆自道其實耶？李延平未嘗著書作文，薛敬軒未嘗開堂授徒，何害其爲一代大儒。可見學問之道，端貴自得爾，豈必蹈襲陳跡，依傍古人？

鑑無易面之能，無見醜之罪。

醜人惡鑑，非鑑之罪也，一返觀焉，斯無惡於鑑矣。

王振之於文清，始也以三楊之薦而特用之，繼也以其不附己而欲殺之，終也以老僕之言而卒赦出之。振雖肆毒，猶幸有此一轉。使遇魏璫，文清之禍豈必減於楊左耶？故忠賢惡浮於王振，楊左禍烈於文清，有幸不幸焉爾。

文清既致仕歸，李文達當國，頻以書寄，文清始終不荅。門人問之，曰：「昔温公退居洛中，吕申公屢書問，亦不荅，某亦不必荅也。」竊謂士大夫雖身離國門，廟堂僚友亦義不忍忘，安有一旦隔絶，至音問不通之理？或公或私，若在所宜，荅亦何嫌何疑而靳於一紙耶？此在前輩必有所見，非後學之所及知也。

三楊不申救文清，文清不申救忠肅，予不能無疑議焉。

文清在内閣，太監生辰，同列約相賀，文清遽稱腹痛而出。夫以文清重望，竟不同往可也，奚必稱腹痛哉？稱腹痛，是托疾也。文清平日何等節概，恐未必出此，此必記者之誤。

傳稱文清出都，行至中途絶糧。子淳愠言曰「人家好好做官，他便要退，受困誰怨」云云。夫淳縱不肖，以文清之庭訓，豈不能少變其氣質之偏，何至出言粗野不遜如此？此亦必記者之誤。

予嘗曰「書潤屋，德潤身，何貧之足憂」，及讀敬齋集，亦有「以仁義潤身，以牙籤潤屋」之語，喜其所見之同，因筆之。

寡過，非爲小人也，而與小人處，則益加謹焉。然則小人非他山之助乎？色厲内荏，小人也；無非無刺，鄉愿也；患得患失，鄙夫也。三樣頭面，却是一副肚腸。

論語連編此三章，亦有深意。

杜元凱左傳癖與王濟馬癖、和嶠錢癖無異，所謂玩物喪志也。

心好，諸般不好也好；心不好，諸般好也不好。世人諸般都要好，只心不要好，是之謂不知類。

許白雲及門之士著録者千餘人，隨其材分，咸有所得。然獨不以科舉之文授人，曰「此義利之所由分也」。予意亦然。

王會之初慕諸葛武侯之爲人，自號長嘯，既而曰「長嘯亦非持敬之道」，遂改號魯齋。觀此一節，會之用功可謂收斂切實，學者所當取法也。

天地間惟無知底人最可怕，人一無知，甚樣事做不出？便是亂臣賊子、極惡窮兇也，都只爲他無知。聖賢千言萬語，都只要化誨這般人；君相千辛萬苦，都只要安頓這般人。

予最喜聽漁歌，讀田家詩，共樵牧人語，亦生來一癖也。

儒佛關頭，未曾透過，終被釋迦、老子踏在脚底下去。「無聲無臭」，就在天命上講；「不識不知」，就在帝則上講；「無思無爲」，就在體用上講；「不學不慮」，就在知能上講，吾儒之説也。離却天命，只講「無聲無臭」；離却帝則，只講「不識不知」；離却體用，只講「無思無爲」；離却知能，只講「不學不慮」，異端之見也。

陽明未嘗求異於佛，世儒代爲之求同於儒。蓋陽明不知佛之不同於儒，而謂其同；世儒不知陽明之不異於佛，而謂其異也。

即物窮理，踐形盡性，儒者也；聞聲悟道，見色明心，佛氏也。

吾儒只不要有惡念頭，禪家並不要有善念頭。不要有惡念頭，這便是善念頭；不要有善念頭，這便是惡念頭。

「心之精神是謂聖」，決非孔子之言。楊慈湖以爲此聖人至言，記論語者不知載入，蓋慈湖特以精神之説與佛家精魂、靈明相近，故取之爾。予觀六經之言，與此絶不相似，其爲假托無疑。

命也、性也、道也、教也，一以貫之者也。如云「無善無惡」，則是在天爲無善無惡之命，在人爲無善無惡之性。率無善無惡之性，爲無善無惡之道。修無善無惡之道，爲無善無惡之教，不知成何宇宙？甚矣！姚江之徒之謬也。

朱子曰：「纔説道要距楊墨，便是聖人之徒。如人逐賊，有人見之，若説道賊當捉當誅，這便是主人邊人。若説道賊也可恕，這便喚做賊之黨。」又曰：「不討亂賊，而謂人勿討者，凶逆之黨也；不距楊墨，而謂人勿距者，禽獸之徒也。」聖賢立法之嚴如此，可不畏哉！如解「攻乎異端」爲「攻擊」、「閑先聖之道」爲「閑習」，皆是不必攻討之説，自姚江而後都是這般見解。

一部釋藏，其大指不過無善無惡而已。我故曰告子、陽明皆禪宗也。指月録、五燈會元等書，一言以蔽之，曰「不思善，不思惡」。子思曰「率性之謂道」，荀卿曰「率性之謂惡」。

蘇東坡論性，謂自堯舜以來至孔子，不得已而曰中曰一，未嘗分善惡言也。自孟子道性善，而一與中支矣。胡文定公論性，謂孟子道性善，只是贊歎之辭，説好箇性，如佛言善哉善哉。五峰論性云：「凡人之生，粹然天地之心，道義全具，無適無莫，不可以善惡辨，不可以是非分。」夫以孟子道性善爲贊歎之詞，此不足深辨。如曰中曰一，中與一即善之别名，所謂粹然天地之心道義全具，非善而何？二子之言，抑何自相矛盾也？

孟子言必稱堯舜，所願則學孔子，可謂正矣，醇矣。此所以異於荀楊之徒與！

陳止齋曰：「子思之言性，言乎性之所自來也；孟子之言性，言乎性之所固有也。荀子論情，非論性也；楊雄論習，非論性也；韓愈論才，非論性也。修性之説，滅情之論，無怪乎後世之紛紛也。」予按此説近之，但以荀子爲論情則非也。孟子道性善，正在情上見，天下豈有情惡而性善者哉？性、情一也。荀子不知性，正坐不知情爾。

當正學不明，衆言淆亂之際，時無真正大儒出乎其間，似是而非之説紛紛熒惑。既無所折衷，而時君庸宰好尚偏僻，則邪説易售，奸人更易得志，是非之公、好惡之正尤難措語。以故支流曲學往往以名高徒衆，其道大行，甚至竄入孔庭，儼然俎豆。迨事久論定，然後議罷，其所失已多矣。而淺衷褊見之子，猶以謂某某既入孔廟，未可輕議。吁，是何言也！荀況、楊雄、賈逵、郭弼、杜預之徒，非孔廟中人耶，後來之公論何如也？且如孔、墨、荀、孟同辭並稱者千有餘年，至濂洛諸君子出，而其途始分，其名始正。若第以儌倖，一旦溷厠兩廡之席，而遂欲箝千百世學士之口，豈理也哉！

果同耶，不辨可也，然而未敢以爲同也。果不同耶，將孰是而孰非也，即欲不辨不可得矣。

天下無兩是之理，何獨至於學術而疑之？

君子小人無調停之理，正學邪教無渾同之理，所謂薰蕕不同藏，堯桀不共治也。

孟子只是要辨，告子只是勿求，若以辨論爲非，則告子賢於孟子遠矣。

吾儒之於二氏，歸則受之，叛則距之，猖狂則治之。大聖人作用都如此，否則洪水猛獸之禍立見矣。

而今縱不能燬淫祠，焚老釋書，悉令海内僧道歸農，只且停給度牒，禁止簪剃，有違者罪之，仍勒令還俗，不五六十年，緇黄之徒自消滅殆盡，宛然一唐虞三代世界矣。前代亦有建白及此者，時君皆不能行其實。此事甚順易，不知何憚而不爲也？

若論真能識字，古今惟孔子一人。

告子本不曾出頭，得陽明方長得聲價，所謂後世之子雲也。

陽明是告子大知己，卓吾是馮道大知己。

陽明之於聖學，只是胡説亂道而已。

陽明之學總是懸空杜撰，夫子曰「是故惡夫佞者」，陽明是也。

陽明荅羅整菴書有云：「某爲朱子晚年定論，蓋亦不得已而然。中間年歲早晚，誠有所未考，雖不必盡出於晚年，固多出於晚年者矣。然大意在委曲調停，以明此學爲重。平生於朱子之説，如神明蓍龜，一旦與之背馳，心誠有所未忍，故不得已而爲此。」嗟乎！學問之道，是是非非，毫釐不容差謬，亦惡容委曲調停於其間耶？天下之大，豈無有能讀朱子之書悉究其本末者，陽明未嘗深思詳考，而率易立説，是不知而作也，是欺己欺人也。一遇明眼人，則支吾閃爍，都不成説話。論學何如事，而鹵莽若此，其何以取信於天下後世？況朱子之言可信，則不當與之背馳，如不可信，則背之可也，又安有所不忍與有所不得已也哉！吾誠不能解於陽明之説矣。

陽明之徒，尊佛而卑聖，至謂孔子是纏頭佛，佛乃是上聖人，可謂狂病喪心者矣。清談實宗老莊，文中子謂清談盛而晉室衰，非老莊之罪。然則非老莊之罪，而孔孟之罪耶？

崔浩號稱博學，觀其上書證寇謙之之説，其爲不通又孰甚焉。王欽若，吾無責焉爾矣。以王子明之賢，猶附和天書以逢君固位，上下習爲誣罔，不顧天下人非笑。士大夫利心未除，便無所不至，可勿戒哉？

韓歐雖闢佛，却全不知佛。程朱之論正矣，亦未嘗深求之也。李德遠云：「若論學，惟佛氏直截。如學周公、孔子，乃是抱橋柱澡洗。」後來姚江一派口吻，都是如此。

佛家曰「千休千處得，一了一切妙」，白沙曰「千休千處得，一念一心持」，白沙分明是禪，高忠憲反有取於其言，何也？

陽明臨終曰「此心光明，更復何言」，非和尚偈語而何？弄精魂，坐禪定，參話頭，鬬機鋒，裝模作樣，大驚小怪，藏頭露尾，閃倏幻妄，釋子千態萬狀，只是謾己謾人。

吾儒只是箇實，釋氏只是箇空；吾儒只是箇有，釋氏只是箇無。儒釋之辨，數言可盡。予前三十年看得是如此，而今看來仍是如此。康熙甲子六月六日晨起敬書。時學統書成，予年五十矣。

附録：序跋題記

跋

愚齋先生著書明道凡數十萬言，力不能全刻行世，而士之有志者望先生之宫墻，皇皇然若有所求而未得。先生善之，于是先刻其閑道録及劄記二種，以代荅問。二書卷帙無多，而規模已具矣。顧以余之不知學，猶屬爲一言。余謂閑道録鎔鑄微言，劄記獨抒心得，大抵皆有不可臆測之學，不可假借之理，不可移易之識，不可撓屈之筆。而程其功效，則大稱人心者是有三焉。何則？蓋吾嘗疑三教之名不知自何時始，二氏之徒爲之耶？抑吾儒中之俗子爲之耶？甚無謂也。是書出，而後知天下古今之惟有一教也，是其大稱人心者一也。吾夫子之面目常爲人所借，有若似夫子，一借也。子夏居西河，使人疑于夫子，一借也。此猶借之善者也。至胡廣以中庸借，陋矣。馴至馮道以無可無不可借，悖天理矣。其他若武斷經典以便己私，若雋不疑引春秋以證戾太子之類，皆借也。而是書一掃之，始得見夫子之真面目，其大稱人心者二也。仲尼，日月也，而浮雲能蔽之。夫日月至高，浮雲出其下，烏能蔽之哉？蓋是浮雲也，上之雖不能礙日月，而下之能使横目之民不得覩日月之光，故可恨也。今也舉目覩日月，即舉目覩仲尼，其爲大稱人心者三也。三者得而吾道尊，厥功豈細哉？吾爲正告來學，而一切同中之異、毫釐千里之辯，舉在其中，先生之數十萬言可以嗣出矣。同里七十五叟杜濬拜書其後。

下學堂劄記三卷提要

［清］紀昀

下學堂劄記三卷（湖北巡撫採進本）

國朝熊賜履撰。賜履既重訂所作閑道録，乃舉向所劄記，摘其與是録相發明者三百三十有三條，定爲此編。前有康熙乙丑自序，末條自記成是書時年已五十矣。大旨仍以辨難攻擊爲本，其説有曰：「是陸而非朱者不可不辨，是朱而並是陸者不可不爲之深辨。」又曰：「孟子本静重簡默之人，今日距楊、墨，明日闢告、許，辨論衎衎，迄無寧日，時爲之也。朱子之在淳熙也亦然，闢五宗之狂禪，訂百家之訛舛，殫力竭精，舌敝穎秃，豈得已哉，亦時爲之也。當今日而有衛道其人者乎，孟、朱之徒也。」其自負亦不淺矣。然引蕭企昭之言詈王守仁爲賊，未免已甚。且其中如論易之類，謂「六十四卦也説不盡，乾坤二卦也不消」，是亦不免參雜恍惚之論矣。（録自四庫全書總目提要卷九七子部儒家類存目）

正學隅見述

[清]王弘撰 撰　張 文　嚴佐之 校點

目録

校點説明

正學隅見述一卷，清王弘撰撰。王弘撰（一六二二—一七〇二），字無異，一字文修，號山史。陝西華陰人。生於明天啓二年，卒於清康熙四十一年。其父之良，字虞卿，天啓五年進士，官至南京兵部左侍郎。

王弘撰少知讀書，博學强識，善古文辭，又工書法，精鑒賞，家藏漢、唐以來金石文字甚富，人或以「博物君子」目之。他身歷明清鼎革之變，乃以前朝遺民自處，曾多次祭掃昌平鹿馬山明思宗陵，自稱鹿馬山人，守出處之義，隱逸不仕。康熙十八年舉博學鴻儒，徵至京師，居城西昊天寺，不謁貴游，以老病辭不入試，罷歸。然惟其諳熟前明故實，議論馳騁今古，關懷天下當今，嘗著延安屯田議、延安紡織議，人贊其「具經綸天下之才，而退藏不見其崖略」（湯斌王山史像贊），又詩云「先生豈是塵中人，披帷曬就多逸民」「山中宰相人誰識，江左夷吾我不如」（王士禛訪山史讀易廬）。

作爲「關中聲氣之領袖」，王弘撰交游廣泛，與關中名儒李因篤、李顒尤善，曾歷游江南，足跡遍及維揚、吳越，訪一時道德文章之士，「質疑問難，有朋友之樂」。乃父嘗從游關中大儒馮從吾，「學宗考亭，尤重實踐」，而弘撰之學，亦「固守考亭之訓」。只是他深入研習性理之學的時間較晚，四十九歲始知讀周濂溪書，年五十四構、學易廬讀易其中，自云「年逾四十，始知爲學」，「年近五十，始歸正學」。亭林先生嘗言：「好學不倦，篤于朋友，吾不如王山史」（顧炎武廣師），蓋此之謂也。按亭林先生自康熙二年，「游西嶽太華，過訪王山史於華陰」，二人始締交誼；康熙十六年二月，顧、王同赴昌平謁思陵；同年九月，亭林入關，即宿山史家明善堂，「將同築山居老焉」（王弘撰頻陽札記），而弘撰亦因「與顧亭林先生共數朝夕，得日聞所未聞」（王弘撰復施愚山侍講）。據弘撰自述，他「少攻舉子業，時有酒色之失，後遭寇亂，狂惰自廢，德業靡成」，是亭林給了他嚴肅規勸：「每見予輩或宴飲終日，輒爲攢眉，客退，必戒曰：『可惜一日虛度矣。』其勤勵如此。」（王弘撰砥齋集顧亭林）他先是驚訝亭林「丰姿不揚，而留心經術，胸中富有日新，不易窺測」（王弘撰砥齋集顧亭林）。繼而服膺其精博學識，謂之「品高學博，國家典制、郡邑掌故、天文曆象、河漕兵農之屬，無不洞悉原委，坐而言，起而可見諸行事，真當今第一有用儒者也」（湯斌答顧寧人）。終則折服於亭林夫子的道義德行，歎曰：「亭林明道正誼，弟實奉若神明蓍蔡，不第服膺其問學之精博已也。」（王弘撰復施愚山侍講）故此，我們説亭林先生是對王弘撰中年學術轉向影響最大，因而也是王弘撰最崇敬的益友，應該没有問題。除正學隅見述外，弘撰著述又有周易筮述八卷、山志六卷、北行日札一卷、西歸日札一卷、待庵日札一卷、砥齋集十二卷等。其事跡詳載清史稿、清史列傳、清儒學案等列傳，今人趙儷生先生撰有王山史年譜。

正學隅見述撰成於康熙十五年冬十一月。此書專論朱陸異同，以爲歷來已久的朱陸異同之辨，「格物致知之訓，朱子爲正；無極太極之辨，陸子爲長」，以爲此乃「賢者之異，無害其爲同也」。作爲「宗朱」一派學者，王弘撰的觀點顯然與衆不同，别具一格。故四庫館臣給予較高肯定，以爲朱陸異同之辨，「諸儒聚訟數百年而未休，大抵尊朱者則全斥陸、王爲非，尊陸、王者則全斥朱子爲謬，迄無持是非之平者」，惟此書「持論頗爲平允，其中雖歷引諸説以相詰難，而詞氣皆極和平」，蓋「亦異於好爲異論者」，故收入四庫全書子部儒家類正編。而在四庫全書本正學隅見述中，還有一條專門談論王陽明的歷史評價問題，觀點鮮明地表示「論人物，則文成所謂三不朽者，殆兼之焉，自是一代儒臣冠冕；論聖學，則涉於一偏之見，勇於自是者，其失亦正不可掩也」。至於「若今之論者，排擊太甚，乃至有併其功名毁之者，又刻薄誣罔之言」，實不足取。應該説，這在「衆口交訾」王陽明的當時，也不失爲一種「平心静氣」之論。故此書篇幅雖小，然對於研究王弘撰理學思想，以及清初朱陸異同之辨而言，則絶不是一部無足輕重的學術文獻。

王弘撰正學隅見述版本之今存者，除乾隆四庫全書寫本外，别有清光緒二十一年刻本。該刻本乃與北行日札、待庵日札、西歸日札四種各一卷彙輯成叢編，並附康乃心撰王貞文先生遺事及門人弟子所爲謚議、祭文一卷，名曰王山史五種，中國科學院圖書館有藏。又有以單行本流傳者，國家圖書館、陝西省圖書館、中山大學圖書館等皆有藏。其封面鎸「光緒乙未春月録」、「正學隅見述」、「敬義堂藏板」，卷端題「華山王宏撰著」、「六世孫淩霄重梓」，前有「太華山史王先生像」，題云「西鄉後學朱存誠摹先生少君宜輔本」，附咸陽劉光蕡所爲贊語，又有李顒、李因篤所撰原序，以及邑人二華山人重刻正學隅見述序。據二華山人序云：「在昔二曲李徵君、頻陽李太史並爲序，以之繡木行世，有以也。第歷有年所，原刻棗梨剥蝕殆盡，今先生之六世孫峻卿君重付剞劂。」可知此書很早就已刊梓流傳，但更早的刻本今未之見，故其版本源流以及四庫本與光緒本之關係已難詳考。從撰著體式來看，四庫本與光緒本基本相同：其書卷前有自序以表明撰著宗旨，卷末附識語以勸導學者從事正學；正文部分先論格物致知之訓，頂格摘録大學原文，低一格輯録二程、朱子相關論説，再低一格附以己説；次論無極太極之辨，頂格摘録周子太極圖説原文，低一格輯録朱陸往返書信，再低一格附以己説。然從全書内容來看，四庫本與光緒本存在較大差異，如光緒本中兩篇原序四庫本皆無，尤其是無極太極之辨部分，案語條目或次序差互，或此無彼有，或此詳彼略。由此可見，光緒本與四庫本之間並無直接傳承關係，四庫本所據爲陝西巡撫採進本，而光緒本由其裔孫據舊本重梓，二者版本來源當有不同。就整體而言，光緒本的條目内容更爲豐富，文字也較爲精審，似較四庫本爲優；然四庫本也不無佳處，有些字句可補光緒本之不足。另有上海圖書館所藏民國廬江劉氏遠碧樓抄本，乃據四庫全書抄録，内容與四庫本完全一致。

此次校點整理正學隅見述，我們選擇以中國科學院圖書館所藏王山史五種之清光緒二十一年刻本（簡稱光緒本）作爲底本，而以臺灣商務印書館所影印之文淵閣四庫全書本（簡稱四庫本）作爲校本。結合該書的内容特點，遇到文義有疑之處，還適當參校其所引據諸書，並視需要出校説明。底本中的王山史像及其贊語，我們將之移置於附録部分，並附以湯斌王山史像贊，又自康乃心王貞文先生遺事而下，依次輯録相關文獻中的傳記資料、目録提要和版本序跋，以期對了解其人其書有所助益。鑒於四庫本與光緒本版本來源不同，内容差異較大，而四庫本較爲常見，光緒本流傳極少，因此我們在校記中詳述其差異，即便是異體通用字形之類，以及光緒本無誤而四庫本有誤之處，皆一一出校詳細説明，意在反映兩種版本的不同面目，以期「一書在手，二本兼備」，同時又力求能將其佳處兩相萃合，形成一個文字可靠、内容完備、標點準確的現代定本，從而滿足不同層次的閱讀需求。希望此校點本能給讀者提供便利，但限於整理者的學識水平，可能存在一些疏失和不足，敬祈讀者指正爲感。

張　文
嚴佐之　二〇一七年十月

原序一

自孔子以博文約禮之訓，上接虞廷「精一」之傳，千載而下，淵源相承，確守弗變，唯朱子爲得其宗。生平自勵勵人，一以居敬窮理爲主。窮理即孔門之博文，居敬即孔門之約禮，内外本末，一齊俱到，此正學也。故尊朱即所以尊孔。然今人亦知闢象山尊朱子，及考其所謂尊，不過訓詁而已矣，文義而已矣。其於朱子内外本末之兼詣，主敬禔躬之實修，吾不知其何如也。況下學循序之功，象山若疏於朱，而其爲學「先立乎其大」，峻義利之防，亦自有不可得而掩者。今之尊朱者，能如是乎？不能如是，而徒以區區語言文字之末闢陸尊朱，惑也久矣。此山史先生正學述所以作也，是示人以朱學之正，固吾人之食飲裘葛、規矩準繩，一日不可無。而舍短集長，則象山持論之善，亦當在所致察，不可承流接響，一概忽也。朱説之精莫精於闡格物，陸説之善莫善於辨無極，故特表章二篇，以爲正學楷模，而又以反覆沉潛之餘，逐條折衷，明白正大，言言平粹，令人曉然知學術之正與不正，只分行與不行，不在闢與不闢。可謂朱子之功臣，象山之知己，有補於正學匪尠也。故不揆不斐，敬書此以志嚮往之私。二曲弟李顒中孚譔。康熙十六年冬十二月望。

原序二

自漢以來，士不盡出學校，而學校必以九經爲準，相與講求先王之典章文物而守之不移，後世賴以存焉。顧説者紛然，或舉麤而遺其精，或病支離偏駁而不得其全體。宋之盛也，程、朱大儒相繼作傳註，蓋繇是内聖外王合而爲一，然視漢、唐之補殘治墜，肆力於大經大法之間者，已稍有間。是時金谿二陸亦有志聖學，而性之所近，倡爲空虚妙悟之旨，後進樂其簡易，從之甚衆。微考亭，即夫子博文約禮之訓，幾何其不遽湮也。金谿以尊德性爲主，學者雖心知其偏，而左朱以攻陸，則先自懼，曰：「是無以處中庸。」或爲兩是之語以調停之。夫以陸爲賢而不可與之異，彼老、莊、楊、墨、申、韓之徒，非當世之俊傑哉？如曰言本中庸，舍問學而專言德性，其失自在象山，故得其正。夫子問禮柱下，無害於道。不得其正，即介甫之周禮，適足致亂而已。中無灼見，模稜兩是，抑何陋也！友兄華山王君無異，著正學隅見述一編，格物從朱，太極從陸，予閲而善之。或曰：「若不類兩是乎？」曰：無異與予，皆學考亭者也。無極太極之辨，以陸子爲長，無異確有見其然者，已詳篇中，姑不具論。無異以賢者之異，不害其爲同。予又以太極從陸，不害其爲學考亭也。史稱蘇轍「君子不黨」，吾於無異是編亦云。渭北弟李因篤子德譔。

自序

弘撰愚不知學，唯讀古人之書，以平心静氣自矢，罔敢逞其私臆，而久之有是非判然於吾前者。蓋嘗有見於格物致知之訓，朱子爲正；無極太極之辨，陸子爲長。賢者之異，無害其爲同也。今掇其旨要，著之於篇。若爲兩賢折衷，弘撰何人斯，而足語此？庶幾下學一得，質諸古人，而幸其不遠也。尚望有道君子，惠而教之焉。華山後學王弘撰無異識。

康熙十五年冬十一月朔。

正學隅見述

《記》曰：「古之欲明明德於天下者，先治其國。欲治其國者，先齊其家。欲齊其家者，先修其身。欲修其身者，先正其心。欲正其心者，先誠其意。欲誠其意者，先致其知。致知在格物。物格而后知至，知至而后意誠，意誠而后心正，心正而后身修，身修而后家齊，家齊而后國治，國治而后天下平。」

程子明道曰：格，至也。物者，凡遇事皆物也。欲以窮至物理也。

程子伊川曰：凡有一物，必有一理，窮而致之，所謂格物者也。然而格物亦非一端，如或讀書講明道義，或論古今人物而別其是非，或應接事物而處其當否，皆窮理也。

自一身之中以至萬物之理，但理會得多，自然豁然有覺處。

問：格物是外物？是性分中物？曰：不拘。凡眼前無非是物，物物皆有理。如火之所以熱，水之所以寒，至於君臣父子間，皆是理。又問：只窮一物，見此一物，便還見得諸理否？曰：須是徧求。雖顔子亦只能聞一知十。若到後來達理了，雖億萬亦可通。問：觀物察己，還因見物反求諸身否？曰：不必如此説。物我一理，纔明彼，即曉此，合内外之道也。

所務於窮理者，非道盡窮了天下萬物之理，又不道是窮得一理便到，只要積累多後自然見去。

朱子曰：程子説格物，曰「格，至也」。格物而至於物，則物理盡。意句俱到，不可移易。

儒者之學，大要以窮理爲先。

大學不曰窮理而謂之格物，只是使人就實處窮究。

窮理者，欲知事物之所以然，與其所當然者而已。知其所以然，故志不惑；知其所當然，故行不謬。非謂取彼之理而歸諸此也。程子所謂「物我一理，纔明彼，即曉此」。

格物致知，於物上窮得一分之理，則我之知亦致得一分。物理窮得愈多，則我之知愈廣。

十事格得九事通透，一事未通透，不妨。一事只格得九分，一分未通透，最不可。

致知格物只是一事，非是今日格物，明日又致知。格物以理言，致知以心言。

心包萬理，萬理具於一心。不能存得心，不能窮得理；不能窮得理，不能盡得心。

大學論治國平天下許多事，却歸在格物上。凡事事物物各有一箇道理，若能窮得道理，則施之事物，莫不各當其位。如「人君止於仁」、「人臣止於敬」之類，各有一至極道理。凡萬物莫不各有一道理，若窮理則萬物之理皆不出此。問：此是「萬物皆備於我」？曰：極是。

問：所謂窮理，不知是反己求之於心，惟復逐物而求於物？曰：不是如此。事事物物皆有箇道理，窮得十分盡，方是格物。不是此心，如何去窮理？不成物自有箇道理，心又有箇道理，枯槁其心，全與物不接，却使此理自見？萬無是事。不用自家心，如何別向物上求一般道理？不知物上道理，誰去窮得？

看道理須是見得實，方是有功效處。若於上面添些玄妙奇特，便是見他實理未透。今之學者不曾親切見得，而臆度揣摸爲説，皆「助長」之病也。道理止平看，意思自見。

眼前凡所應接底都是物，都有箇極至之理，便要知得到。若知不到，便都没分明。若知得到，決定着恁地做，更無第二第三着。止緣人見道理不破，便恁地苟簡，都做不得第一義。問：如何是第一義？曰：如「爲人君止於仁」之類，決定着恁地，不恁地便不得。又如在朝須着進君子、退小人，此是第一義。有功決定着賞，有罪決定着誅，更無小人可用之理，更無包含小人之理。惟見得不破，便道小人不可去，也有可用之理。此都是第二第三義，如何會好？凡事事窮得盡道理，事事占得第一義，甚麽樣剛方正大！且如爲學，决定是要做聖賢，此是第一義。若道自家做不得，且隨分依稀做些子，此是見不破。

聖賢所謂博學，無所不學也。自吾身所謂大經大本，以及天下之事事物物，甚而一字半字之義，莫不在所當窮，而未始有不消理會者。雖曰不能盡究，然亦只得隨吾聰明力量理會將去，久久須有所至。

或問：格物致知之學，與世之所謂博物洽聞者，奚以異？曰：此以反身窮理爲主，而必究其本末是非之極至；彼以徇外誇多爲務，而不覈其表裏真妄之實。然必究其極，是以知愈博而心愈明；不覈其實，是以識愈多而心愈窒。此正爲己、爲人之分，不可不察也。

吾聞之也，天道流行，造化發育，凡有聲色貌象而盈於天地之間者，皆物也。既有是物，則其所以爲是物者，莫不各有當然之則而自不容已，是皆得於天之所賦，而非人之所能爲也。今且以其至切而近者言之，則心之爲物，實主於身，其體則有仁、義、禮、智之性，其用則有惻隱、羞惡、恭敬、是非之情，渾然在中，隨感而應，各有攸主而不可亂也。次而及於身之所具，則有口、鼻、耳、目、四肢之用。又次而及於身之所接，則有君臣、父子、夫婦、長幼、朋友之常，是皆必有當然之則而自不容已，所謂理也。外而至於人，則人之理不異於己也；遠而至於物，則物之理不異於人也。極其大，則天地之運、古今之變不能外也；盡於小，則一塵之微、一息之頃不能遺也。是乃上帝所降之衷，烝民所秉之彝，劉子所謂「天地之中」，夫子所謂「性與天道」，子思所謂「天命之性」，孟子所謂「仁義之心」，程子所謂「天然自有之中」，張子所謂「萬物之一原」，邵子所謂「道之形體」者。但其氣質有清濁偏正之殊，物欲有淺深厚薄之異，是以人之與物，賢之與愚，相爲懸絶而不能同耳。以其理之同，故以一人之心，而於天下萬物之理，無不能知。以其稟之異，故於其理，或有所不能窮也。理有未窮，故其知有不盡，知有不盡，則其心之所發，必不能純於義理而無雜乎物欲之私。此其所以意有不誠，心有不正，身有不修，而天下國家不可得而治也。昔者聖人蓋有憂之，是以於其始教爲之小學，而使之習於誠敬，則所以收其放心、養其德性者，已無所不用其至矣。及其進乎大學，則又使之即夫事物之中，因其所知之理，推而究之，以各到乎其極，則吾之知識，亦得以周徧精切而無不盡也。若其用力之方，則或考之事爲之著，或察之念慮之微，或求之文字之中，或索之講論之際，使於身心性情之德、人倫日用之常，以至天地鬼神之變，鳥獸草木之宜，自其一物之中，莫不有以見其所當然而不容已，與其所以然而不可易者，必其表裏精麤無所不盡，而又益推其類以通之，至於一日脱然而貫通焉，則於天下之物，皆有以究其義理精微之所極，而吾之聰明睿智，亦皆有以極其心之本體而無不盡矣。

近世大儒有爲格物致知之説者，曰格猶扞也，禦也，能扞禦外物而後能知至道也。又有推其説者，曰人生而静，其性本無不善，而有爲不善者，外物誘之也。所謂格物以致其知者，亦曰扞去外物之誘，而本然之善自明耳。是其爲説不亦善乎？曰「天生烝民，有物有則」，則物之與道，固未始相離也。今曰「禦外物而後可以知至道」，則是絶父子而後可以知孝慈，離君臣而後可以知仁敬也。是安有此理哉？若曰所謂外物者，不善之誘耳，非指君臣父子而言也。則夫外物之誘人，莫甚於飲食男女之欲，然推其本，則固亦莫非人之所當有而不能無者也。但於其間自有天理、人欲之辨，而不可以毫釐差耳。惟其徒有是物，而不能察於吾之所以行乎其間者孰爲天理，孰爲人欲，是以無以致其克復之功，而物之誘於外者，得以奪乎天理之本然也。今不即物以窮其原，而徒惡物之誘乎己，乃欲一切扞而去之，則是必閉口枵腹然後可以得飲食之正，絶滅種類然後可以全夫婦之别也。是雖裔戎無君無父之教〔一〕，有不能充其説者，况乎聖人大中至正之道，而得以此亂之哉？

夫泛論知行之理，而就一事之中以觀之，則知之爲先，行之爲後，無可疑者。然合夫知之淺深、行之大小而言，則非有以先成乎小，亦將何以馴致乎其大者哉？蓋古人之教，自其孩幼而教之以孝弟誠敬之實，及其少長而博之以詩、書、禮、樂之文，皆所以使之即夫一事一物之間，各有以知其義理之所在，而致涵養踐履之功也。及其十五成童，學於大學，則其灑掃應對之間，禮樂射御之際，所以涵養踐履之者，略已小成矣。於是不離乎此，而教之以格物以致其知焉。致知云者，因其所已知者，推而致之以及其所未知者，而極其至也。是必至於舉天地萬物之理而一以貫之，然後爲知之至，而所謂誠意、正心、修身、齊家、治國、平天下者，至是而無所不盡其道焉。今就其一事之中而論之，則先知後行，固各有其序矣，誠欲因夫小學之成，以進夫大學之始，則非涵養踐履之有素，亦豈能居然以去雜亂紛糾之心，而格物以致其知哉？且易之所謂「忠信」「修辭」者，聖學之實事，貫始終而言者也。以其淺而小者言之，則自其「常視毋誑」「男唯女俞」之時，固已知而能之矣。「知至至之」，則由行此而又知其所至也，此知之深者也；「知終終之」，則由知至而又進以終之也，此行之大者也。故大學之書，雖以格物致知爲用力之始，然非謂初不涵養踐履而直從事於此也。又非謂物未格，知未至，則意可以不誠，心可以不正，身可以不修，家可以不齊也。但以爲必知之至，然後所以治己治人者，始有以盡其道耳。若曰必俟知至而後可行，則夫事親從兄，承上接下，乃人生之所不能一日廢者，豈可謂吾知未至而暫輟，以俟其至而後行哉？抑聖賢所謂知者雖有淺深，然不過如前所論二端而已，但至於廓然貫通，則内外精麤自無二致也。

理之所在即是中道，惟窮之不深，則無所準則而有過不及之患，未有窮理既深而反有此患也。易曰：「精義入神，以致用也。」蓋惟如此，然後可以應務。未至於此，則凡所作爲，皆出於私意之鑿，冥行而已。

弘撰曰：格物之説，古今聚訟，細思之，終當以朱子之説爲正。今不煩辨，但有一問而已。夫聖經二百五字全學也，凡爲學之事無不備矣。如將格物不作即物窮理解，則大學中所謂博文之功安在？聖賢所言學問思辨、多聞多見、博學詳説諸語，不一而足，於大學當何屬，不幾闕乎？學者平心靜氣讀朱子所補傳，久之當自知其不可易矣。

孔子曰：「博學之，審問之，慎思之，明辨之，篤行之。」此欲誠意先致知格物之説也。而致知格物初非二事，故不曰「先」而曰「在」，以見内外合一之學。他日又曰：「學而不思則罔，思而不學則殆。」思學並用，格致同功。而聖人之意尤重格物，故又曰：「吾嘗終日不食，終夜不寢，以思，無益，不如學也。」蓋聖賢之學，其用力之始，未有不從事於博而後約者。經傳所言，歷歷可據，此至明至平、至正至大之理，本無可疑。自司馬文正公有格去物欲之解，而陸文安公益倡爲異説。後之儒者私臆紛出，不惟悖程、朱之訓，亦且顯違孔、曾之教，借易簡之義以榛塞傳註，此崔后渠所謂「罪不勝誅」者也。

朱子以致知格物爲博文之註，今即以博文爲致知格物之註，尚何疑之有？如必以朱子之解格物爲非，不知何以解博文二字乎？原其故，秖以格字難解，遂致説者紛紛耳。然格字訓至，詩、書所載如「格於上下」、「七旬有苗格」、「格於文祖」、「神之格思」、「有恥且格」等語，莫不合者。近世邵文莊公嘗因醫者言切脉，謂以「切」字訓「格」字，庶幾近之。王夏器訓「格」爲「通」，謂是潛通無間之意，此亦皆有「至」字義。其訓爲「去」，唯周書「格其非心」、孟子「格君心之非」爲然耳。若漢儒訓爲「來」，羅南城訓爲「事皆合式」，則其僻陋無庸辨者矣。

大學自平天下説到誠意致知，漸説向内去。然求諸内者必有資於外，致知者萬無去聞見之功之理，故必説「格物」，見外之不可廢也。内外之間無先後，於是變其文曰「在」，方是合内外、徹始終之學。蓋聖人立言無弊如此，最爲明白易見。程、朱之訓確有可循，不知後儒何故必欲别尋玄解耶？予宗兄孚公素留心書旨，一日與予偶論及此，謂既説到誠意致知，至此反説向外去，終可疑。予曰：「思而不學則殆。」

格物者，以吾心格之，非求知於外也。故曰「吾心之全體大用無不明矣」。蓋古之學者爲己，其用力之始，必有事於博學，而後乃收一貫之功。此不易之理，要非馳騖廣遠，如所稱博物君子云爾也。此「格物」物字，實兼身心意知、家國天下言，「物有本末」之「物」，即在此物字内。故艾千子曰「此物字該得廣」。昔有問格物於馮恭定公者，公曰：「言致知不言格物則落空。物字有三解：『萬物皆備於我』，物字對我而言；『格去物欲』，物字指私欲而言；此物字兼物我而言。王心齋謂格物是格『物有本末』之『物』，致知是致『知所先後』之『知』，最爲有見。格物是格其知如何致，意如何誠，心如何正，身如何修，家國天下如何齊治平，中間孰爲本，孰爲末，孰當先，孰當後，節目次第，一一講究明白，則誠正修齊治平工夫才得不差，『明德』『新民』始『止於至善』耳。此格物所以爲大學第一義。」按，心齋之學本非正學，而此之所言，却亦無悖於朱子窮理之旨。恭定之解尤爲明切，正可參看。然謂「物」字應上「物」字，「知」字應上「知」字，聖人立言斷不如此。必謂相應，又何以置「事」字乎？先儒謂「知」是心之靈，不可作虛字看，朱子所謂「心之神明，妙衆理而宰萬事者」是也。據此則「致知」知字與「知所先後」知字亦自有分，不可不辨也。

平、治、齊、修、正、誠、致、格，皆用力字。天下、國、家、身、心、意、知、物，皆定體字。「知所先後」，「知」字是用力字。心齋以致知爲致「知所先後」之「知」，亦欠分曉矣。故蔡虛齋云「知所先後」知字淺。

楊慈湖謂「格物」不可以「窮理」訓，云：「吾心本無物，忽有物焉，格去之可也。物格則吾心自瑩，塵去則鑑自明，滓去則水自清矣。」此全是禪宗。又疑大學之文支離破碎，謂非孔子所作。不知其何所根據，乃欲申其邪説，至排聖經而不顧。孰謂慈湖之罪隱而難知哉？又嘗謂「聖人之教一而已矣，四教之説必記者之誤」。此則執固不通，可發一笑者也。

王陽明謂「格」字不可以「至」字訓，乃以「正」字訓之。引「格其非心」、「大臣格君心之非」之類，以爲正其不正，以歸於正之義。其説莫詳於答顧東橋一書中，有云：「即物窮理，是就事事物物上求其所謂定理者也，是以吾心而求理於事事物物之中，析心與理而爲二矣。」按，朱子之言物我一原，格物之理，致吾之知，正心理合一矣，安見其析而爲二乎？用力之久，豁然貫通，原非泥物而求。今云「事事物物上求其定理」，以遷就其詞以申己之辨，毋乃失其衡也乎？又謂「求理於物，如求孝之理於親之身」，以爲求之於外也。夫孝之理，在親之身與在吾之心，一也。如謂不可求孝之理於親之身，又豈可離親之身以求孝之理乎？即如親之有饑飽寒暖，此在親之身者也，所謂物也。知其饑矣，又知其當食，知其寒矣，又知其當衣，此在吾之心者也，所謂知也。就親之身，察其所以受饑受寒者，而體之於心，以爲其食之多寡、衣之厚薄，然後食之衣之咸當其則，而不至於有害，此親之身與吾之心合一者也，所謂格物致知也。若不問之親，而但求之心，則其多寡厚薄之間，必有不得其宜者矣。又或親有疾病，必診視之，當補當攻，方可用藥。豈可曰孝之理在吾之心，而不復求之於親之身也乎？大抵天下之理，内外雖不相離，然必有内外之分，所以有合内外之道。如無分矣，又何以言合？要其所以合者，即性之德也。故曰：「誠者非自成己而已也，所以成物也。」即陽明亦嘗有云：「成己成物雖本一事，而先後之序自不容紊。」乃其所爲正告東橋者，則云：「所謂致知格物者，致吾心之良知於事事物物也。吾心之良知，即所謂天理也。致吾心良知之天理於事事物物[二]，則事事物物皆得其理矣。致吾心之良知者，致知也。事事物物皆得其理者，格物也。是合心與理而爲一者也。」此段所言，已與聖經本旨不合。至温清奉養之喻，有云：「意欲温清、意欲奉養者，所謂意也，而未可謂之誠意。必實行其温清奉養之意，務求自慊而無自欺，然後謂之誠意。知如何而爲温清之節，知如何而爲奉養之宜者，所謂知也，而未可謂之致知。必致其知如何爲温清之節者之知，而實以之温清，致其知如何爲奉養之宜者之知，而實以之奉養，然後謂之致知。温清之事、奉養之宜，所謂物也，而未可謂之格物。必其於温清之事、奉養之宜也，一如其良知之所知，當如何爲温清之節、奉養之宜者，而爲之無一毫之不盡，然後謂之格物。」初一段所云誠意是已，第二段云「實以之温清」「實以之奉養」，又非誠意之事乎？第三段云「爲之無一毫之不盡」，則直併説到修身之事矣。此其語意重複，最爲支離决裂，奈何反以支離决裂歸咎於朱子之説也？按，朱子之訓格物、致知、誠意，雖有次第，然相因爲用，實非二事，豈真析知行爲兩截哉？今其語録具在，一一可考。陽明之譏，亦何其不察之甚也！陽明又有與陸元静書云：「必欲此心純乎天理，而無一毫人欲之私，非防於未萌之先，而克於方萌之際不能。防於未萌之先，而克於方萌之際，此正中庸『戒慎』『恐懼』、大學『致知』『格物』之功。舍此之外，無别功矣。」按，此所言明是正心誠意之功，如何説作致知格物之功？又先與元静論照心非動，妄心亦照〔三〕，主於「本體明覺之自然」。謂有所動即妄，無所動即照，有妄有照則二，二則息，無妄無照則不二，不二則不息。蓋其學大類禪宗，故謂「近世格物致知之説，只一知字尚未有下落，若致字工夫全不曾道著」。所見如彼，宜其所言之異，然竟不回顧經傳，何其果於自信也！程、朱以物爲萬物，故以格物爲即物窮理。陽明謂「即物窮理亦是玩物喪志」，其説本於陸子，皆由看物字有間故也。今略舉四書中所言「物」字證之。如詩云「有物有則」，中庸云「盡物之性」，孟子云「萬物皆備於我」，此「物」字可以爲外物而忽之乎？格此有則之物，格此盡性之物，格此皆備之物，尚可以爲玩物而喪志乎？且既云窮理矣，又何以云喪志也？程、朱云物我一理，今陽明直以物之理與心之理爲二矣。果如所言，則孔子之所謂「知周乎萬物」與「遠取諸物」者，亦應不免於玩物之識矣。「格物」二字可以别解，不審「知周乎萬物」與「遠取諸物」可以别生異解否？

陽明謂「大學『格物』與繫辭『窮理』，大旨雖同而微有分辨。窮理者，兼格、致、誠、正而爲功也。故言窮理則格、致、誠、正之功皆在其中；言格物則必兼舉致知、誠意、正心，而後其功始備而密」。此説極是。若謂格物有行，不當以格物偏屬之窮理，又不當以窮理專屬之知，則非也。按，陽明此言實本之程子易傳、語録。程子云：「『窮理盡性以至於命』，三事一時並了，元無次序，不可將窮理作知之事。若實窮得理，即性命亦可了。」予謂繫辭「窮理」二字是包舉言之，朱傳「窮理」二字原與「即物」二字連説，是且就物上説，此其微異也。故謂言格物則必兼舉致知、誠意、正心之功則可，謂言格物則已包誠意、正心之功在内則不可。蓋聖人爲學有序，斷無一蹴而至之理。知行雖不相離，亦斷無行在知内之理。程子之説，予竊疑其有直捷過高之弊。若謂只一窮理便能盡性至命，則只道窮理足矣，盡性云云不幾贅乎？且「盡性」盡字，實有工夫，窮之盡之，實有次第。程子於此傳後，又有云：「理則須窮，性則須盡，命則不可言窮與盡，只是『至於命』也。」此段正可參觀。程子前説是從學既成後説出，未免稍欠分曉，終不若朱子本義云「窮天下之理，盡人物之性，而合於天道，此聖人作易之極功也」，明晰切實，確不可易矣。

再詳程子之意，是謂繫辭此處「窮理」二字不可但作知之事，非謂窮理非知也。大學格物自專屬知，經文明説「致知在格物」，何必强生支節？陽明云：「『窮理盡性』，聖人之成訓。苟格物之説而果即窮理之義，則聖人何不直曰『致知在窮理』？」予亦云：「『好學近乎知，力行近乎仁』，亦聖人之成訓。格物果如陽明之説，則聖人何不直曰『致知在力行』乎？」

陽明之學，在純疵之間。其純者實有志於聖人之道〔四〕，不墮浮華支離之習，而其疵則間涉於禪也。其曰「爲善去惡是格物」，自非孔、曾本旨。馮恭定獨辨其「無善無惡心之體」之説，而於此略而不論。予謂格物之訓，正不可不辨。「窮至事物之理」六字，會通其意，的是格字確解。以扞字、去字、正字訓之，終不得也。吴秋圃訓爲「格而通之」之意，此正與至字有合。乃又看物字異，謂天下事物至賾，安有窮時；又謂朱子因至字不明，又添一窮字，明是强經就我；又以朱子補傳爲牽强附會。則皆衍陽明緒餘，失其衡者也。

先儒以「古之」節爲逆推工夫，「知至」節爲順推效驗。蓋工夫是逆用，效驗是順成。聖賢之學莫貴於逆，格物工夫正是逆用。然則即物窮理之説，又何疑乎？

近人以「古之」節六「先」字爲應知所先，「知至」節七「後」字爲應知所後。其説起於盧玉溪、黄洵饒，艾千子曾斥其誤。蓋「後」字原有二義，「先後」後字是用力字，乃去聲；「而后」后字是定體字，乃上聲。字義不明，遑問其他？故高子業云「字學明，六經如指掌」。且知所先後是一時事，知所先而先之，則知所後而後之矣，豈可分屬？此説與王心齋以格物爲應「物有本末」之「物」，致知爲應「知所先後」之「知」，皆舉業時文話。予嘗謂近世諸儒講學不脱舉業時文習氣，正此類也。

陽明之學以「致良知」爲主，故别解格物。近乃有謂格物即以知格之，是致知工夫自在先，故不曰「先格物」，而曰「在格物」。此語牽强，明悖經文。果如所説，則當曰「致知以格物」，亦不當曰「在格物」矣。不知於下文「物格而后知至」「而后」字如何説得去。艾千子云：「『致知在格物』，雖不説『先』，畢竟格在致先，故曰『物格而后知至』，致方求融貫，而至則已會通矣。」此正論也。又林次崖駁陽明格物之説有云：「經文言『物格而后知至，知至而后意誠』，是意誠工夫又後格物一步也。既以格物爲去私意，則當物格時私意已無了，又何須再去誠意，再做『毋自欺』、『慎獨』許大工夫，得無疊牀重屋耶？若謂格物即是誠意，又不應説『物格而后知至，知至而后意誠』，分做三節，中間又用箇『而后』字。」按，次崖此論，雖陽明復起，能無口塞乎？

汪石潭、羅整菴皆陽明素交。石潭著濯舊稿，整菴著困知記，皆言陽明之學之失。

石潭曰：「近世有尊象山，而鄙朱子爲訓詁章句之學者，曰吾心學也。好異者靡然趨之，惑世誣民，其罪大也。」整菴曰：「格物之義，程、朱之訓明且盡矣，當爲萬物無疑。人之有心，固然亦是一物，然以格物爲格此心則不可。此理在人則謂之性，在天則謂之命。心也者，人之神明而理之存主處也，豈可謂心即理，而以窮理爲窮此心哉？象山之爲此言，誤人多矣。其流禍迄今益甚，士之好高欲速者，更唱迭和，駸駸乎有丕變於夷之勢。」每讀至此，爲之悚然太息。予友李子德謂先朝天下之亂，由於學術之不正，其首禍乃王陽明也。予嘗嫌其言太過，然持世明教，亦卓論也。士而有志於正學，則又烏可不凜然知警也哉？

嘗讀陸子語録，有一條論王荆公云：「或問：介甫比商鞅何如？先生云：商鞅是脚踏實地，他亦不問王霸，只要事成，却是先定規模。介甫慕堯、舜、三代之名，不曾踏得實處，故所成就者，王不成，霸不就。本原皆因不能格物，摸索形似，便以爲堯、舜、三代如此而已。所以學者先要窮理。」按，陸子此言，與朱子所謂「格物窮理」之説何異？豈非理不可易，心不容泯，有意執爲格物之解者，不覺無意於論他事中倏而吐露如此耶？敢以此問世之爲陸子之學者。

陸子又嘗謂「學有講明，有踐履」，以致知格物爲講明之學。此亦與朱子「即物窮理」之説無異。昔有舉此以問陽明者，陽明乃云此是陸子見未精一處。執其成見，既以非朱，又以非陸，得毋勝心用事乎？敢以此問世之爲王氏之學者。

陽明解致知格物之謬，其病原於爲知行並進之説。然古人所謂知行不相離者，言人當重行，不可徒知云爾。凡聖賢之言知行，皆分言之，亦皆先言知而後言行。如曰：「或生而知之，或學而知之，或困而知之，及其知之一也。或安而行之，或利而行之，或勉强而行之，及其成功一也。」曰：「好學近乎知，力行近乎仁。」曰：「知之者不如好之者，好之者不如樂之者。」見於經傳所載者多矣，皆知先而行後之明徵也。故朱子云：「論先後，知爲先；論輕重，行爲重。」今謂知行並進，行在知内，初無先後。驟聽之豈非高論，然而中有毫釐千里之差。果如所言，則孔子何以言有「知及之，仁不能守之」之人？子路何以有「未之能行，唯恐有聞」之時？凡爲此論，皆實本之釋氏，抑所謂善知識，即在彼法中亦不盡爾也，况聖賢之道哉？

周子曰：「無極而太極。太極動而生陽，動極而静，静而生陰，静極復動。一動一静，互爲其根，分陰分陽，兩儀立焉。陽變陰合，而生水火木金土。五氣順布，四時行焉。五行，一陰陽也；陰陽，一太極也；太極，本無極也。五行之生也，各一其性。無極之真，二五之精，妙合而凝。『乾道成男，坤道成女』，二氣交感，化生萬物。萬物生生，而變化無窮焉。」

朱子答陸子美書曰：太極篇首一句，最是長者所深排。然殊不知不言無極，則太極同於一物，而不足爲萬物之根柢；不言太極，則無極淪於空寂，而不能爲萬物之根本〔五〕。只此一句，便見其下語精密，微妙無窮，而向下所説許多道理，條貫脈絡，井井不亂。只今便在目前，而亘古亘今，攧撲不破。只恐自家見得未曾如此分明直截，則其所可疑者，乃在此而不在彼也。

又答陸子美書曰：太極之説，某謂周先生之意，恐學者錯認太極别爲一物，故著「無極」二字以明之。此是推原前賢立言之本意，所以不厭重復，蓋有深指。而來諭便謂某以太極下同一物，是則非惟不盡周先生之妙旨，而於某之淺陋妄説，亦未察其情矣。又謂著「無極」字便有虚無好高之弊，則未知尊兄所謂太極，是有形器之物耶？無形器之物耶？若果無形而但有理，則無極即是無形、太極即是有理明矣，又安得爲虚無而好高乎？

陸子與朱元晦書曰：梭山兄謂太極圖説與通書不類，疑非周子所爲，不然則或是其學未成時所作，不然則或是傳他人之文，後人不辨也。蓋通書理性命章言「中焉止矣，二氣五行，化生萬物，五殊二實，二本則一」，曰一曰中，即太極也，未嘗於其上加「無極」字。動靜章言「五行陰陽，陰陽太極」，亦無「無極」之文。假令太極圖説是其所傳，或其少時所作，則作通書時不言無極，蓋已知其説之非矣。此言殆未可忽也。兄謂梭山「急迫看人文字，未能盡彼之情，而欲遽申己意，是以輕於立論，徒爲多説，而未必果當於理」。大學曰「無諸己而後非諸人」，人無古今、智愚、賢不肖，皆言也，皆文字也。觀兄與梭山之書，已不能酬斯言矣，尚何以責梭山哉？尊兄向與梭山書云：「不言無極，則太極同於一物，而不足爲萬物根本〔六〕；不言太極，則無極淪於空寂，而不能爲萬物根本〔七〕。」夫太極者，實有是理，聖人從而發明之耳，非以空言立論，使後人簸弄於頰舌紙筆之間也〔八〕。其爲萬物根本，固自素定，其足不足、能不能，豈以人言不言之故耶？易大傳曰「易有太極」，聖人言有，今乃言無，何也？作大傳時不言無極，太極何嘗同於一物，而不足爲萬物根本耶〔九〕？洪範五皇極，列在九疇之中，不言無極，太極亦何嘗同於一物，而不足爲萬化根本耶？太極固自若也。尊兄只管言來言去，轉加糊塗，此真所謂「輕於立論，徒爲多説，而未必果當於理也」。兄號句句而論、字字而議有年矣，宜益工益密，立言精確，足以悟疑辨惑，乃反疎脱如此，宜有以自反矣。後書又謂「無極即是無形，太極即是有理」，「周先生恐學者錯認太極別爲一物，故著『無極』二字以明之」。易大傳曰「形而上者謂之道」，又曰「一陰一陽之謂道」。一陰一陽已是形而上者，况太極乎？曉文義者，舉知之矣。自有大傳至今幾年，未聞有錯認太極別爲一物者。設有愚謬至此，奚啻不能以三隅反，何足尚煩老先生特地於「太極」上加「無極」二字以曉之乎？且「極」字亦不可以「形」字釋之。蓋極者中也，言無極則是猶言無中也，是奚可哉？若懼學者泥於形器而申釋之，則宜如詩言「上天之載」，而於下贊之曰「無聲無臭」可也，豈宜以「無極」字加於「太極」之上？朱子發謂濂溪得太極圖於穆伯長，伯長之傳出於陳希夷，其必有考。希夷之學，老氏之學也。「無極」二字出於老子知其雄章，吾聖人之書所無有也。老子首章言「無名天地之始，有名萬物之母」，而卒同之，此老氏之宗旨也。「無極而太極」，即是此旨。老氏學之不正，見理不明，所蔽在此。兄於此學用力之深，爲日之久，曾此之不能辨，何也？通書「中焉止矣」之言，與此昭然不類，而兄曾不之察，何也？太極圖説以「無極」二字冠首，而通書終篇未嘗一及「無極」字。二程言論文字至多，亦未嘗一及「無極」字。假令其初實有是圖，觀其後來未嘗一及「無極」字，可見其道之進而不自以爲是也。兄今考訂註釋，表顯尊信如此其至，恐未得爲善祖述者也。潘清逸詩文可見矣，彼豈能知濂溪者？明道、伊川親師承濂溪，當時名賢居潘右者亦復不少，濂溪之誌卒屬於潘，可見其子孫之不能世其學也。兄何據之篤乎？梭山兄之言，恐未宜忽也。

朱子答陸子静書曰：來書反復，其於無極、太極之辨詳矣。然以某觀之，伏羲作易自一畫以下，文王演易自乾元以下，皆未嘗言太極也，而孔子言之。孔子贊易自太極以下，未嘗言無極也，而周子言之。夫先聖後聖，豈不同條而共貫哉？若於此有以灼然實見太極之真體，則知不言者不爲少，而言之者不爲多矣，何至若此之紛紛哉？今既不然，則吾之所謂理者，恐其未足以爲羣言之折衷，又況於人之言有所不盡者，又非一二而已乎？既蒙不鄙而教之，某亦不敢不盡其愚也。且夫大傳之太極者何也？即兩儀、四象、八卦之理，具於三者之先，而緼於三者之内者也。聖人之意，正以其究竟至極，無名可名，故特謂之太極，猶曰舉天下之至極，無以加此云爾，初不以其中而命之也。至於北極之極、屋極之極，諸儒雖有以爲中者，蓋以此物之極嘗在此物之中，非指「極」字而訓之以「中」也。極者，至極而已。以有形者言之，則其四方八面合輳將來，到此築底，更無去處，從此推出，四方八面都無向背，一切停勻，故謂之極耳。後人以其居中而能應四外，故指其處而以中言之，非以其義爲可訓「中」也。至於太極，則又初無形象方所之可言，但以此理至極而謂之極耳。今乃以中名之〔一〇〕，則是所謂理有未明而不能盡乎人言之意者一也。通書理性命章，其首二句言理，次三句言性，次八句言命，故其章内無此三字，而特以三字名其章以表之，則意内之言，固已各有所屬矣。蓋其所謂靈、所謂一者，乃爲太極，而所謂中者，乃氣禀之得中，與剛善剛惡、柔善柔惡者，爲五性而屬乎五行，初未嘗以是爲太極也。且曰「中焉止矣」，而又下屬於「二氣五行，化生萬物」之云，是亦成何等文字義理乎？今來喻乃指其中者爲太極，而屬之下文，則又理有未明而不能盡乎人言之意者二也。若論「無極」二字，乃是周子灼見道體，迥出常情，不顧旁人是非，不計自己得失，勇往直前，説出人不敢説底道理，令後之學者曉然見得太極之妙，不屬有無，不落方體。若於此看得破，方見得此老真得千聖以來不傳之秘，非但架屋下之屋、疊牀上之牀而已也。今乃以爲未然，是又理有未明而不能盡乎人言之意者三也。至於大傳既曰「形而上者謂之道」矣，而又曰「一陰一陽之謂道」，此豈真以陰陽爲形而上者哉？正所以見一陰一陽雖屬形器，然其所以一陰而一陽者，是乃道體之所爲也。故語道體之至極，則謂之太極；語太極之流行，則謂之道。雖有二名，初無兩體。周子所以謂之無極，正以其無方所，無形狀，以爲在無物之前，而未嘗不立於有物之後；以爲在陰陽之外，而未嘗不行乎陰陽之中；以爲通貫全體無乎不在，則又初無聲臭影響之可言也。今乃深詆無極之不然〔一一〕，則是直以太極爲有形狀、有方所矣。直以陰陽爲形而上，則又昧於道器之分矣。又於形而上者之上復有太極之語，則是又以道上别有一物爲太極矣。此又理有未明而不能盡乎人言之意者四也。至某前書所謂「不言無極，則太極同於一物，而不足爲萬化根本〔一二〕；不言太極，則無極淪於空寂，而不能爲萬化根本」，乃是推本周子之意，以爲當時若不如此兩下説破，則讀者錯認語意，必有偏見之病，聞人説有即謂之實有，見人説無即以爲真無耳。自謂如此説得周子之意，已是大煞分明，只恐知道者厭其漏洩之過甚，不謂如老兄者，乃猶以爲未穩而難曉也。請以某書上下文意詳之，豈謂太極可以人言而爲加損哉？是又理有未明而不能盡乎人言之意者五也。來書又謂大傳明言「易有太極」，今乃言無，何也？此尤非所望於高明者。今夏因與人言易，其人之論正如此，當時對之，不覺失笑，遂至被劾。彼俗儒膠固，隨語生解，不足深怪，老兄平日自視爲如何，而亦爲此言耶？老兄且謂大傳之所謂有，果如兩儀、四象、八卦之有定位，天地、五行、萬物之有常形耶？周子之所謂無，是果虚空斷滅，都無生物之理耶？此又理有未明而不能盡乎人言之意者六也。老子「復歸於無極」，無極乃無窮之義，如莊生「入無窮之門，以游無極之野」云爾，非若周子所言之意也。今乃引之，而謂周子之言實出乎彼，此又理有未明而不能盡乎人言之意者七也。高明之學超出方外，固未易以世間言語論量，意見測度。今且以愚見執方論之，則其未合有如前所陳者，亦欲奉報，又恐徒爲紛紛，重使世俗觀笑。既而思之，若遂不言，則恐學者終無所取正。較是二者，寧可見笑於今人，不可得罪於後世，是以終不獲已而竟陳之。

陸子又與朱元晦書曰：尊兄嘗曉陳同父云：「欲賢者百尺竿頭進取一步，將來不作三代以下人物，省得氣力爲漢、唐分疏，即更脱灑磊落。」今亦欲得尊兄進取一步，莫作孟子以下學術，省得氣力爲「無極」二字分疏，亦更脱灑磊落。古人質實，不尚智巧，言論未詳，事實先著，知之爲知之，不知爲不知，所謂「先知覺後知，先覺覺後覺」者，以其事實覺其事實，故言即其事，事即其言，所謂「言顧行，行顧言」。周道之衰，文貌日勝，事實湮于意見，典訓蕪于辨説，揣量摸寫之工，依放假借之似，其條畫足以自信，其習熟足以自安。以子貢之達，又得夫子而師承之，尚不免此「多學而識之」之見，非夫子叩之，彼固晏然而無疑。「先行」之訓，「予欲無言」之訓，所以覺之者屢矣，而終不悟。顔子既没，其傳固在曾子，蓋可觀已。尊兄之才，未知其與子貢何如？今日之病，則有深於子貢者。尊兄誠能深知此病，則來書七條之説，當不待條析而自解矣。然相去數百里，脱或未能自克，淹回舊習，則不能無遺恨，請卒條之。來書本是主張「無極」二字，而以明理爲説，其要則曰「於此有以灼然實見太極之真體」。某竊謂尊兄未曾實見太極，若實見太極，上面必不更加「無極」字，下面必不更着「真體」字。上面加「無極」字，正是疊牀上之牀；下面着「真體」字，正是架屋下之屋。虚見之與實見，其言固自不同也。又謂極者「正以其究竟至極，無名可名，故特謂之太極，猶曰舉天下之至極，無以加此云爾」。就令如此，又何必更于上面加「無極」字也？若謂欲言其無方所、無形狀，則前書固言宜如詩言「上天之載」，而於其下贊之曰「無聲無臭」可也，豈宜以「無極」字加之「太極」之上？繫辭言「神無方」矣，豈可言「無神」？言「易無體」矣，豈可言「無易」？老氏以無爲天地之始，以有爲萬物之母，以常無觀妙，以常有觀竅〔一三〕，直將無字搭在上面，正是老氏之學，豈可諱也？惟其所蔽在此，故其流爲任術數，爲無忌憚。此理乃宇宙之所固有，豈可言無？若以爲無，則君不君，臣不臣，父不父，子不子矣。楊朱未遽無君，而孟子以爲無君，墨翟未遽無父，而孟子以爲無父，此其所以爲知言也。極亦此理也，中亦此理也。五居九疇之中而曰皇極，豈非以其中而命之乎？民受天地之中以生，而詩言「立我烝民，莫匪爾極」，豈非以其中命之乎？中庸曰：「中也者，天下之大本也。和也者，天下之達道也。致中和，天地位焉，萬物育焉。」此理至矣，外此豈更復有太極哉？以極爲中則爲不明理，以極爲形乃爲明理乎？字義固有一字而數義者，用字則有專一義者，有兼數義者，而字之指歸又有虛實，虛字則但當論字義，實字則當論所指之實，論其所指之實，則有非字義所能拘者。如「元」字有「始」義，有「長」義，有「大」義。坤五之「元吉」，屯之「元亨」，則是虛字，專爲「大」義，不可復以他義參之。如「乾元」之「元」，則是實字。論其所指之實，則文言所謂善，所謂仁，皆元也。亦豈可以字義拘之哉？「極」字亦如此，太極、皇極乃是實字，所指之實，豈容有二？充塞宇宙，無非此理，豈容以字義拘之乎？中即至理，何嘗不兼至義？大學、文言皆言「知至」，所謂至者，即此理也。語讀易者曰能知太極即是知至，語讀洪範者曰能知皇極即是知至，夫豈不可？蓋同指此理，則曰極、曰中、曰至，其實一也。「一極備凶，一極無凶」，此兩「極」字乃是虛字，專爲「至」義，却使得「極者，至極而已」。於此用「而已」字，方用得當。尊兄最號爲精通詁訓文義者，何爲尚惑于此？無乃理有未明，正以太泥而反失之乎？至如直以陰陽爲形器而不得爲道，此尤不敢聞命。易之爲道，一陰一陽而已。先後、始終、動靜、晦明、上下、進退、往來、闔闢、盈虛、消長、尊卑、貴賤、表裏、隱顯、向背、順逆、存亡、得喪、出入、行藏，何適而非一陰一陽哉？奇耦相尋，變化無窮，故曰其「爲道也屢遷，變動不居，周流六虛，上下無常，剛柔相易，不可爲典要，惟變所適」。說卦曰：「觀變於陰陽而立卦，發揮於剛柔而生爻，和順於道德而理於義，窮理盡性以至於命。」又曰：「昔者聖人之作易也，將以順性命之理，是以立天之道曰陰與陽，立地之道曰柔與剛，立人之道曰仁與義。」下繫亦曰：「易之爲書也，廣大悉備，有天道焉，有人道焉，有地道焉。兼三才而兩之，故六。六者非他也，三才之道也。」今顧以陰陽爲非道，而直謂之形器，其孰爲昧於道器之分哉？辨難有要領，言詞有指歸。爲辨而失要領，觀言而迷指歸，皆不明也。前書之辨，其要領在「無極」二字。尊兄確意主張，曲爲飾說，既以無形釋之，又謂周子恐學者錯認太極別爲一物，故著「無極」二字以明之。某於此見得尊兄只是强說來繇，恐無是事，故前書舉大傳「一陰一陽之謂道」、「形而上者謂之道」兩句，以見麤識文義者亦知一陰一陽即是形而上者，必不至錯認太極別爲一物，故曰「况太極乎」，此其指歸，本自明白，而兄曾不之察，乃必見誣以「道上別有一物爲太極」。通書曰：「中者和也，中節也，天下之達道也，聖人之事也。故聖人立教，俾人自易其惡，自至其中而止矣。」周子之言中如此，亦不輕矣，外此豈更別有道理，乃不得比虚字乎？所舉理性命章五句，但欲見通書言中言一而不言無極耳。「中焉止矣」一句不妨自是斷章，兄必見誣以「屬之下文」。兄之爲辨失其指歸，大率類此。「盡信書不如無書」，某實深信孟子之言。前書釋此段亦多援據古書，獨頗不信無極之説耳。兄遽坐以「直絀古書爲不足信」，兄其深文矣哉！大傳、洪範、毛詩、周禮，與太極圖説孰古？以極爲形而謂不得爲中，以一陰一陽爲器而謂不得爲道，此無乃「少絀古書爲不足信，而微任胸臆之所裁」乎？來書謂「若論『無極』二字，乃是周子灼見道體，迥出常情，不顧旁人是非，不計自己得失，勇往直前，説出人不敢説底道理」。又謂「周子所以謂之無極，正以其無方所、無形狀」。誠令如此，不知人有甚不敢道處？但加之太極之上，則吾聖門正不肯如此道耳。「夫乾確然示人易矣，夫坤隤然示人簡矣」，太極亦何嘗隱於人哉？尊兄兩下説無説有，不知漏洩得多少。如所謂「太極真體」、「不傳之秘」、「無物之前」、「陰陽之外」、「不屬有無」、「不落方體」、「迥出常情」、「超出方外」等語，莫是曾學禪宗所得如此？平時既私其説以自高妙，及教學者，則又往往秘此而多説文義，此漏洩之説所從出也。以實論之，兩頭都無着實，彼此只是葛藤末説。氣質不美者樂寄此以神其姦，不知繫絆多少好氣質底學者，既以病己，又以病人，殆非一言一行之過，兄其毋以久習於此而重自反也。區區之忠，竭盡如此，流俗無知，必謂不遜。書曰：「有言逆於汝心，必求諸道。」諒在高明正所樂聞，若猶有疑，願不憚下教。

朱子又答陸子靜書曰：來書云「古人質實」止「請卒條之」。○某詳此說，蓋欲專務事實，不尚空言，其意甚美。但今所論「無極」二字，某固已謂不言不爲少，言之不爲多矣。若以爲非，則且置之，其於事實亦未有害。而賢昆仲不見古人指意，乃獨無故於此創爲浮辨累數百言，三四往返而不能已。其爲湮蕪，亦已甚矣。

來書云「尊兄未嘗」止「固自不同也」。○某亦謂老兄正爲未識太極之本無極而有其體，故必以「中」訓「極」，而又以陰陽爲形而上者之道。虛見之與實見，其言果不同也。

來書云「老氏以無」止「諱也」。○某詳老氏之言有無，以有、無爲二；周子之言有無，以有、無爲一。正如南北、水火之相反。更請仔細著眼，未可容易譏評也。

來書云「此理乃」止「子矣」。○更請詳看某前書曾有「無理」二字否。

來書云「極亦此」止「極哉」。○極是名此理之至極，中是狀此理之不偏。雖然同是此理，然其名義各有攸當，雖聖賢言之，亦未嘗敢有所差互也〔一四〕。若「皇極」之極，「民極」之極，乃爲標準之意，猶曰立於此而示於彼，使其有所向望而取正焉耳，非以其中而命之也。

「立我烝民」，立與粒通，即書所謂「烝民乃粒」。「莫匪爾極」，則爾指后稷而言。蓋曰使我衆人皆得粒食，莫非爾后稷之所立者是望耳。「爾」字不指天地，「極」字亦非指所受之中。中者天下之大本，乃以喜怒哀樂之未發，此理渾然無所偏倚而言〔一五〕。太極固無偏倚，而爲萬化之本，然其得名自爲至極之極，而兼有標準之義，初不以中而得名也。

來書云「以極爲中」止「理乎」。○老兄自以「中」訓「極」，某未嘗以「形」訓「極」也。今若此言，則是己不曉文義，而謂它人亦不曉也。請更詳之。

來書云「大學、文言皆言知至」。○某詳「知至」二字雖同，而在大學則知爲實字，至爲虛字，兩字上重而下輕，蓋曰心之所知無不到耳。在文言則「知」爲虛字，「至」爲實字，兩字上輕而下重，蓋曰有以知其所當至之地耳。兩義既自不同，而與太極之爲至極者，又皆不相似。請更詳之。

來書云「直以陰陽爲形器」止「道器之分哉」。○若以陰陽爲形而上者，則形而下者復是何物？更請見教。若某愚見與其所聞，則曰凡有形有象者皆器也，其所以爲是器之理者則道也。如是則來書所謂始終、晦明、奇偶之屬，皆陰陽所爲之器，獨其所以爲是器之理，如目之明、耳之聰、父之慈、子之孝，乃爲道耳。如此分別，似差明白，不知尊意以爲如何？

來書云「通書曰」止「類此」。○周子言中，而以「和」字釋之，又曰中節，又曰達道。彼非不識字者，而其言顯與中庸相戾，則亦必有説矣。蓋此中字是就氣禀發用而言其無過不及處耳，非直指本體未發無所偏倚者而言也。豈可以此而訓「極」爲「中」也哉？來書引經必盡全章，雖煩不厭，而所引通書，乃獨截自「中焉止矣」而下，此安得爲不誤？老兄本自不信周子，正使誤引通書亦未爲害，何必諱此小失，而反爲不改之過乎？

來書云「大傳」止「執古」。○大傳、洪範、詩、禮皆言極而已，未嘗謂極爲中也。先儒以此極處常在物之中央，而爲四方之所面内而取正，故因以「中」釋之。蓋亦未聞甚失，而後人遂直以極爲中，則又不識先儒之本意矣。爾雅乃是纂集古今諸儒訓詁以成書，其間蓋亦不能無誤，不足據以爲古。又況其間但有以「極」訓「至」，以「殷齊」訓「中」，初未嘗以極爲中乎？

來書云「又謂周子」止「道耳」。○「無極而太極」，猶曰「莫之爲而爲」，「莫之致而至」，又如曰「無爲之爲」，皆語勢之當然，非爲别有一物也。其意則固若曰非如皇極、民極、屋極之有方所形象，而但有此理之極耳。若曉此義，則於聖門有何違叛而不肯道乎？「上天之載」是就有中説無，「無極而太極」是就無中説有。若實見得，即説有説無，或先或後，都無妨礙。今必如此拘泥，强生分别，曾謂不尚空言，專務事實，而反如此乎？

來書云「夫乾」止「自反也」。○太極固未嘗隱於人，然人之識太極者則少矣，往往只是於禪學中認得箇昭昭靈靈能作用底，便謂此是太極，而不知所謂太極乃天地萬物本然之理，亘古亘今，攧撲不破者也。「迥出常情」等語，只是俗談，即非禪家所能專有，不應儒者反當回避。況今雖偶然道著，而其所見所説却非禪家道理，非如它人陰實祖用其説，而改頭换面，陽諱其所自來也。如曰「私其説以自妙，而又秘之」，又曰「寄此以神其姦」，又曰「繫絆多少好氣質底學者」，則恐世間自有此人可當此語。某雖無狀，自省得與此語不相似也。

大抵老兄昆仲同立此論，而其所以立論之意不同。子美尊兄自是天資質實厚重，當時看得此理有未盡處，不能仔細推究，但立議論，因而自信太過，遂不可回，見雖有病，意實無它。老兄却是先立一説，務要突過有若、子貢以上，更不數近世周、程諸公，故於其言不問是非，一例吹毛求疵，須要討不是處。正使説得十分無病，此意却先不好了，況其言之麤率，又不能無病乎？夫子之聖，固非以多學而得之，然觀其好古敏求，實亦未嘗不多學，但其中自有一以貫之處耳。若只如此空疎杜撰，則雖有一而無可貫矣，又何足以爲孔子乎？顔、曾所以獨得聖學之傳，正爲其博文約禮，足目俱到，亦不是只如此空疎杜撰也。子貢雖未得承道統，然其所知似亦不在今人之後，但未有禪學可改换耳。周、程之生，時世雖在孟子之下，然其道則有不約而合者。反復來書，竊恐老兄於其所言多有未解者，恐皆未可遽以顏、曾自處而輕之也。顏子「以能問於不能，以多問於寡，有若無，實若虛，犯而不校」；曾子三省其身，惟恐謀之不忠，交之不信，傳之不習。其智之崇如彼，而禮之卑如此，豈有一毫自滿自足、强辨取勝之心乎？來書之意，所以見教者甚至，而其末乃有「若猶有疑，不憚下教」之言，某固不敢當此。然區區鄙見，亦不敢不爲老兄傾倒也。不審尊意以爲如何？如曰未然，則「我日斯邁，而月斯征」，各尊所聞，各行所知亦可矣，無復可望於必同也。

近見國史濂溪傳載此圖說，乃云「自無極而爲太極」。若使濂溪本書實有「自」、「爲」兩字，則信如老兄所言，不敢辨矣。然因渠添此二字，却見得本無此字之意愈益分明。請試思之。

陸子又與朱元晦書曰：向蒙尊兄促其條析，且有「無若令兄遽斷來章」之戒，深以爲幸。別紙所謂「『我日斯邁，而月斯征』，各尊所聞，各行所知亦可矣，無復望其必同也」。不謂尊兄遽作此語，甚非所望。「君子之過也，如日月之食焉，過也人皆見之，及其更也，人皆仰之」。通人之過，雖微箴藥，久當自悟。諒今尊兄必涣然於此矣。願依末光，以卒餘教。

弘撰曰：以上乃朱、陸往復辨無極太極書。艾千子謂其「兩是而兩足存」，推其意乃申陸子之説耳。蓋陸子之説其理自確，朱子則以立教爲學者過慮耳〔一六〕。或問：朱、陸之書，千子本兩是之，今謂申陸子之説，如何？曰：自宋、元以來，諸儒之斥陸子者嚴矣，至先朝益甚〔一七〕，千子獨以爲當與朱子之説並存，故知其意乃申陸子之説耳。然予爲此言，蓋服千子持論之平，非有所牴牾也。

宋史原本云「自無極而爲太極」，韓苑洛謂「朱子削去『自』『爲』二字〔一八〕，以吾儒正理釋之，則亦回護之過矣」。按，朱子嘗以增「自」、「爲」二字爲史氏之過，今韓氏又以削「自」、「爲」二字爲朱子之過，皆非也。蓋史氏斷無無故增入二字之理，而謂朱子削去二字，反以咎史氏，則大賢不若是之詭。或當時傳本有異，又或前後改定，未可知也〔一九〕。

今人註古人之書者，皆揚之使高，鑿之使深者也。唯朱子則推之使實，扶之使正。此其所以度越諸儒，而得孔、孟之傳也。周子曰「無極而太極」，實即無生有之旨，非但以無極明無形之義也。觀下文「無極之真」四字可見。以無極爲明無形之義，乃朱子之説，所謂推之使實，扶之使正者也。朱子既以「無形而有理」釋「無極而太極」，而於「無極之真」，則釋云「真字便是太極」，又云「既舉無極，則不復別舉太極，如今説，則此處欠『太極』字」，皆回護之詞。予謂以「無極之真」該太極，何不竟言太極？且此處不止欠「太極」字，正是多「無極」字耳。夫既以無極爲無形矣，而云「無形之真」可乎？如謂真字是太極，則猶言「無極之太極」矣，亦無是理也。故知周子之意，非但以無極爲明無形之義也。朱子嘗云：「老子之言有無，以有無爲二，周子之言有無，以有無爲一。」韓苑洛云「周子亦以有無爲二，以有無爲一乃朱子之正論也」，斯言得之矣。至諸儒問答，又往往涉於老氏之旨。如或問：「無極是無之至，至無之中乃至有存焉，故云『無極而太極』？」朱子曰：「如公説無極，恁地説却好，但太極説不去。」或曰：「有字便是太字地位？」朱子曰：「將有字訓太字不得，太極只是箇理。」或曰：「至無之中乃萬理之至有也。」朱子曰：「亦得。」詳其語意，是以無極爲無，以太極爲有矣。夫以無形訓無極者，本欲明太極之爲無，而今反以有屬之，則豈非「無極」二字累之乎？又有問「無極太極只是一物」者，朱子曰：「本是一物，被他恁地説，却似兩物。」此言若反爲陸子地者。黄勉齋云：「後之讀者不知極字，但爲取喻而遽以理言，不唯理不可無，於周子無極之語有以難通。且太極之爲至理，其詞已足，而加以無極，則誠似於贅者。」轉思之，似亦足爲陸子之一助。蔡節齋謂周子以「無極而太極」發明「易有太極」之旨，謂周子所言太極即孔子所言太極，是也；而謂周子所言無極即孔子所言易，遂謂「無極之真」實有得於孔子之一言者，此其牽合之謬又益甚矣。凡陸子之言，其要在「上天之載，無聲無臭」與「神無方，易無體」二段。朱子與陸子書皆條析以答，獨不及此二段。雖有云「『上天之載』是就有中説無，『無極而太極』是就無中説有」，乃朱子自爲之說，而於陸子致辨之意絶不相應，蓋已知其理之不可奪也。鮑魯齋云：「『無極而太極』一句是順說，『太極本無極』一句是倒說。『上天之載，無聲無臭』，猶周子所謂『無極而太極』也。若移詩之二句倒言之，曰『無聲無臭，上天之載』，亦何不可？象山不肯拈『太極本無極』一句，只攻上句，徒肆强辨。」魯齋此言非也。陸子云：「若謂欲言其無方所、無形狀，則宜如詩言『上天之載』，而於其下贊之曰『無聲無臭』可也。」此即「太極本無極」之說也，此句爲陸子之所與，又何攻焉？然魯齋獨拈「上天之載，無聲無臭」一段，而不復拈「神無方，易無體」一段，則何也？予嘗究而論之，周子之說元爲有礙〔二〇〕，而朱子之註要於無疵。朱子之回護周子者，歸之於正，而諸儒之尊奉朱子者，則失之於偏。此不易之言也。然則周子非乎？曰：無中含有，亦是吾儒正理，無論其同於老氏與否。但太極即無也，既言太極，不必言無極〔二一〕，予故謂周子之言有礙，以其贅也。陸子兄弟云：「太極圖說與通書不類，疑非周子所爲，不然則或是其學未成時所作，不然則或是傳他人之文。」又云：「太極圖說以『無極』二字冠首，而通書終篇未嘗一及『無極』字。二程言論文字至多，亦未嘗一及『無極』字。假令其初實有是圖，觀其後來未嘗一及『無極』字，可見其道之進而不自以爲是也。」此言固大可省矣。朱子謂「『無極』二字乃周子灼見道體，說出人不敢說底道理」。陸子云：「誠令如此，不知人有甚不敢道處？但加之太極之上，則吾聖門正不肯如此道耳。」二程未嘗以此示人，朱子謂其有微意。張敬夫以書來問，則云「以無有能受之者爾」。夫太極圖説爲明易而作也，故曰「大哉易也，斯其至矣」。程子於易有傳矣，豈謂有人受易，而無人受太極圖説乎？此皆理之可疑者也。予素信朱子，如神明著蔡，唯於此小異。誠不敢以心之所未安者，而徒剿襲雷同，以蹈於自欺欺人之爲也。若後世之論無極者，以爲真贓實犯，則輕薄之言「斯戾」矣。

或曰：子以無極之説爲有礙，如何？曰：「易有太極」，孔子之言也。周子作太極圖説〔二二〕，宜直援此句起，而下綴以「太極本無極」也。如繫辭大傳云「神無方也，易無體也」，此豈不可以爲立言之法乎？顧以「無極」二字加於太極之上，是猶曰「無方而神，無體而易」矣〔二三〕，安得爲無礙乎？此予所以謂陸子之説長也。

或曰：何以云贅？曰：孔子云「易有太極」，言太極而不言無極者，尊孔子之言也。周子云「無極而太極」，言太極而必言無極者，尊周子之言也。孔子之言於理無欠，則周子之言於理自贅。如云爲學者慮，豈孔子之慮視周子踈乎？後儒又以陸子嘗謂通書不言無極，而欲尊太極圖説，則云通書字字是發明太極圖説。此語録套話，如謂通書字字是發明大學亦可，字字是發明中庸亦可也。蓋其理自可相通。其實通書自爲通書，不必牽附。即云字字是發明太極圖説，亦未嘗特發明無極也。故「無極」二字，終屬添出，爲蛇足耳。

「無極」二字實出於老子。朱子謂老子所言無極乃無窮之義，今觀其文云「知雄守雌，復歸於嬰兒；知白守黑，復歸於無極」，合數句繹之，則無極非無窮之義明矣。不然，何以爲「復歸」二字解也？黄東發謂老子所言無極指茫無際極而言，亦是過信朱子，但恐老子不受耳。

太極圖説予竊疑之，不特「無極」二字始於老子，而「無極而太極」之説實本之郭景純，「無極之真」、「妙合而凝」出於華嚴經法界觀。自此圖説出，而道家者流轉相援引，如云「無極生太極，太極稟無極」，「無極在太極之前，無極極而爲太極」，「無極爲真無，太極爲妙有」，「無極爲谷神，爲體；太極爲玄牝，爲用」。蕭應叟至引度人經，以「混洞赤文，無無上真」當之。衛琪云：「五太以前，沖漠無朕，不可稱説，故曰無極。」其所云「五太」者，謂太易、太初、太始、太素、太極也。將孔子所言太極正理頗爲所亂，而太極反似有形狀、有方所矣。甚矣，「無極」二字之不可加也。翻閲道藏，乃知陸子之功於此不細。此予所以欲删去無極，以還孔子之太極也〔二四〕。

游誠之嘗云：「『易有太極』，而周子加以『無極』，何也？試即吾心驗之，方其寂然無思，萬善未發，是無極也。雖云未發，而此心昭然，靈源不昧，是太極也。」聞者服其簡明。然如此分別無極太極，已有毫釐千里之差，何簡明之有？蓋無極太極是一，誠之乃以無思屬無極，有覺屬太極，是二之矣，且與朱子「無形有理」爲訓之本意不合。然則如何？曰：「寂然無思，萬善未發」，即太極也[二五]。

吳草廬云：「太極者何也？曰道也。道而稱之曰太極，何也？曰假借之辭也。道不可名也，故假借可名之器以名之也。以其天地萬物之所共繇也[二六]，則名之曰道，道者大路也；以其條派縷脈之微密也，則名之曰理，理者玉膚也。皆假借而爲稱者也。真實無妄曰誠，全體自然曰天，主宰造化曰帝，妙用不測曰神，付與萬物曰命，物受以生曰性，得此性曰德，具於心曰仁，天地萬物之統會曰太極。道也，理也，誠也，天也，帝也，神也，命也，性也，德也，仁也，太極也，名雖不同，其實一也。極，屋棟之名也。屋之脊檁曰棟，就一屋而言，惟脊檁至高至上，無以加之，故曰極。而凡物之統會處，因假借其義而名爲極焉，辰極、皇極之類是也。道者，天地萬物之統會，至尊至貴，無以加者，故亦假借屋棟之名，而稱之曰極也。然則何以謂之太？曰：太之爲言，大之至甚也。夫屋極者，屋棟爲一屋之極而已；辰極者，北辰爲天體之極而已；皇極者，人君一身爲天下衆人之極而已。以至設官爲民之極，京師爲四方之極，皆不過指一物一處而言也。道者，天地萬物之極也，雖假借極之一字强爲稱號，而曾何足以擬議其髣髴哉？故又盡其辭而曰太極者，蓋曰此極乃甚大之極，非若一物一處之極也。然彼一物一處之極，極之小者耳，此天地萬物之極，極之至大者也，故曰太極。邵子曰：『道爲太極。』太祖問曰：『何物最大？』答者曰：『道理最大。』其斯之謂歟？然則何以謂之無極？曰道爲天地萬物之體而無體，謂之太極，而非有一物在一處可得而指名之也，故曰無極。易曰：『神無方，易無體。』詩曰：『上天之載，無聲無臭。』其斯之謂歟？然則『無極而太極』何也？曰屋極、辰極、皇極、民極、四方之極，凡物之號爲極者，皆有可得而指名者也，是則有所謂極也。道也者，無形無象，無可執著，雖稱曰極，而無所謂極也。雖無所謂極，而實爲天地萬物之極，故曰『無極而太極』。」按，此解無極太極，可謂詳且盡矣。然以此例之，則言道者必曰「無道而大道」後可以別于大路之道，言理者必曰「無理而至理」後可以別于玉膚之理，不幾贅乎？太極之義，亦何待表之以無，而後知其爲非一物在一處也？平心看此圖説，其本意蓋誠有如游誠之所云者。今之尊朱子者，既以陸子之説爲非，而又稱游氏之言爲簡明，何其昧而不察也〔二七〕？

羅整庵云：「周子太極圖説篇首『無極』二字，如朱子之所解釋，可無疑矣。至於

『無極之真，二五之精，妙合而凝』三語，愚則不能無疑。凡物必兩而後可以言合，太極與陰陽果二物乎？其爲物也果二，則方其未合之先各安在邪？朱子終身認理氣爲二物，其源蓋出於此。愚也積數十年潛玩之功，至今未敢以爲然也。嘗考朱子之言有云：『氣强理弱，理管攝他不得。』若然，則所謂太極者，又安能爲『造化之樞紐，品物之根柢』耶？惜乎當時未有以此説叩之者。」又云：「朱子謂通書之言皆所以發明太極之蘊，然書中並無一言及於無極，不知果何説也？」又云：「通書四十章義精詞確，其爲周子手筆無疑。至如『五殊二實』、『一實萬分』數語，反覆推明造化之妙，本末兼盡，然語意渾然，即氣即理，絶無縫隙，深有合乎易傳『乾道變化，各正性命』之旨，與所謂『妙合而凝』者有間矣。知言之君子，不識以爲何如？」按，整庵爲學專尊朱子，於此亦有異議。然整庵所疑又不在無極，而在「無極之真」三語。此語實出唐之禪僧，今其書具在，亦安能爲之諱也〔二八〕？

學者不讀宋儒書，不可以言學。今之紛紛於格物、太極之説者，總繇不細讀書，故於其所分疏已明者，猶鶻突致詰。試即予所述者〔二九〕，平心静氣，字字繹之，亦可以涣然冰釋矣。願學者蚤事正學，無爲昔人不讀唐以後書之言所誤，如予之蹉跎老大，抱雕蟲之悔，而悲歎於無及也。弘撰識〔三〇〕。

【校勘記】

〔一〕是雖裔戎無君無父之教　「裔戎」，四庫本作「異端」。

〔二〕致吾心良知之天理於事事物物　「心」下，四庫本衍「之」字。

〔三〕妄心亦照　「亦」，四庫本誤作「非」。

〔四〕在純疵之間其純者實有志於聖人之道　兩「純」字，四庫本皆作「醇」。

〔五〕而不能爲萬物之根本　「物」，四庫本作「化」。案，此句「萬物之根本」，上句「萬物之根柢」，晦庵集卷三六答陸子美皆作「萬化之根」。

〔六〕而不足爲萬物根本　「本」，四庫本作「柢」。案，此與後「萬物根本」，陸九淵集卷二與朱元晦皆作「萬化根本」。

〔七〕而不能爲萬物根本　「物」，四庫本作「化」。

〔八〕使後人簸弄於頰舌紙筆之間也　「簸」原誤「簸」，據四庫本改。

〔九〕而不足爲萬物根本耶　「本」，四庫本作「柢」。

〔一〇〕今乃以中名之　「名」原誤「坐」，四庫本同，據晦庵集卷三六答陸子静改。

〔一一〕今乃深詆無極之不然　「無」原誤「太」，四庫本同，據晦庵集卷三六答陸子静改。

〔一二〕而不足爲萬化根本　「萬化根本」，四庫本作「萬物根柢」。

〔一三〕以常有觀竅　「竅」，四庫本作「徼」。

〔一四〕亦未嘗敢有所差互也　「互」，四庫本作「易」。

〔一五〕此理渾然無所偏倚而言　「倚」下原衍「而然」二字，四庫本同，據晦庵集卷三六答陸子静删。

〔一六〕朱子則以立教爲學者過慮耳　此句之下，四庫本有「平心静氣，句句字字，繹之自見」十二字。

〔一七〕至先朝益甚　「先」，四庫本作「國」。

〔一八〕韓苑洛謂朱子削去自爲二字　「韓苑洛」，四庫本作「韓恭簡公」。

〔一九〕未可知也　「知」，四庫本作「定」。又按，此條之下四庫本又有一條：「韓氏又自以『至無而至有』五字，釋『無極而太極』五字，自謂亦是回護。按，此言乃正坐以老子之旨，又何回護之有？如以『至無而至有』五字釋『太極』二字則可也。蓋『無極』二字亦是釋太極耳。釋則當緩於下，不可加於上。唯其加於上，此所以合於外氏，而有無極生太極之説也。」

〔二〇〕周子之説元爲有礙　「元」，四庫本作「原」。

〔二一〕不必言無極　「不必」，四庫本作「又先」。

〔二二〕周子作太極圖説　「周子」二字原脱，據四庫本補。

〔二三〕是猶曰無方而神無體而易矣　此十二字原脱，據四庫本補。

〔二四〕「無極二字實出於老子」至「以還孔子之太極也」　以上兩條四庫本合而爲一，位置居前爲

第二條，文字亦較爲簡略。其中「黄東發謂老子所言無極指茫無際極而言」至「而道家者流轉相援引」凡九十二字，四庫本作「按，周子此説頗爲道家牽附，其援引演論」十六字。又「無極爲谷神爲體」至「將孔子所言太極正理頗爲所亂」凡八十三字，四庫本作「諸語不一」四字。

〔二五〕「游誠之嘗云」至「即太極也」　四庫本無此條。

〔二六〕以其天地萬物之所共繇也　「地」原誤「理」、「共」原誤「其」，據吴澄吴文正集卷四無極太極説（文淵閣四庫全書本）改。

〔二七〕「吴草廬云」至「何其昧而不察也」　四庫本無此條。

〔二八〕「羅整庵云」至「亦安能爲之諱也」　四庫本無此條。

〔二九〕猶鶻突致詰試即予所述者　「詰試」，四庫本誤作「諸譏」。

〔三〇〕弘撰識　四庫本無此三字。又按，在此卷末識語之前，四庫本案語還有論王文成學術一條：「王文成公有與徐成之書論朱、陸同異，雖其間有巧抑朱子處，如云『是其爲言雖未盡瑩』等語，然其爲陸子申辨，則亦是公論，不可廢也。鄭端簡公論文成則曰：『王公才高學邃，兼資文武，近世名卿鮮能及之，特以講學故，衆口交訾。蓋公功名昭揭，不可蓋覆，唯學術邪正，未易銓測，以是指斥，則讒説易行，娼心稱快爾。今人咸謂公異端陸子静之流。嗟乎！子静豈異端乎？以異端視子静，則游、夏純於顔、曾，而思、孟劣於雄、况矣。』予謂論人物，則文成於所謂三不朽者，殆兼之焉，自是一代儒臣冠冕；論聖學，則涉於一偏之見、勇於自是者，其失亦正不可掩也。若今之論者，排擊太甚，乃至有併其功名毁之者，又刻薄誣罔之言。使端簡聞之，不知當如何致慨矣。然端簡游夏、顏曾，思孟、雄況之喻，予三復之，亦似失其倫也。」

附録一：傳記資料

王山史像贊

（録自清光緒二十一年敬義堂刊本正學隅見述卷首）

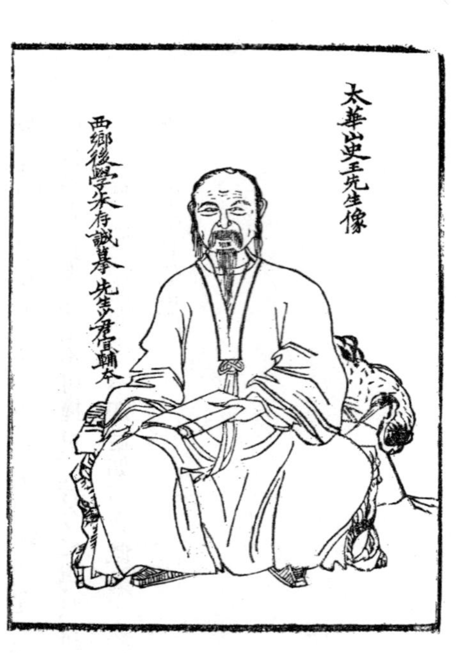

惟命不辰，而運於革。惟德充符，而名以赫。嗚乎！運耶革耶？名耶赫耶？孰爲爲之，而先生窮通皆厄。瞻儀型而流連，願摹萬本爲萬世則。光緒二十六年六月止門後學咸陽劉光蕡百拜敬識，存誠敬書。

王山史像贊

［清］湯　斌

蒼然如深谷之松，矯然如晴天之鶴。絶慮寡營，素懷寂寞；凝塵滿席，濁酒孤酌。寄志羲皇，吟詠間託；著述歲久，光氣磅礴。相彼畫史，含毫綽約；七絃静張，古音澹泊。手拂緗帙，陶然自樂。開卷視之，想見其胸懷之淵穆，與立行之介確。蓋具經綸天下之才，而退藏不見其崖略也。（録自文淵閣四庫全書本湯子遺書卷八）

王貞文先生遺事

［清］康乃心

明天啓二年壬戌八月之望，先生始生，叔父徵華先生即抱以爲己子。四歲而孤，族屬倡言此絶業，當衆分之，以至器物俱盡，假於鄰以炊。其後既長且貧，終不與之較，人以是服其器量宏深，而不知先生之志不在温飽也。

先生丰姿秀挺，聰穎過人。稍長知讀書，即自負豪邁，尚義氣，有父風。稍與司馬公異趣云，司馬公常語張恭人曰：「是不破家，即晚成。」雖心憐之，然終不以與諸子均産，知其憂不在貧也。

先生以出繼故，既兩失其分業，而奉養之孝、葬祭之誠，則兩盡焉。孝睦之風可爲世法，不獨其家傳至行也已。

先生年十三，就省司馬公於京師，知名公卿間，與頻陽朱山輝闕名，有三公子之稱。好爲古文辭，手抄左、國、史、漢，皆成帙。其志趣高遠，已自可見。而一時名臣如劉公宗周、黄公道周，每上封事，司馬公輒令録而誦之。然又戒以無廢制舉之學，以故所習好常私諸篋中，其後以畀館甥而自爲之序，以示勸戒焉。

崇禎癸未十月，潼關陷，逆賊長驅入西安。先生削髮，將走京師告急，爲守河之議，以文告先司馬。及河，爲賊所阻，不得渡而還。晚年著山志，猶言當陝西既陷，爲國家計者莫急於守河，而致憾於山西文武諸臣昧失要害。使當其時有封疆之責，縱不能奏績敉寧，亦必爲國家死綏臣矣。

李自成僭王改年，名繫縉紳，責之輸餉。僞將軍劉宗閔，尤號慘酷，輸不及數，往往加炮烙，或夾頭頸，至腦脂流地，聞者股慄。故司馬家已在籍，諸公子計無所出，先生白恭人，願往約輸。恭人曰：「兒不任司馬家事，毋與！徒往見害，無益也！」先生曰：「賊焉知我家事？獨兒能了此，不然必不免。」恭人不得已，許之，果薄輸而還。蓋先生少敦義氣，廣交遊，於此有耳目之助焉。

大清定鼎，逆賊已平，而城郭丘墟，乃築室於小漲村。蒲城人單汝思，初與先生無舊，順治己丑避難，以渭南劉孟嘗先生書來，先生處之山中別業，尋詢其弟同其伯母俱至，乃分嘯月樓旁書屋居之。人重先生行義，亦不復踪跡，單生卒免於禍，後五年乃得歸。其家有送石愚之保定詩，即其人也。孟嘗先生諱懿宗。

富平楊生亦以避難歸，先生爲之飲食於家，處於曩所爲嘯月樓者數年，平乃去。

辛卯，先生往江南，過舊京，至鍾山下，徘徊唏嘘，黍離麥秀，與古同悲。後聞世祖章皇帝痛哭思宗陵，有激勸臣民之言，乃走京師，謁鹿馬山，因遍諸陵，獨行山谷，屨穿指墮。昭陽李艾山感其事，爲作鹿馬山人歌。

江南歸，逆旅中逢一士，困頓不能還家，先生即傾橐給之，不問姓名，曰「非以求報也」。同行友人陳康成，每爲述其事。

先生嘗謂天地生人，即生爲人之食，如五穀蔬果之類，食肉非天地心也。聖人制禮，示之以節，使之非祭祀燕享不無故輒殺，則亦不得已也。又曰：「天地好生不忍之心，即生生之心也。忘其不忍之心者，即自戕其生生之心也。故好殺者不壽，其後不昌。」以此戒殺生。唯祠堂節祀，雞鴨用其一，餘雖嘉賓之禮，亦不特殺。先生每戒屠宰者曰：「天下生計自多，豈必此業？以所見聞，有屠户殷富長久者乎？如新城屠子王天勉三子，二子自刎，幼子投湯中，而本族有二人，亦皆以屠刀刎死，可鑒也。」尚有一族弟爲屠，乃資以白金數兩，令之改業。

流寓人樊仲喬能讀書，習醫藥。先生聞之，曰：「仁術也。」助之金。樊後爲名醫，語人曰：「成我者王先生也，報之不受，要當濟貧弱而不計酬，以廣先生之明德耳！」

邑有庾某者，横暴鄉曲，莫敢誰何。爲其母壽，至空其邑人，獨以不得先生一往爲恨事，托人致誠。先生曰：「無傷也。吾與其以母缺也，且嘗與之脱桎梏矣，獨奈何惜此一往，不令人有受善地乎？」庾大喜過望，厚爲之禮而歸。王氏之宗素謹愿，終其身伊亦不相犯者，先生感之也。

張某者，人奴也，經營其主之貲産，主死而遂背之。其主遺孫幼弱，鳴之官。張某意先生，白令曰：「王某所親也，願與質之嶽神。」乃以令之意入廟聲鼓，曰：「如爲人奴而私其産者，死不旋踵，誣我者某亦如之。」先生笑。此人出門，仆地而死。令大駭，曰王先生君子也，以此見神之靈而心尤不可欺云。

先生公平仁恕，與物無矜，而信義自孚。親友有紛不可解者，必曰：「唯王先生，王先生公。王先生不私其子弟，而況他人乎？王先生有詞，我則伏。」及群至，徐以情理喻之，各得其平而去。子弟與人有相涉者，至出己貲以爲之解。或得意欣然，或有媿色。或曰：「媿色者善。」先生曰：「欣然者亦善人也！」嘗以學喫虧訓子姓，而聞者亦有感焉。

有史某者與人争田，質成於先生，先生謝之。史某怒其不助己也，則反爲惡言，以誣受人之田而不直其事，先生姑矢之，曰我無是也。族之少年不平，欲與之角，先生不許。其後史之父，老書生也，詈其子：「王先生何如人，且其事何與王先生，而狂妄敢爾耶？」先生一笑而已。驛鹽使者賈公聞之，謂邑令曰：「亟燒其詞，毋污王先生。王先生，不以是非與人較者也。」賈公諱鋐。

先生以士大夫之家祭祀之禮多疏略，不足起孝敬之念，乃考先儒議論，合以王制，創爲始祖之祠，别置附郭田以供祀事。其法皆可行之久遠，而金銀之費不以絲毫及族人，且勒之石以杜争端。著族譜以明昭穆而合涣散，使後之子姓守而勿替，詩書禮義之澤，雖累百世可也。

有孤女，其出微，兄弟不加收恤，先生爲擇壻嫁之。

夏存古者，義士也。年十七，能詩古文，有志樹功名。曰：「亦欲以馬革裹尸耳，且爲其事而避其死，非夫也！」卒以義死，今數十年矣。先生捐金以葬焉，又集陶句以弔之，曰：「自古皆有殁，如何辛苦悲。形骸久已化，顧盼莫誰知。」

巡撫賈公修通省志，聞先生名，聘之入局。先生辭之不得，乃奏記賈公：「潤色討論，廣集群英，筆削予奪，實仰宏裁。請從校讎之列，不任是非之衡，庶乎謗讟不作，而訂定可期。」公報曰如議。其後剞劂告畢，先生不以爲善也。答友人書云：「此書繁蕪無足觀，其中予奪悉秉當事，有居之以爲己力者，小人欺人耳。」賈公諱漢復。

河南、山西有民與其地之胥役大鬩，其風遂倡，而華陰亦效之。有毆之立斃者，其勢洶洶，不得卒解。先生出而爲之調停，一邑帖服，臺司莫不聞。非先生誠信素著，當群情沸騰、衆口囂張之時，欲以數言而定之，豈不難哉？

先生恬淡寡營，不以私干公，不事請謁。士大夫式廬造訪，則修賓主禮。或坐久，則供園蔬、漉舊醅。泊素之風，不異古人。督撫如白公、賈公、周公、鄂公、希公、布公、貝公，皆敦布衣之交，而監司守令諸公，尤多所往還。問學相長，則如湯公、狄公、賈公，其最著者。蓋先生不爲矯矯之行，而人之見之，亦自忘其貴勢。常慕卓子康、郭林宗之處世，有言曰：「隱不違親，貞不絶俗，竊有志焉而未逮也。」然先生實以之矣。白公諱如梅。周公諱有德。鄂公諱善。希公諱福。布公諱哈。貝公諱和諾。湯公諱斌。狄公諱敬。

先生伯兄石渠先生，以司馬公蔭入監，賊亂後高蹈不出，潛心理學。一家之中，自相師友。縣令葉舟一訪，亦不答拜，子弟造謝而已。先生於諸弟中獨相乎契，故其學問出處在通介之間，而先生文章尤有名於時。今石渠已採輿論進之鄉賢祠，先生新捐賓館，邑之人莫不隕涕悼歎者。昌黎所云：「古之鄉先生，殁而可祭於社者，其在斯人歟？」愚於先生亦云。

關中書院爲長安馮恭定公講學之所，太守葉公重加修葺，聘先生主其中，一時英俊如雲，稱爲盛事。後制府鄂公延李中孚先生會講於兹，關學復興，而先生遺文在石刻，倡始之功尤不可没也。

先生敦尚友義，力復古道。李太史初爲布衣，以弟蓄之，而兄事顧徵君，砥礪文行，期以千秋。論學與李徵君不爲苟同，然中心之好，未嘗或間。今觀往復諸札，猶見前輩風範。先生喜賓客，所居在華下孔途，四方名士日至其門，談經較藝，津津不倦。尤悉先朝故實，如大禮三案、封疆門户，皆有持平之論。於古今邪正是非，言必當情，而不爲深文刻責。如辨于忠肅不諫立儲、王文成不通宸濠之類。尤痛恨於亡國誤君之臣，而幸思宗得先皇以爲知己，搦筆臨文，未嘗不垂涕反覆言之也。

康熙戊午，有詔徵天下宏博之士，先生與富平李處士因篤、盩厔李徵君顒，皆爲有司敦迫。先生笑之：「上豈少一二布衣之士？顧採虚名以飾薦牘耳。」數辭不允，則就道。至京，寓古刹中，公卿罕識其面，即造訪及門，談經析義外，不一語及世事。及還山，侍講湯公寄書云：「先生名山著書，清風峻節，海内仰之，如天半朱霞。又得亭林先生共隱，商榷古今，以古道相砥礪，泰山孫石，不足方矣。」

朝邑王仲復先生，高士也，與先生爲同心之友。每先生書往，仲復必揖而啓之。仲復書來，先生亦然。在江南，爲刻其律吕圖説。仲復先一年捐館，先生爲之誌銘，稱無媿焉。論學相切磨，始終無間。仲復嘗語人曰：「山史先生粹然儒者，平生未嘗以矜氣加人。」王仲復先生諱建常。

朱子文公淳熙中有主管華州雲臺觀之命，當時雖遥領，然著易學啓蒙，自稱雲臺真逸。先生以爲祀之莫此地宜也，會顧徵君寧人至，主先生家，遂共謀建祠於觀之西。名嶽真儒，同爲景仰，斯文未喪，後學蒙休，實自先生啓之也。顧徵君諱炎武，號亭林。

先生卜居邑城之東，曰潛郵，其地有醴泉，清澈可鑑，種花釀秫，每至花時，招親友坐其下，觴詠移日，量能兼人，而不復劇飲。嘗書康節飲酒看花之句，蓋以自況云。

晚年研易，構幽齋一區，顔曰學易廬，窗前梅影，檻外松聲，瀹茗焚香，蕭然自得。著周易圖説述四卷行世。先生於易服膺程傳，嘗勸友人刻之廣陵。先是，與總憲魏公書云：「昔程子作易傳，朱子謂『伊川言理甚備，象數卻欠在』，又『易傳義理精，字數足，無一毫欠缺，只是於本義不合。易本是卜筮之書，程先生只説得一理』。於是作本義，以補程子之所未備。今置易傳而以本義孤行，非全書矣。」又云：「按會典取士試義，易主程朱傳義。成化時，成矩以私意廢傳，遂沿習至今。又春秋兼用張洽傳，今張傳亦廢，此皆不可不復者。」他日，又與總憲張公書云：「程子易傳乃其一生所極精研之書，每矜慎，不輕示人。門人爲請，以『冀有少進』爲言，晚年始出，朱子嘗稱之。某以後世學易者多雜技術，唯程子一歸於正，得四聖之傳。老先生或有條陳上告朝廷，則表章聖學，有功於斯道，豈淺小哉？」魏公諱象樞。張公諱鵬翮。

先生耽玩經史，耄年彌篤。質明即起，盥漱畢，兀坐齋中，除二時茶飯外，無一刻釋卷。凡樂律曆算術家之説，皆窺其微妙。尤精於蓍法，著周易筮述八卷行世。

先生學道之餘，溢爲文筆，行楷得晉唐之遺法。間爲八分，則上追先漢，唐以下所不爲也。然人不知求之，亦無存者，惜哉！

嘗擯焦京之學，時自江南歸，有蓍生於近地，員子進蓍。讀書之士以書來，歸美先生。答之云：「僕之擯焦京者，歸於義理之正，而足下之尊焦京者，恐其流於技術之偏。」又云：「社廟生蓍，洵希有之事。足下謂僕遠遊西歸，易學書成而蓍生，非所敢當。又謂不百莖而五十莖，復歸責於僕之擯焦京，於易爲不備。此至教也，又敢不祗承。」

先生著正學隅見述一書，論格物致知之説以朱子爲正，無極太極之辨以象山爲長。至其躬行實踐，誠信不欺，不逆人之詐，不言人之過，不矜能，不宿怨。人見其和易之色，而不知其有懔冰霜、傲風霆之操；服其渾含之度，而不知其有察幽微、辨疑似之識。嗜古蓄奇，而過眼煙雲，無不可捨之外物。蓋其胸襟瀟灑，識度曠遠，雖天分特優，亦學問得力云。

先生被服古樸，時挈杖於溪山林圃之間，蔭松坐石，俯檻聽泉，望之者以爲仙。

先生疾且革，以先朝圖畫三事，絶筆詩二章，授其子宜輔，曰：「傳之後之賢者。」蓋其拳拳君親之念，雖没世而不渝也。嗟乎！先生道大德宏，案牘莫殫，然迄今不述，後生何聞焉？姑撮其所知者。

絶筆詩：「負笈江南積歲年，歸來故里有殘編。自從先帝賓天後，萬事傷心泣杜鵑。」「八十衰翁沮溺徒，祖宗積德豈全孤。平生不作欺心事，留與子孫裕後謨。」

從子宜斐、宜純、宜宣同輯，從孫儼録。（録自清光緒廿二年敬義堂刊本）

王弘撰傳

［清］陸維垣

王弘撰，字文修，一字無異，號山史，更號待庵。祖大受，邑廩生，贈嘉議大夫、都察院右僉都御史，祀鄉賢。父之良，明進士，歷官巡撫南贛，晋陞南京兵部右侍郎，贈嘉議大夫、都察院右都御史。弘撰幼嗣于季父之祚，實司馬第五子也。生而穎奇，風儀儁整。初肄童子業，即嗜詩書如飲食。司馬官京師，弘撰從侍邸中，有翩翩公子之目。司馬授以制科文，匪所好也，私抄録左、國、史、漢，及歷代詩古文辭，沉酣不輟。迨歸試于督學使者，即補邑學弟子員，再以高等食廩餼。家既豐，性復瀟曠，喜與當時諸名士游，且豪于聲妓。花晨月夕，擕杯榼，偕良朋，挈昆仲，倚石臨流，徵奇鬬韻。加以翠黛雙鬟，競陳肉竹，風流儒雅。見者謂烏衣諸俊，好音未泯。即弘撰亦以爲「吾家螭虎、法護，不我過也」。崇禎十五年，司馬病卒。越明年十月，逆闖李自成破潼關而西，賊騎充斥，焚劫騷然，奉祖母與母避難山谷。未幾全陝陷没，逆闖籍繫縉紳，拷索輸金。家在籍中，兄弟畏不敢出。弘撰曰：「不出，禍立至矣！」遂挺身入長安賊營，爲之陳説大義，慷慨激昂，賊不能屈，亦不忍加刃，詭與約輸而還，屏居于小漲村之别墅。順治七年，土寇竊發遺貲，摽掠殆盡，乃縱游。之淮陰，抵建康，至吴門，與江左高士留連詩酒，越歲而歸。適副使睢陽湯文正公斌駐節潼關，造廬訂文章道義之交。中丞賈漢復聞其名，聘纂陝西通志，并命子壻受業。中丞入都，邀之偕行，數載始旋里，結屋華麓。單心洛閩之學，而尤邃于易，以其餘爲詩歌古文，清健高超，一時三輔隱賢，莫不趨赴華陰之市。所與之切劘者，朝邑王建常、李楷，盩厔李顒，富平李因篤，華州東蔭商，渭南南廷鉉，皆關中名流。而崑山顧炎武入關來訪，弘撰分宅館之，當時碩儒偉彦萃兹華封，羣依弘撰爲居停主。康熙十七年，詔徵博學鴻辭之士，弘撰列于薦剡，累辭不允。至都，寓昊天寺，會病，乞不入試，閉户古刹，足不履顯者之門。而大學士益都馮公溥雅重其品藝，介人求文。司寇新城王士禛、編修長洲汪琬、侍講宣城施閏章等，莫不單車就舍，把臂訂交。病愈即返。二十四年丙寅，再爲江南遊，挽留者皆績學老蒼。頗不好虚浮之士，有忌其名者從而毁之，淡如也。如是十年乃歸，歸而息老于獨鶴亭。康熙四十一年壬辰，卒於家，年八十一歲，門人私謚貞文。弘撰襲司馬之業，富於插架，金石文字，率多舊搨，故兼善隸草書，具得其家將軍、大令宗法。著述具載經籍志内。子宜輔，拔貢生，海州同知。（録自民國十七年鉛印本（乾隆）華陰縣志卷一四）

王弘撰傳

〔清〕錢　林

王弘撰，字無異，號山史，華陰人。博雅能古文，嗜金石成癖，又通濂、洛、關、閩之學。著易圖象述、筮述、十七帖述，并（注）〔著〕有砥齋集。諳前明故實，以博學鴻儒徵至京，居昊天寺，不謁貴游，以老病辭，不入試，罷歸。有病臥述懷云：「盛代開東閣，徵書下五雲。彈冠疑貢禹，對策憶劉蕡。敢謂功名薄，無如出處分。故山冰雪夜，猿鶴數聲聞。」歸關中，所居華山下，有讀易廬，潔樸無纖塵。有獨鶴亭，在華北，與三峰相向，嶽影滿窗，陰翠可愛。與李因篤初不相識，一日邂逅長安茶肆，隔席遥接，各以意擬名姓。及詢之，皆不謬，遂定交。顧亭林徧觀四方，至華陰，謂秦人慕經學、重處士、持清議，他邦所少，華陰綰轂之口，雖足不出户，而能見天下之人，聞天下之事，欲定居，弘撰爲營齋舍居之。嘗著議，以爲：「延安一府布帛之價貴於西安數倍，既不獲紡織之利，而又歲有買布之費，生計日蹙，國税日逋，非盡其民之惰，以無教之者耳。今當每州縣發紡織之具一副，令有司依式造成，散給里下，募外郡能織者爲師，即以民之勤惰工拙爲有司之殿最。一二年間，民享其利，將自爲之，而不煩程督矣。」王士禛曰：「弘撰工書法，頃來京師，觀所攜書畫，有定武蘭亭五字未損本，米元暉、宋仲温二跋，又仲温臨趙文敏十七跋。又興唐寺石刻金剛經，貞觀中集王右軍書。又漢華山廟碑，沈石田秋實圖。三物皆華州郭宗昌胤伯家物，皆有胤伯跋。華山碑有虞山宗伯長歌，即所謂「郭香察未遑辨」者也。又李營邱古木，賈秋壑題詩，語潦倒可笑，華亭董宗伯得之南充陳文憲公者，有跋。又唐子華水仙圖，甚妙。嘗刻華州郭宗昌金石史。家藏漢、唐以來金石文字甚富。古文詞亦嫻雅。又嘗攜蘭亭「湍」「流」「帶」「右」「天」五字未損本、唐棣水仙圖乞予作長歌，同觀者施侍讀愚山也。在關中，蓋張芸叟一流人。又以其鄉王建常仲復律吕圖説二卷寄予，蓋本諸朱、蔡，參之李文利、王子魚、邢雲路説，折衷以自得之義。建常，長武人，居河渭間，早棄帖括，以著述自娱，顧炎武重之，以爲吴中所未有，亦秦士之高尚其志者。（録自清咸豐八年有嘉樹軒刻本文獻徵存録卷四）

王弘撰傳

［清］佚　名

王弘撰，字山史，陝西華陰人。明南京兵部侍郎之良子。少與兄弘學、弘嘉互相師友，博雅能古文，尤深於易。隱居華山下，築讀易廬居之。其論易，闢焦京之術，闡周文之理，推本經義，一以朱子、邵子爲歸。尤究心濂、洛、關、閩之學，嘗以周子無極之説，陸九淵爭之於前；朱子格物之説，王守仁軋之於後。弘撰則謂格物當以朱子所注爲是，無極則以陸九淵所辨爲是。又謂：「崇朱學者，稱先朝之亂由於學術不正，其首禍爲陽明；崇陸學者，稱無極二字出於老子，爲周子真贓實犯。其説皆爲太過。」又謂：「陽明之定論，予不敢以爲定；篁墩之道一，予不敢以爲一，即陳建之通辨亦間有已甚之詞。」又謂：「學者爲學，以平心静氣爲第一義。凡讀書論人，當求其實。爲吾所最尊之人，或有一失，不必爲之掩；爲吾所深排之人，或有一得，不必爲之廢。本諸天地之地，證諸聖賢經傳，反之爲心，惟求其是而已。」

初與李因篤不識，一日邂逅長安茶肆，各以意擬姓名。及詢之，皆不謬，遂定交焉。崑山顧炎武偏觀四方，至華陰，謂：「秦人慕經學、重處士、持清議，他邦所少。」欲定居，弘撰爲營齋舍。炎武曰：「好學不倦，篤於友朋，吾不如山史。」嘗一至延安，著延安屯田議，謂：「今延安、綏德、宜君等處，各設兵防，人不下數千。大亂之後，閒田頗廣。誠諭令所在地方有司並鎮守將官，一心規畫，設給牛糧，每軍一人量給閒田若干，務有餘裕。期年之間，將變荒磧爲豐壤，易流徙爲樂康。足食足兵，莫善於此。」又著延安紡織議，謂：「延安布帛，價貴於西安數倍，生計日蹙，國税日逋，非盡其民之惰，無教之紡織者耳。今當於每州縣各發紡織具，令有司依式造成，散給里下，募外郡能織者爲師，即以民之勤惰工拙爲有司殿最。一二年間，民享其利，將自爲之，不煩程督矣。」康熙十八年，舉博學鴻儒，徵至京師，居城西昊天寺，不謁貴游。左都御史魏象樞招之，亦不往，遂以老病不能試，罷歸。卒後，睢州湯斌題其像曰：「胸懷淵穆，立行介確，蓋具經綸天下之才，而退藏不見其崖略也。」其推挹如此。古文簡潔有法，汪琬稱其得史遷遺意。當時關中碑誌，非三李，則弘撰，而弘撰工書法，故尤多於三李。三李者，因篤及容、柏也。著有周易筮述八卷、正學隅見述一卷、山志六卷、砥齋集。（録自中華書局一九八七年版清史列傳卷六六儒林傳上一）

王弘撰傳

［民國］趙爾巽

王弘撰，字無異，號山史，華陰人。明諸生。博雅能古文，嗜金石，藏古書畫金石最富。又通濂、洛、關、閩之學，好易，精圖象。學者翕然宗之，關中人士領袖也。與李顒、李柏、李因篤齊名，時以得一言爲榮。凡碑版銘誌非三李則弘撰，而弘撰工書法，故求者多於三李。弘撰交遊遍天下，甲申後，奔走結納，尤著志節。

顧炎武徧觀四方，至華陰，謂秦人慕經學、重處士、持清議，他邦所少；華陰綰轂之口，雖足不出户，而能見天下之人，聞天下之事。欲定居，弘撰爲營齋舍居之。炎武嘗曰：「好學不倦，篤於朋友，吾不如王山史。」當時儒碩遺逸皆與弘撰往還，頗推重之。弘撰嘗集炎武及孫枝蔚、閻爾梅等數十人所與書札，合爲一册，手題曰友聲集，各注姓氏。中有爲謀炎武卜居華下事，言：「此舉大有關係，世道人心，實皆攸賴，唯速圖之！」蓋當日華下集議，實有所爲也。

康熙間，以鴻博徵，不赴。初與因篤同學，甚密，及因篤就徵，遂與之絶。弘撰所居華山下，有讀易廬，與華峰相向，稱絶勝。卒，年七十有五。著有易象圖説、山志、砥齋

集。（録自中華書局一九七七年版清史稿卷五〇一列傳二百九十八遺逸二）

王弘撰傳

［民國］徐世昌

王弘撰，字無異，號山史，華陰人。明諸生。康熙己未，以鴻博徵，不赴。嗜學好古，富藏金石。廣交游，爲關中聲氣領袖。居華山下，著易象圖述、山志、砥齋集。亭林入關，始與訂交。其後每至輒主其家。以朱子曾寄禄華州雲臺觀，議建朱子祠堂，兼立書院，亭林不欲。自營菟裘，謹割地建祠於家。搆齋曰易廬，亭林借居之，後改名顧廬。

（録自中華書局二〇〇八年版清儒學案卷七下亭林學案）

附録二：序跋資料

書王山史太極辯述後

［清］屈大均

吾人生聖人之後，於聖人之所已言者言之，聖人之所未言者不言，無求多於聖人之心，是謂能尊聖者矣。「易有太極」之言，聖人之所以言易者至矣。周子言「無極而太極」，毋乃欲求多於聖人，而以聖人爲有所未盡乎？夫自伏羲畫卦而儀象以分，然儀象者易之末，其本則太極也，子曰「形而上者謂之道」是也。形而上者不可見，見夫形而下者之儀象，而太極在其中矣。太極者何？中也。自堯、舜以來，若聖若賢，不敢於中之上言「無中而中」，豈可於太極之上言「無極而太極」乎？言「無中而中」即中也，「無極而太極」即太極也；「無中而中」所以釋中，「無極而太極」所以釋太極。然而言中則中之義已無餘，言太極則太極之義亦無餘，又何必求多於聖人乎？關中王山史著有正學隅見一編，格物從朱，太極從陸。

予見而善之，誠以太極一言可以盡易，不必益之以無極，而徒自見其損也。以太極還太極，吾說非短；不以太極還太極，吾說非長。彼先天後天之說，自邵子發之。不以先天後天還夫子，而以先天後天自爲一家之言，此邵子之易，非聖人之易也。吾於周子之言「無極而太極」，亦以爲非聖人之言易也。凡說經者，貴乎不敢有所損益，以經還經，以傳還傳，而毋以傳損益夫經。易如是，春秋亦如是，否則皆經之異端而已矣。世之學者逞其聰明意見，吾不患其不能多於聖人，而患其不能少於聖人。能少於聖人，而己之所益多矣。山史以陸子太極之辯爲長，其識甚精，世之尊朱而闢陸者，尚亦平心以觀之也哉！

薛孝穆曰：人能尊聖，自不流于異端矣。（録自清康熙刻薛孝穆評點本翁山文鈔卷八）

四庫全書總目提要

正學隅見述一卷　陝西巡撫採進本

國朝王弘撰撰。弘撰有周易筮述，已著録。是編以周子無極之說，陸九淵争之於前，朱子格物之說，王守仁軋之於後。諸儒聚訟數百年而未休，大抵尊朱者則全斥陸、王爲非，尊陸、王者則全斥朱子爲謬，迄無持是非之平者。弘撰此書則以爲格物之説當以朱子所註爲是，無極之説當以陸九淵所辨爲是，持論頗爲平允。其中雖歷引諸説以相詰難，而詞氣皆極和平。凡崇朱氏學者稱先朝之亂由於學術不正，其首禍爲王陽明，崇陸氏學者稱「無極」二字出於老子，爲周子真贓實犯之類，弘撰皆指爲太過。其言曰：「予素信朱子，惟於無極太極之説小異，誠不敢以心之所不安者，徒剿襲雷同，以蹈於自欺欺人之爲。」其亦異於好爲異論者矣。（録自中華書局一九六五年版四庫全書總目卷九四子部儒家類）

重刻正學隅見述序

［清］二華山人

自宋諸儒倡道以來，正學之明於天下也，如日中天矣。厥後承流嗣響，代有傳人。顧或逞其臆見，輒駁詰羽翼之傳；惑於邪説，每探索玄妙之域。此格物致知之訓，無極太極之辨，所以紛若射覆，争若聚訟。而予邑王山史先生，於是詳説而明辨之，著爲正學述一編。其於朱也尊之，於陸也亦不闢之，蓋誠有見於中，而不爲苟同如此，有足以繼絶學於往古，開群蒙於來今，非後世應付儒所能道其隻字也。朝坂李桐閣謂是書猶未免騎牆之見，小子久思之，而不敢然其言。在昔二曲李徵君、頻陽李太史並爲序，以之繡木行世，有以也。第歷有年所，原刻棗梨剥蝕殆盡，今先生之六世孫峻卿君重付剞劂，以延之久，因囑序於小子。小子主臣不敢承，而特念峻卿君以艸茅耕作之人，於先人著述若此之鄭重而表章也，視世之讀書不克荷先人之業者，其品不天淵哉？予故書數語，以著其繼述之善，然又竊幸正學之書，從此而廣其傳也。同邑後學二華山人謹識。（録自清光緒二十一年敬義堂刊本正學隅見述卷首）

學術辨

〔清〕陸隴其 撰

任莉莉 校點

目録

校點説明

學術辨一卷，清陸隴其撰。陸隴其（一六三〇—一六九二），初名龍其，字稼書，世爲浙江平湖人，後世或稱平湖先生、當湖先生。康熙九年進士，歷任江南嘉定、直隸靈壽知縣，四川道監察御史等職。曾祖錫胤，祖濾，父標錫，三世皆諸生。陸隴其人品高潔，爲政「守約持儉，務以德化民」，政聲卓著，被譽爲「天下第一清官」。俞鶴湖有詩讚曰：「有官貧過無官日，去任榮於到任時。」陸隴其卒後哀榮爲一時之最。殁後三十三年（即雍正二年），奉旨從祀孔子廟庭。乾隆元年（一七三六）賜謚清獻，加贈内閣學士兼禮部侍郎；二年再御賜祭文；三年復御製碑文，稱揚其「講學則確守程朱，禔躬則上師顔閔」，「研精聖學，作洙泗之干城；辭闢異端，守程朱之嫡派」，「蔚爲一代之醇儒」。陸隴其相交遊者，有吕留良、魏象樞、湯斌、李光地、徐乾學、萬斯同、朱彝尊、汪琬、施閏章、仇鰲等人。

陸隴其六歲「入家塾讀書，本邑庠生彭元瑞授以句讀」（長洲陸子年譜），後潛心儒學，尊崇朱子，以窮理居敬爲要，以端正人心爲己任，被清廷譽爲「本朝理學儒臣第一」，與陸世儀並稱「二陸」。陸隴其精研程朱之學，指斥背於朱學者爲非正學，「吾輩今日學問，只是尊朱子。朱子之意即聖人之意，非朱子之意即非聖人之意」（松陽講義卷之一）。他排斥陸王，特别反對王陽明「致良知」説，抨擊其「陽儒陰釋」。著述有古文尚書考、讀禮志疑、四書講義、困勉録、松陽講義、四書大全、續困勉録、戰國策去毒、讀朱隨筆、三魚堂賸言、松陽抄存、學術辨、問學録、三魚堂文集諸書。其傳詳見清史稿卷二六五、國朝耆獻類徵初編卷五十五、二林居集卷十五等。

據清陸禮徵、陸宸徵初本、周梁訂長洲陸子年譜載，學術辨成書於康熙十七年戊午（一六七八）。四庫全書總目提要云：「是書凡上中下三篇，皆辨姚江之學。上篇發其端，中篇實其病之所在，下篇究其弊之所極。」一書大旨，其叙述已明。長洲陸子年譜亦云：「上篇言陽尊程朱而陰篡之者，莫甚於明之中葉王氏之學，遍天下而風俗隨之，故明之亡不亡於寇盜朋黨，而亡於學術，所以釀成寇盜朋黨之禍也。按：此説先生一生學問把柄，所以繼往開來者，約略在是。」陸隴其在學術辨一書中，反復强調一種觀點：「今之學者必尊朱子而黜陽明，然後是非明而學術一，人心可正，風俗可淳。陽明之學不熄，則朱子之學不尊。」（清吴光酉等所撰陸隴其年譜卷上）

關於學術辨一書的著録情況，可見者如叢書綜録、四庫總目提要、中國古籍總目、四庫存目標注等。該書有學海類編本、陸子全書本、叢書集成初編本、四庫全書本等。除學海類編本爲單行本之外，其餘皆附録於三魚堂文集卷二中。載諸三魚堂文集者，分别有四庫全書本、西京清麓叢書正編本、陸子全書本。這次整理，以陸子全書本爲底本，以學海類編本、四庫全書本爲校本。陸子全書本爲清光緒十六年宗培等刻，半葉十行，行二十三字，黑口，四周雙邊。經核校，個别字眼略有出入。校點畢，是爲記。

校點者　任莉莉
二〇一七年四月

學術辨上

漢唐之儒，崇正學者尊孔孟而已，孔孟之道尊則百家之言熄。自唐以後，異端曲學知儒者之尊孔孟也，於是皆託於孔孟以自行其説，我曰孔孟，彼亦曰孔孟，而學者遂莫從而辨其是非。程朱出而崇正闢邪，然後孔孟之道復明，而天下尊之。自宋以來，異端曲學知儒者之尊程朱也，於是又託於程朱以自行其説，我曰程朱，彼亦曰程朱，學者又莫從而辨其是非。程朱言天理，則亦言天理，天理之名同，而其所指則霄壤矣。程朱言至善，則亦言至善，至善之名同，而其所指則冰炭矣。程朱言静言敬，則亦言静亦言敬，静、敬之名同，至所以爲静、敬，則適越而北轅矣。程朱之言有可假借者，則曰程朱固若是也，有不可假借者，則曰此其中年未定之論也。黑白淆而雅鄭混，雖有好古篤志之君子力扶正學，亦止知其顯叛程朱之非，至其陽尊而陰篡之者，則固不得而盡絶矣。蓋其弊在宋、元之際即有之，而莫甚於明之中葉。自陽明王氏倡爲良知之説，以禪之實而託儒之名，且輯朱子晚年定論一書，以明己之學與朱子未嘗異。龍溪、心齋、近溪、海門之徒，從而衍之，王氏之學偏天下，幾以爲聖人復起，而古先聖賢下學上達之遺法滅裂無餘，學術壞而風俗隨之。其弊也，至於蕩軼禮法，蔑視倫常，天下之人恣睢横肆，不復自安於規矩繩墨之内，而百病交作。於是涇陽、景逸起而救之，痛言王氏之弊，使天下學者復尋程朱之遺規，向之邪説詖行，爲之稍變。然至於本源之際，所謂陽尊而陰篡之者，猶未能盡絶之也。治病而不能盡絶其根，則其病有時而復作。故至於啓、禎之際，風俗愈壞，禮義掃地，以至於不可收拾，其所從來非一日矣。故愚以爲明之天下，不亡於寇盜，不亡於朋黨，而亡於學術。學術之壞，所以釀成寇盜朋黨之禍也。今之説者猶曰：陽明與程朱同師孔孟，同言仁義，雖意見稍異，然皆聖人之徒也，何必力排而深拒之乎？夫使其自外於孔孟，自外於仁義，則天下之人皆知其非，又奚待吾之辨？惟其似孔孟而非孔孟，似仁義而非仁義，所謂失之毫釐，差以千里，此其所以不容不辨耳。或又曰：陽明之流弊，非陽明之過也，學陽明之過耳，程朱之學豈獨無流弊乎？今之學程朱者，未必皆如敬軒、敬齋、月川之絲毫無疚也，其流入於偏執固滯以至僨事者亦有矣，則亦將歸罪程朱乎？是又不然。夫天下有立教之弊，有末學之弊。末學之弊，如源清而流濁也；立教之弊，如源濁而流亦濁也。學程朱而偏執固滯，是末學之弊也。若夫陽明之所以爲教，則其源先已病矣，是豈可徒咎末學哉！

學術辨中

陽明以禪之實而託於儒，其流害固不可勝言矣，然其所以爲禪者如之何？曰：明乎心性之辨則知禪矣，知禪則知陽明矣。今夫人之生也，氣聚而成形，而氣之精英又聚而爲心。是心也，神明不測，變化無方，要之亦氣也，其中所具之理，則性也。故程子曰「性即理也」，邵子曰「心者性之郛郭」，朱子曰「靈處是心不是性」。是心也者，性之所寓，而非即性也；性也者，寓於心，而非即心也。先儒辨之，亦至明矣。若夫禪者，則以知覺爲性，而以知覺之發動者爲心。故彼之所謂性，則吾之所謂心也；彼之所謂心，則吾之所謂意也。其所以滅彝倫，離仁義，張皇詭怪，而自放於準繩之外者，皆由不知有性，而以知覺當之耳。何則既以知覺爲性，則其所欲保養而勿失者，惟是而已。一切人倫庶物之理，皆足以爲我之障，而惟恐其或累，宜其盡舉而棄之也。陽明言性無善無惡，蓋亦指知覺爲性也。其所謂良知，所謂天理，所謂至善，莫非指此而已。故其言曰：「佛氏本來面目，即我門所謂良知。」又曰：「良知即天理。」又曰：「無善無惡，乃所謂至善。」雖其縱横變幻不可究詰，而其大旨亦可睹矣。充其説，則人倫庶物固於我何有，而特以束縛於聖人之教，未敢肆然決裂也。則又爲之説曰：「良知苟存，自能酬酢萬變，非若禪家之遺棄事物也。」其爲説則然。然學者苟無格物窮理之功，而欲持此心之知覺，以自試於萬變，其所見爲是者果是，而見爲非者果非乎？又況其心本以爲人倫庶物初無與於我，不得已而應之。以不得已而應之之心，而處夫未嘗窮究之事，其不至於顛倒錯謬者幾希。其倡之者雖不敢自居於禪，陰合而陽離，其繼起者則直以禪自任，不復有所忌憚。此陽明之學所以爲禍於天下也。涇陽、景逸深懲其弊，知夫知覺之非性，而無善無惡不可以言性。其所以排擊陽明者，亦可謂得其本矣。然其學也，專以静坐爲主，則其所重仍在知覺，雖云事物之理乃吾性所固有，而亦當窮究，然既偏重於静，則窮之未必能盡其精微，而不免於過不及。是故以理爲外而欲以心籠罩之者，陽明之學也；以理爲内而欲以心籠罩之者，高、顧之學也。陽明之病，在認心爲性；高、顧之病，在惡動求静。我觀高子之論學也，言一貫則以爲是入門之學，言盡心則以爲盡心然後知性，言格物則曰知本之謂物格，與程朱之論往往齟齬而不合者無他，蓋欲以静坐爲主，則凡先儒致知窮理、存心養性之法，不得不爲之變易。夫静坐之説，雖程朱亦有之，不過欲使學者動静交養，無頃刻之離耳，非如高子困學記中所言，必欲澄神默坐，使呈露面目，然後有以爲下手之地也。由是觀之，則高、顧之學，雖箴砭陽明多切中其病，至於本源之地，仍不能出其範圍。豈非陽明之説浸淫於人心，雖有大賢，不免猶蹈其弊乎？吾嘗推求其故，天下學者所以樂趨於陽明而不可遏者有二：一則爲其學者可以縱肆自適，非若程朱之履繩蹈矩不可假借也；一則其學專以知覺爲主，謂人身有生死而知覺無生死，故其視天下一切皆幻而惟此爲真。故不賢者既樂其縱肆，而賢者又思求其無生死者，此所以群趨而不能舍。嗚呼！縱肆之不可易明也，至於無生死之説，則真禪家之妄耳。學者取程朱陰陽屈伸往來之論，潛心熟玩焉，其理亦彰彰矣，奈何不此之學而彼之是惑乎？

學術辨下

自陽明之學興，從其學者，流蕩放佚固有之矣，亦往往有大賢君子出於其間，其功業足以潤澤生民，其名節足以維持風俗。今曰陽明之學非正學也，然則彼皆非歟？若夫明之末季，潰敗不振，蓋氣運使然，豈盡學術之故也。明之衰可以咎陽明，則宋之衰亦將咎程朱，周之衰亦將咎孔孟乎？是又不然。周、宋之衰，孔孟、程朱之道不行也；明之衰，陽明之道行也。自嘉、隆以來，秉國鈞作民牧者，孰非浸淫於其教者乎？始也倡之於下，繼也遂持之於上；始也爲議論爲聲氣，繼也遂爲政事爲風俗。禮法於是而弛，名教於是而輕，政刑於是而紊，僻邪詭異之行於是而生，縱肆輕狂之習於是而成。雖曰喪亂之故不由於此，吾不信也。若其間大賢君子，學問雖偏而人品卓然者，則又有故。蓋天下有天資之病，有學術之病，有天資僻而學術正者，有學術僻而天資美者。恒視其勝負之數，以爲其人之高下，如柴之愚，參之魯，師之辟，由之喭，而卒爲聖門高弟，此以學勝其天資者也。如唐之顏魯公，宋之富鄭公、趙清獻，皆溺於神仙、浮屠之說，而志行端方，功業顯赫，爲唐、宋名臣，此以天資勝其學術者也。人見顔、富諸公之志行功業，則以爲神仙、浮屠之無損於人如此，且以爲諸公之得力於神仙、浮屠如此，是何異見氣盛之人冒風寒而不病，而謂不病之得力於風寒，善飲之人多飲而惺然，而謂惺然之得力於多飲，豈其然乎？今自陽明之教盛行，天下靡然從之，其天資純粹不勝其學術之僻，流蕩忘返者，不知凡幾矣。間有卓越之士，雖從其學而修身勵行不愧古人，是非其學之無弊也，蓋其天資之美而學術不能盡蔽之，亦如顔、富諸公學於神仙、浮屠，而其人其行則非神仙、浮屠之可及也。是故不得因其學而棄其人，亦豈可因其人而遂不敢議其學哉？且人但見顔、富之品行卓犖，而不知向使其不溺於異學，則其所成就豈特如此而已？但見明季諸儒爲王氏之學者，亦有大賢君子出其間，而不知向使其悉遵程朱遺法，不談良知，不言無善無惡，不指心爲性，不偏於静坐，不以一貫、盡心爲入門，不以物格爲知本，則其造詣亦豈僅如是而已耶？譬諸日月之蝕然，不知其所虧之已多，而但指其僅存之光，以爲蝕之無傷於光，豈不誤乎？嗚呼！正學不明，人才陷溺，中人以下既汩没而不出，而大賢者亦不能自盡其才，可勝歎哉！

附録

國史館陸隴其本傳

陸隴其，浙江平湖人，康熙九年進士。十四年，授江南嘉定知縣。十五年十二月，巡撫慕天顔請行州縣繁簡更調之法，因言嘉定及崑山、丹陽、金壇等縣政務甚繁，賦多逋欠，如隴其之操守稱絶一塵，才幹實非肆應，若調補稍簡之縣，必勵其素守，惠愛百姓。疏下部議，謂繁簡更調非例，既無肆應之才，應照才力不及例，降三級調用。會縣民有被盜殺，而其親屬以讐殺訴，隴其詳報是讐是盜，俟緝獲後擬。既而獲盜鞫實，論如律。總督阿席熙入奏，部議隴其初報不直指爲盜，應照諱盜例革職，隴其遂罷歸。十七年，詔舉博學鴻儒，工部主事吴源起薦隴其理學深純，文行無愧。得旨召試，隴其赴京，未及試，丁父憂歸。

十八年，左都御史魏象樞應詔舉清廉官，疏言隴其任嘉定知縣，清操飲冰，愛民如子，去官之日，萬民遮道攀轅，既去之後，家家尸祝，比於父母。部議俟服滿日仍補知縣。上曰：「陸隴其係保舉廉能之官，如直隸清苑、江南無錫等縣，最稱繁難之區，用之庶可展其才。」

二十二年，補直隸靈壽知縣。二十三年六月，直隸巡撫格爾古德疏言：「隴其潔己奉公，實心任事，革除火耗陋規，務農重穀，匪類斂跡，履任未久而教化已洽輿情，循例薦揚，以備擢用。」疏下部議，予紀録。時九卿奉旨公舉清廉官，格爾古德以兖州知府張鵬翮與陸隴其並舉焉。

二十九年，吏部以科道需人，奉命九卿舉學問優長品行可用者。九卿以隴其與清苑知縣邵嗣堯、三河知縣彭鵬並舉，得旨行取，授隴其四川道監察御史。十月疏言：「畿輔沿山州縣，土瘠民貧，荒多熟少，自昔而然。數年以來，皇上加意撫綏，禁止私派，不惜蠲賑，鳩鵠之民得苟延殘喘，然以言乎家給人足則未也。上年荒旱，雖間有未被災之處，不過差勝於被災者。初奉諭概予蠲免二十八年全租及二十九年半租，後因部議分别被災輕重，撫臣奏災輕田畝秋後帶徵。今雖秋收稍稔，所入無幾，私債之迫索者，衣服之典當者，已去其大半，仰事俯育，仍憂不足，又可責其兼完新舊之糧乎？若非皇上曲加垂卹，恐有司惟考成是急，不顧民力難勝也。」疏下部議，尋敕部遵前旨，盡行蠲免。

十二月，湖廣總督丁思孔，以偏沅巡撫于養志在任守制題請。隴其疏言：「天下當承平之時，湖南非用兵之地，無藉於養志在任守制。若因督臣之題請而留，將來督撫丁憂，皆將援此爲例，其不奪情者鮮矣。名教自此而弛，綱常自此而壞，關係世道人心非淺也！」上覽疏，即以順天府尹王樑代于養志爲偏沅巡撫。

三十年正月，户部以大兵征噶爾丹，軍用浩繁，奏行輸運糧草准作貢監及紀録加級復級封贈與捐免保舉例。御史陳菁奏請删捐免保舉條，而增捐應升先用，部議不准。隴其疏言：「捐納一事，原非皇上所欲行，不過因一時軍需孔亟，不得已而暫開，若許捐免保舉，則與正途無異。且督撫保舉之人，必曰清廉方可合例。保舉可捐納，是清廉可捐納而得也。至於捐納先用，大抵皆奔競躁進之徒，多一先用之人，即多一害民之人，此皆不待辨而知其不可者也。臣更有請者，竊見近日督撫於捐納之員，有遲之數年，既不保舉，又不糾劾者，不知果清廉乎，非清廉乎，抑在清濁之間乎？夫既以捐納出身，又不能發憤自勵，則其志趣卑陋，甘於污下可知，使之久居民上，其荼毒小民，不知當何如？乞敕部通稽捐納之員，到任三年而無保舉者，即行開缺休致。庶吏治可清，選途可疏，而民生可遂矣。」疏入，下九卿議。九卿言先用未准捐，止捐免保舉，實無礙正途。若定限到任三年而無保舉者，即行休致，則營求保舉奔競益甚，應俱無庸議。議上，得旨：「保舉一條，著會同陳菁、陸隴其再行詳議。」及議，陳菁與九卿等並言事例已行，次年三月即停止，可不必更張。隴其遂獨爲一議，曰：「捐納一途，實係賢愚錯雜，惟恃保舉以防其弊。雖不敢謂督撫之保舉盡公，然猶愈於竟不保舉也。今若並此去之，何以服天下之心？即貪污之輩，自有督撫糾劾，而其僥倖獲免者，遂與正途一體升轉。雖有次年三月停止之期，而此輩無不先期捐納，即無不一體升轉，未可云無礙也。至於到任三年無保舉者令休致，謂恐近於刻。不知此輩由白丁捐納得官，其心惟思償其本錢，何知有皇上之百姓？踞於民上者，三年亦已甚矣！又可久乎？況休致在家，仍得儼然列於搢紳，爲榮多矣。若謂將屆三年，輒營求保舉，此在督撫不賢則誠有之，若督撫賢何處營求？且即使督撫不賢，亦必不能盡捐納之員而保舉之。此休致之議，亦從吏治民生起見。未有吏治不清而民生可安者，未有仕途龐雜而吏治能清者，俱難無庸議者也。」於是陳菁與九卿等各爲一議，曰：「捐納官員儻有劣蹟，可隨時糾劾。捐納保舉之後，仍按俸升轉。督撫既未保舉，必無徇庇之情。而官之賢否，自有分別，何虞龐雜？至到任三年之內，雖無奇政動上官之保舉，亦無劣蹟來下民之告發，即爲安養無事之官，何可勒令休致？以從前急公之人，附八法之末乎？且天下何地無才，何途無品？貲郎始自漢文，而文章如司馬相如，政事如張釋之，皆以貲郎顯。故國家用人，不必分其門而阻其途；實政惠民，不必格成議而徇迂見。邇者軍需孔亟，計各項之捐納人少，而保舉之捐納人多，是以增列此項。隴其不計緩急輕重，浮詞粉飾，寸步難行。致捐納之人，猶豫觀望，緊要軍需，因此遲誤。務虚名而僨實事，莫此爲甚。應請革職，發往奉天安插。」議上，上曰：「陸隴其居官未久，懵憒不知事情，妄昧陳奏，理應依議處分。念係言官，著寬免。」六月，命巡視北城。八月，以試俸期滿甄別，應外調，遂乞假歸。

三十一年十二月，卒於家，年六十有三。所著有困勉録、松陽講義、三魚堂文集諸書。三十三年正月，江南學政許汝霖任滿。上諭大學士等曰：「學政關係人才，甚屬緊要。朕觀原任御史陸隴其，學問優長，操守甚善，若以補授，必能秉公考校，破除積弊，有裨士習。」大學士王熙以隴其已故奏。上乃以前此與隴其同舉清廉之直隸守道邵嗣堯爲江南學政。隴其尋祀直隸、江南名宦，浙江鄉賢。世宗憲皇帝雍正二年，臨雍釋奠，諭九卿議增文廟從祀賢儒。因議曰：「隴其自幼以斯道爲己任，精研程朱之學。兩任邑令，務以德化民。平生孝友端方，言笑不苟。其所著述，實能發前人所未發，弗詭於正，允稱純儒，宜配饗俎豆。」得旨俞允。今上乾隆元年，詔九卿覈議，應予追謚。諸臣因議曰：「宋儒胡瑗、吕祖謙諸儒，皆未居顯職而有謚。隴其雖官止五品，已從祀文廟，應予追謚。」上特賜謚曰清獻。尋禮部以會典未載五品官予謚、立碑給價之例，請上裁定。得旨，陸隴其著加贈内閣學士，兼禮部侍郎，照例給予碑價。（録自國朝耆獻類徵初編卷五十五）

陸隴其傳

［清］張雲錦

舅氏陸稼書公，諱隴其，康熙庚戌進士，由邑令歷官御史。雍正二年，用禮臣議，從祀孔子廟廷。乾隆元年，贈禮部侍郎，謚清獻。生平以世道人心爲己任。家故貧，講學授徒，惟以發明聖賢義蘊爲急。取四書大全及蒙、存、淺、達諸家之説，融會貫通，而折中於朱子，其於功名遇合泊如也。既登第，需次里居，益肆力於學。凡嘉、隆以來陽儒陰釋之説，研辨不遺餘力。乙卯謁選，授嘉定知縣。鋤豪强，抑胥吏，息争訟，禁侈靡，躬先教化，恩威竝著。二年民俗丕變。不獲於上官，引才力不及例降調，尋竟以盜案落職。按當時上官劾公，有「清操稱絶一塵，才幹實非肆應」語。夫小人媢嫉之常技，清廉知無可議，輒以才能不及中之。世之坐是削職者不一，而公爲尤枉。當去時，邑民扶老攜幼，號泣呼寃，填塞街市。魏總憲象樞薦公疏云：「解任之日，圖書數卷，伊妻織機一具。」蓋實録也。嗣薦舉博學鴻詞，會丁父憂，不果應試。徒跣出都門，哀毁骨立。服闋，雅存晢墓之志。大臣交章推薦，郡縣敦迫，乃赴部補靈壽知縣。靈邑地近畿輔，水旱頻仍，多徭役，俗悍而輕生。公務與民休息，講學不倦，莅任七載，多所陳請，皆生民至計。庚午夏，行取入京，補四川道監察御史。上畿輔民情疏，伏乾清宫面奏，聖祖仁皇帝再三稱善。未幾，湖廣總督以巡撫于養志在任守制請，公疏論之，報可。辛未夏，京師久旱，直陳三議，皆切中時弊。既又上疏，請急止捐納保舉以清吏治，得旨會議。公議云：「保舉莫重於清廉，保舉可以捐納，清廉亦可捐納矣！」直陳懇切，明白痛快。終格於部議，以遲誤軍需，擬革職謫奉天安插，賴衛京兆既齊力救得免。是年冬，試俸滿，遂從調歸，杜門課子，足跡不入城市。蓋公積學有年，本欲一展其志，再起再躓，乃決意披帷守道，以待將來。明年館虞山席氏，注禮經會元，定正汲古閣十三經、十七史諸書，皆次第告成。臘月歸，感微疾，遂卒，年六十有三。

公天性孝友，於世味無所嗜，惟聖賢修己治人之道，精益求精。其學篤信朱子，躬行實踐，以居敬窮理爲要。嘗謂窮理而不居敬，則玩物喪志，而失於支離；居敬而不窮理，埽見聞空善惡，必且師心自用，墮於佛、老而不自知。居恒坐必端，立不跛，雖遇倉卒，未嘗疾言遽色。祁寒盛暑，不鑪不扇，善氣迎人。而於學術是非之辨，不稍寬假。公從叔閣學義山公，雲錦之外祖也，官編修時，公常有書往來，以讀書養氣，塞天地配道義相期許，且以所撰靈壽縣志序例求是正。及卒，義山公以詩哭之云：「何日嘑妖鵩，星芒墜海濱。時違名已遂，位詘道應伸。獨樂非吾願，全歸畢此身。傳言猶恐誤，不覺淚霑巾！」卒之明年，有提督江南學政之命，復以詩志感云：「當宁思遺直，泉臺有令名。方爲窀穸計，先動表章情。

馬鬣何時起?鸞書不竝行。浮沈有癡叔,白首愧餘生。」蓋公以世道人心爲己任,從叔之慟,亦爲世道人心計也。所著四書大全、困勉録、松陽講義、四書語録、戰國策去毒、三魚堂文集、先生一隅集,已雕板行世。其四書講義一書,則雲錦先君校定而付梓焉。錦生也晚,不獲親炙門牆,僅從公遺書討其緒論。兹當編纂公祠志,吮毫而爲傳,竊附於私淑之列云。

(録自國朝耆獻類徵初編卷五十五)

故四川道監察御史陸清獻公事狀

[清]彭紹升

公初諱龍其,後易隴其,字稼書,世爲浙江平湖人。曾祖錫胤,祖濾,父標錫,三世皆諸生。父封儒林郎。公少而彊記,年十一,塾師授以左氏傳,有所删汰,公從父覓全本,悉成誦無遺。十四丁母曹太孺人憂,哭踊若成人。少長,爲文章,一本經訓。家貧,就館於外。年二十七補生員,博觀宋、元、明諸先儒書,參互反覆,疏證孔孟之旨,而一以朱子爲宗。恥空言,敦實行,切己悔過,惟日不足。省試歸,爲游兵所掠,書籍盡失。自訟云:「書言『天錫禹洪範九疇』。夫能行疇範之道者,乃錫以疇範之書,我實不能,天故靳之。」館嘉善李氏,爲銘云:「洪範六極,弱居其一。所貴讀書,變化氣質。當斷不斷,爾自詒戚。」又云:

「生者待汝養，死者待汝葬，天下後世待汝治！汝毋或清爾身，以徇無涯之慾，而喪厥志！」

康熙五年舉鄉薦，九年中禮部試，廷對，極論時務，剴切達治本。其略言：「法者治之迹，而非所恃以爲治也。爲治而專恃乎法，自古及今未有能治者。臣非欲陛下廢法而治也。竊以爲法之及人也淺，德之及人也深；法之禁人也難，教之化人也易。今日之治，苟非崇德教以正人心，雖日議法無益矣。伏願陛下日新其德，以堯舜禹湯文武之心爲心，以堯舜禹湯文武之學爲學，兢兢焉，翼翼焉。有勿言，言則必使天下共法也；有勿動，動則必使天下共則也。如此，則朝廷之上，四海之内，莫不仰聖德之高深，不待家諭户訓，而人心已動矣。於是務敦教化，一如古者司徒、黨正，三物六行之制，盡其實勿徒循其名。天下之人既動於上之德，而又習於其教，則自相漸以仁，相摩以義，相勉以忠厚，而恥爲浮薄；相勸以正直，而恥爲邪辟，不待法之驅，而人皆有君子長者之心。由是立法以興利，人莫不安於上之所興；立法以去弊，人莫不安於上之所去。使不先正乎人心，而徒恃區區之法，議法者日益精，而舞法者日益巧。一法不效，輒更一法，法之弊未有已也。雖然，臣猶有進焉。夫人之相遁於法也，始於其心之不正，亦由於用之不足。書曰：『凡厥正人，既富方穀。』管子曰：『衣食足而禮義生。』今之大吏禄薄，不足充其費，則思借法以自肥；小吏俸微，不能養其家，則思干法以爲奸。其罪可誅，而其情可憫。在陛下倣古待臣之禮，稍重其禄，使有以自給。而又定其車輿服飾之制，嚴其宮室飲食之節，勿使耗於無用。夫既有以養之，又無以耗之，則爲士大夫者，皆充然有餘，自然奉公守法，竭心力以效忠於陛下。然後德教可行，而人心可正，郅隆之治可成也。」賜進士二甲第七。

十四年，出知江南嘉定縣。嘉定賦重，多積逋，俗好訟，豪彊暴横，胥吏倚勢爲姦利。公至，有大賈汪氏者餽千金，公弗内。其僕占賣薪者妻，爲所控，公訊而還之。汪懼，屬所親自陳願改行，許之。自是諸大姓皆莫敢犯法。衙胥舊千數，至是去者過半。其在者，莫肯受代，無所得食，以情告，公令更番給事，退則爲耕販以自活，於是衙中人日稀少。客戲指公堂曰：「此矍相之圃耶？」有所遣攝，計日與錢。遠者許就民間一飯。有括索者必痛懲之。催科立甘限法，令應輸者自爲限，屆期輸及半即免杖，已而輸者麇至。諭令需後限，客問故，公曰：「吾未有以富之，而争先乃爾，殆必有稱貸以輸者，吾懼其難爲繼也。」患民俗好奢，樂游冶，嚴立禁約。有訴子不孝者，公爲出涕，自訟「德薄，無以化汝」，爲委曲曉以天性，俾自反。父哭，子大哭，搥其胸曰：「吾非人也。」公慰而遣之。其他折獄多原情定讞，不專用法律。一年後，告訐者日益衰矣。十五年，南方用兵，徵餉十萬兩。公爲文諭民，激以大義，不一月而數足。又奉部牒，抽市肆錢一年。公造册不及郜野，巡撫慕天顔不悦，别遣屬吏到縣檢括，而疏劾公無肆應才。部議，降二級用。民罷市，日號巡撫門。巡撫不自安，再疏請開復，而公復以諱盜當免官。先是縣有張氏與汪氏訟，汪夜行遇盜，被傷死。其弟疑盜張所使，以仇殺控張。公察張非殺人者，讞未具。已而獲盜他所，張得釋，而部議以公不報盜爲罪。或謂公盍辨諸？公曰：「縣有盜，長吏不知，黜宜也，何辨爲？」民復詣督撫乞留，弗省。去之日，哭聲震衢路。城内外各立生祠，鼓吹導旌幢蔽空，迓木主以往，日數隊，閱三月乃已。

十七年，詔求博學鴻儒，工部主事吴源起舉公以應。至京，未及試，丁父憂，遽奔歸。準朱子家禮爲喪制，朝夕不離殯側，終喪不飲酒，不食肉，不入内寢。方公在嘉定時，朝中會推福建按察使，詔舉天下賢吏，破格用。蔚州魏敏果奏薦公，而參疏適至，已而以諱盜去。敏果復爲公辨冤，至是聖祖復諭廷臣舉廉吏，敏果疏薦十人，公與焉，詔俟服滿補官。公家居與子定徵講讀儀禮及喪記、服制諸篇，著讀禮志疑，誦朱子書，取其切要者爲讀朱隨筆。書二語自警曰：「老大始知氣質駁，尋思只是讀書麤。」其切於内省若此。

二十二年入京，牒部願改教官，弗允，尋授直隸靈壽縣。既至，革火耗，絶私派，衙中興造及日買蔬薪魚肉，皆出見錢。舉鄉飲酒禮，行鄉約，朔望詣學宫，與諸生講切道以躬行，著松陽講義。二十三年，駕幸五臺，巡撫格文清奏公治行，部予紀録。二十五年，巡撫于襄勤初受事，訪民間利病。公陳六事：一、正月開倉太急，宜緩；一、墾荒起科，爲限宜寬；

一、水利宜興；一、積穀宜廣；一、州縣存留公使錢宜復；一、審丁溢額宜裁。于公以疏薦，爲大學士余國柱所沮，令部駁還。靈壽倚山瀕河，地瘠而土曠，民畏起科，棄不治。公與民約，一任爾耕，勿他慮。由是荒土漸闢，終公之任，税弗增。額丁故一萬五千有奇，五年一審，必增數十以爲常。及是審丁，虧額一千五百有奇，請牒部，上官難之。公曰：「民已困矣。額浮則税浮，税浮民不支，則有流亡之患，是重困民也。請罷令，以爲耗損户口者戒。」上官莫能奪。二十六年，靈壽饑，公牒大吏以聞，得旨，盡免本年額賦。有大姓爲盜劫，已而獲盜，巡撫不欲奏聞，命改爲竊。公不從，曰：「甯以誠去官，不欲以僞苟禄。」知府乃取盜魁杖殺之。公惻然曰：「盜可殺，而殺之不以法，吾不忍也。」作勸盜文，遣吏往獄中爲諸囚誦説之，聞者多痛哭。二十九年，靈壽復大饑，詔發三千金以賑，公徧歷山谷，審其户口，親給之，閱四旬餘乃畢。異時賑饑，每留三分之一歸上官，公曰：「剥民以欺君，其可乎？」盡以賑之。先是兩江總督于清端卒，詔問廷臣，外吏中復有如成龍者乎？僉舉公。至是復求廉吏，左都御史陳文貞復薦公，敕部行取。將行，又條四事上巡撫：一、再請緩徵；一、減房地税額；一、除上官供應；一、以時出放倉穀。去之日，哭送者數萬，如去嘉定時。

八月，試四川道監察御史。十月，上疏言：「臣觀自古豐亨之治，皆非一日而成。唐、虞之世，黎民阻饑，堯、舜兢兢業業，率作既久，烝民乃粒。漢自高、惠而後，多方休養，至於文、景，然後天下殷富。唐之太宗，日夜講求治道，故貞觀之末，民食充足。今天下平定猶未久也，而又疊遭水旱，故雖皇上勤卹民隱，而百姓日用未免艱難，無怪其然矣。惟在皇上常持此勤卹之心，期之以積久，勿責效於旦夕。恩已厚也，不嫌其過厚；心已周也，不厭其更周。則家給人足，庶幾可望。臣見上年畿輔旱荒，實異尋常。其被災州縣内，雖間有未被災處，亦不過有升斗之獲，差勝於被災者耳。初奉上諭，將上年及今年前半錢糧，盡行蠲免。後因部議，分别被災輕重，不准盡蠲，百姓甚苦。撫臣不得已，題請秋後帶徵。然今歲秋收雖稔，既徵其新，又徵其舊，臣恐非積貧之民所能堪也。若非皇上曲加垂卹，州縣有司惟知考成是急，不顧民力難勝，甚非皇上蠲免之初意。」聖祖攬奏稱善，下部議。尋有詔，遵前旨盡蠲之。十二月，湖廣總督丁思孔請以湖南巡撫于養志在任守制，下廷臣會議。公疏言：「時當太平，湖南非用武之地，養志不宜在任守制。」詔從公請。明年六月，上疏論保舉之捐納宜停，先用之例宜閉。其略言：「捐納之事，因軍需孔亟，不得已暫開。復恐賢愚錯亂，故立保舉之法。近并保舉亦許捐納。夫保舉所重，首在清廉；若保舉可捐納，則『清廉』二字亦可捐納得也。其不可明矣！捐納先用之人，大抵皆奔競躁進之人，故多一先用之人，即多一害民之人。其不可又明矣！至保舉期限，更宜酌定。伏乞敕部查一切捐納之員，三年無保舉者，即行開缺，聽其休致。庶吏治可清，選途可疏，民生可安矣。」疏入，下九卿會公議奏。九卿以公奏不通時務，無庸議。公復別爲議争之。主議者怒，劾公阻誤軍機，當罷斥發奉天安插。會順天尹衛公既齊巡畿輔還，進見，言「民心皇皇，唯恐陸御史遠謫」，有旨免公處分。七月，命巡視北城。十月，試俸已滿，都察院注公不稱職，對品外調，遂移疾歸。三十一年，館虞山席氏。歲暮還家，一夕腹痛卒，年六十三。

公之教人，必授以朱子小學，令終身由之。刻程氏讀書分年日程，俾學者循序致功，以爲求放心之助。其説書句分字析，不厭瑣碎，疏達之士，往往病之。又貶斥陽明王子過激，其論梁谿高子、蕺山劉子亦失平。同時湯文正嘗遺書規之，先曾祖南畇先生亦著書辨難甚悉。愚竊謂聖人之道如太虚，然仁者見仁，知者見知，門庭施設，代翕代張。譬如四時之錯行，如日月之代明。自善學者觀之，要皆太虚之妙用耳，安可於太虚中畫經界、設藩籬以自病夫道哉？子曰：「苟志於仁矣，無惡也。」孟子曰：「君子亦仁而已矣。」公之仁爲己任，蓋梁谿、蕺山之亞匹也。同異之論，不亦末乎！

公卒之明年，詔以公提督江南學政，近臣奏公已故。聖祖嗟歎久之，曰：「本朝如此等人，不可多得矣！」雍正二年，世宗臨雍釋奠畢，詔九卿議廣從祀之制，諸臣請以公從祀，制曰可。乾隆元年，賜謚清獻，贈内閣學士，兼禮部侍郎。（録自二林居集卷十五）

監察御史陸君墓誌銘

［清］陳廷敬

余聞靈壽令陸君廉且賢，清苑令邵君廉而剛，將皆薦於朝。或謂余剛者易折，且多怨，恐及公。余應之曰：「果賢與，雖折且怨，庸何傷？」於是具疏草袖中將上，會上御宫門，急召九卿舉廉吏。既進升階，未盡一級，上獨目廷敬。班定，又數目若詔使言者。蓋是時余待辠掌都察院左都御史事，以進言爲職，又嘗數薦人，以故數目廷敬使言。自念班下六卿，既未承明詔，欲以次對。六卿有言他守令廉，語未竟，上乃問臣：「廷敬，廉者果爲誰？」臣奏言：「陸隴其、邵嗣堯皆天下清官，雖治狀不同，其廉則一。」已而兩人皆擢爲御史。未幾，陸君以言事去職，卒於家。其門人張子雲章，排纘君行實，問銘於余。按君以理學聞於世，其於學術是非邪正之辨，有宜識其大者。顧余薦君以廉吏，而君以學術爲政事。今以余所聞在官之事，質之張子所爲狀，而學術邪正之辨，亦由是以著明焉。

君筮仕爲蘇之嘉定令。嘉定大邑，賦多俗侈，掣格於上下，素稱難理。君夙潔清自勵，守約持儉，至是苦節堅操，屹不可動。上官嚴憚之，境内肅然寧輯。往時令饋遺上官，動以千百。君歲時一起居，通書問而已。吏之宿猾、隸卒之叫囂擾里閈者皆絶迹屏息，桀黠民無敢鬬訟。不逾歲而化理清平，户有樂生之風，民戴君如父母焉。君不事刑威，專用德化，而民畏愛之。邑有某甲，横行里中，里中人患苦之。先是數數以利啗令長，恃以無敗。至是知君不可動，則求君故人爲之游説。君遇故人，氣夷語和，談讌極歡，察其言涉甲事，則變容易色，客竟不得申其説。會甲僕奪鬻薪者婦被訴，而僕匿甲家。君發吏捕之，且趣駕將自往，甲皇遽出僕，寘之法。甲以是膽落，遂折節改悔，卒爲善人。民有訟子者，君曰：「我無德化民，以至斯也！」對之泣下，民父子亦泣，子號咷請罪，掖其父歸而善事焉。有弟以盜訟兄者，君廉知其弟婦翁所導也，杖數之曰：「爲子婿計，乃忍斷其手足耶？」兄弟皆感泣，好如初。蓋君以德化民，而民化之如此。俗多惡少，聚黨毆擊，君責其尤者，校於衢，出入誠視，察其色悔而釋之。其黨悉解散去。邑之輿儓以千數，君諭之曰：「若輩事我無所賴，盍易業自謀生乎！」衆皆感泣，去而歸農，有依戀不忍去者。終公之任，鄉閭不見吏胥。民有宗族争者，則以其族長逮之；鄉里争者，則以其里耆逮之。又有自追牌，則兩造要而來，不煩吏也。徵糧用掛比法，多者書其名以俟，比而及數者自歸。又立甘限法，令民以今限之不足，而倍輸於後，民甘心焉。一士人經月無所輸，君視其舊籍曰：「是非故逋賦者。」詢之，以新遭憂也，卒不呼而糧辦。舊有行杖錢日數千緡，自君不事敲朴，而正供外民不費一錢矣。嘉定産米少，歲額白糧，常糴之鄰境，價高下由人，緣爲奸利。君爲平糴定價，民以不病。自餘雜派悉除之，民得休養，益輸將，惟恐後。爲令之明年，軍興，徵餉十萬，君自度必以不辦免，乃出令，謂不戀一官，顧無益於爾民，而有害於急公。於是户給一縣官名刺，勸以大義，民争先輸，不匝月，而十萬之數具足。君生日，遠近民扶老攜稚，填塞縣道，取諸神祠中燭架列堂上，燃燭焚香，羅拜堂下，煙焰徹天。父老有百歲者，詣前願一識令君。曰：「自我爲民，不知幾甲子矣，未見有如令君者也。」而爲仕者，或不悦。會徵市肆錢，奉行者濫及村舍。君報徵止於市肆，於是上官劾君，謂「清絶一塵，材非肆應」，部議降調。嘉定民罷市，日相率號巡撫門。巡撫不自安，爲請復君官。章未下，又以盜案落職。盜案者，甲與乙訟，甲遇盜傷而歸，語其弟曰：「乙殺我。」言訖而絶。甲弟訴於君，君視乙非殺人者，以實報上官，謂仇盜未可遽定。無何，捕得真盜七人。獄上，部議以初不直指爲盜，坐諱盜例革職。君曰：「邑有盜，長吏固宜有罪。」民聞之，空邑詣督撫爲辨，莫之省。民既知不可留，則架枅結綵，户設香案，人持瓣香，號泣以送。或負粟豆及他物來獻，君不受，有委之而去者。即嘗所懲艾者，咸謂有再造恩，亦不自知涕泗之何從也。民刻木爲位，旌幢鼓吹，迎歸以祠，旃檀之氣，溢於道路，經月不散。君自蒞嘉定，實不滿二年，而德化入人之深如此。故吾於君之不事刑威而民畏愛者，不憚鄭重而叙述之，誠有感於凡爲吏者之皆宜然，而無貴以擊斷爲能也。

其在嘉定也，蔚州魏公象樞爲詩盛稱之。及魏公爲都御史，抗章言隴其不宜罷。又疏舉廉吏十人，以君爲首，得還職爲直隸靈壽縣。靈壽土瘠民貧，役繁而俗薄。君勸課耕耨，以盡地力。請於上官，與鄰縣更役以蘇民困。省除公費，以養民財。貽書邑縉紳，變陋俗以端風尚。反覆曉譬，化鬬狠輕生之習。其爲民厚生正德，若謀其子弟也。尤申明鄉約、鄉長、保甲地方之制，謂此周禮比閭族黨之遺意，所以美風俗而遏奸宄盜賊之源也。請之上官，重其任，俾各專其職。功罪有歸，無牽連推諉之弊。其舉鄉約，必擇知文義行端慤者，親爲講解孝弟睦婣之訓，使之教於鄉，規條備具。巡撫于公成龍下其法行之他郡縣，且訪民利病於君。君條六事上之：曰請緩徵，曰勤懇荒，曰興水利，曰廣積穀，曰存留宜酌，曰審丁不宜溢額。謂自古税斂，必俟稼穡登場，今正月開徵，民間尚未播種也。且四方寧謐，司農不至告匱，可通融總計，以上年撥剩之銀，暫抵今年春夏之餉，俟秋成催解以補庫額，無損國賦，而民力以舒。先之畿輔，推及天下，興唐、虞、三代之政，此其首務也。其五條皆具有法則，得其人皆可實見諸行事。在靈壽七年，徵入京師。去之日，民號泣攀轅，一如去嘉定時。君吏治之績如此，此廷敬之所爲以君對也。

授四川道監察御史。湖南巡撫于養志有父喪，督臣請在任守制。下廷議未決，君上疏，謂「治天下不可不以孝，在任守制，非所以教孝也。天下當承平之時，湖廣非用兵之地。

其人非賢耶，固不當使之在任；誠賢耶，則必不肯在任守制。使之解任全孝，正所以深愛惜之。若使因督臣題請而留，皆將援此爲例，其不思僥倖奪情者鮮矣。名教自此而弛，綱常自此而壞」。疏入，養志解任。又疏言：「捐納縣令，賢愚錯雜，特立保舉法以防之。近并保舉亦得捐納，則賢否全無可憑。夫保舉莫重於清廉，若保舉可以捐納，則『清廉』二字亦可捐納而得也！不待辨而知其不可矣。臣竊怪近日督撫於捐納之員，有遲至數年，既不保舉，又不參劾，不知此等果清廉乎？非清廉乎？即或在清濁之間，然既以捐納出身，又不能發憤自勵，則其志趣卑陋可知。使之久踞人上，不僅貽患小民，亦且上干天和。竊以爲不但保舉之捐納急當停止，而保舉之限期更當酌定。乞勅部察捐納之員，到任三年而無保舉者，即行開缺，令其休致。庶吏治可清，選途可疏。」時陳御史請停保舉而開先用之例，君再疏請速停保舉之捐，永閉先用之例。謂「捐納先用之人，皆奔競躁進，故多一先用，即多一害民之人」。又申言三年開缺之請，詞加激切。奉旨同往會議。又議言：「捐納一途，惟恃保舉以防其弊。今併此而捐之，且待次年三月停止，此輩有不捐納者乎？澄叙官方之大典，蕩然掃地矣！此臣請停保舉之捐，不得謂無容議者也。議者或以三年無保舉即令休致爲太刻。夫此輩原係白丁，捐納得官，踞於民上者三年，亦以甚矣。況休致在家，儼然縉紳，爲榮多矣。即云設立限期，反生營求。此在督撫不賢則誠有之，臣不敢謂天下必無賢明督撫也。此臣請定保舉限期一議，不得謂無容議者也。」時有謂捐納所以給軍需，欲坐以遲悮之律，擬革職，奉天安插。聖恩寛厚，且察知無他，俾仍舊職，以是年秋改調歸。君自以身在言路，指陳無隱，有所獻納，宿齋豫戒。上每韙其言，以爲與朕意合。及累陳捐納事，聖明洞鑒其誠悃，而嫉之者衆矣。及罷言路歸，後二年，因簡賢臣視學政江南，上又獨念君，欲起用之，而君已不能待矣！觀上之所以知君，與君之所以獲上之知者，不可謂非天下之厚幸也。雖不究其用，而一時端人正士，感發奮興，争思有所樹立，以答主知，而裨國事，其於世道人心所關者，豈非以君之故而有所激厲也哉？

君既屏居泖水之上，布衣蔬食，益以明道覺世爲己任。而天不憖遺，竟以康熙三十一年十二月十七日啓手足矣！距生之時前明崇禎五年十月十一日，得年六十有三。娶朱氏。子二人，長定徵早世，次震徵，女二人。

夫學以致用，余件繫君治行不厭其煩細者，將使後之學者，任民社國家之責，有所取法焉。君充養完粹，夷然氣清，温然色和。居常必肅衣冠，端作止，静正而不拘，安詳而不放。事無巨細，處之必以誠。人無親疏，接之不見其惰。酬酢紛紜，未嘗不整以暇。踐履篤實，不以論説爲先。而發之於言，書之於册者，無非仁義中正之旨。所著三魚堂文集、問學録、增删四書大全、松陽講義諸書，其得於心身而措之事物者，可考鏡其源流本末矣。

君諱隴其，字稼書。原名龍，有所引避，改今名。唐宰相宣公之後，居嘉興府平湖縣華亭鄉。陸氏自宣公以來，世以文獻爲吴、越間族望。宋季有諱正者，世稱靖獻先生，入元再徵不起。靖獻之曾孫宗秀，明永樂末，以賢良辟至京，奏對仁宗稱旨，屬疾辭職，賜鈔幣還。正統中，傾其家以活饑者，有詔旌門曰「尚義」。子珪出粟活人尤多，景泰中賜爵迪功郎。迪功之孫溥，任豐城尉，嘗督運，夜過采石，舟漏，仰天跪而祝曰：「此舟中粒米非法，願葬江魚之腹。」漏旋止。及旦視其罅，有三魚裹水荇塞之，人咸以爲神。豐城之子東，築堂泖口，顔曰「三魚」。君著書仍三魚堂之名者，志世德也。泖口即今所居華亭鄉。自東之遷，五傳而至君。大父諱濾，父諱元，皆諸生。以文學行義，名於邑中。祖妣李氏，妣鍾氏、曹氏。君既仕，封其父文林郎，妣皆贈孺人。生君者，曹孺人也。君生而粹清，端居寡言笑，經史上口輒成誦。既長，慨然以古聖賢人爲必可師法，不爲科舉奪志。講學授徒，非義不取，嶄然自立。年二十七，始補邑弟子員食餼。又十年舉於鄉，又四年而成進士。其令嘉定，則康熙十四年也。在靈壽七年，爲言官一年。計君前後仕不過十年，而其所建立如此，此余之所謂廉而賢者也。銘曰：

天地之大，敦化川流。清任與和，或剛或柔。雖聖難兼，往路徂脩。苟正其趨，而亡險陂。若適康莊，我馬不騺。周行載馳，循途乃至。偉哉英賢，軒後輊前。跂予望之，如山不

蹇。如江如河，赴彼九淵。天下善士，士皆知之。我銘君藏，敢爲我私。曾吐薦口，忍緘厥詞。（録自午亭文編卷四十四）

陸隴其傳

〔清〕趙爾巽

陸隴其，初名龍其，字稼書，浙江平湖人。康熙九年進士。十四年，授江南嘉定知縣。嘉定大縣，賦多俗侈，隴其守約持儉，務以德化民。或父訟子，泣而諭之，子掖父歸而善事焉；弟訟兄，察導訟者杖之，兄弟皆感悔。惡少以其徒爲暴，校於衢，視其悔而釋之。豪家僕奪負薪者妻，發吏捕治之，豪折節爲善人。訟不以吏胥逮民，有宗族争者以族長，有鄉里争者以里老，又或使兩造相要俱至，謂之自追。徵糧立掛比法，書其名以俟比及數者自歸。立甘限法，令以今限所不足倍輸於後。

十五年，以軍興徵餉。隴其下令，謂「不戀一官，顧無益於爾民，而有害於急公」。户予一名刺勸諭之，不匝月，輸至十萬。會行間架税，隴其謂當止於市肆，令毋及村舍。江寧巡撫慕天顔請行州縣繁簡更調法，因言：「嘉定政繁，多逋賦，隴其操守稱絶一塵，才幹乃非肆應，宜調簡縣。」疏下部議，坐才力不及降調。縣民道爲盜所殺，而訟其讐，隴其獲盜定民愛之比於父母，命服闕以知縣用。

讞。部議初報不言盜，坐諱盜奪官。十七年，舉博學鴻儒，未及試，丁父憂歸。十八年，左都御史魏象樞應詔舉清廉官，疏薦隴其潔己愛民，去官日，惟圖書數卷，及其妻織機一具，

二十二年，授直隸靈壽知縣。靈壽土瘠民貧，役繁而俗薄。隴其請於上官，與鄰縣更迭應役，俾得番代。行鄉約，察保甲，多爲文告，反覆曉譬，務去鬭很輕生之習。二十三年，直隸巡撫格爾古德以隴其與兖州知府張鵬翮同舉清廉官。二十九年，詔九卿舉學問優長、品行可用者，隴其復被薦，得旨行取。隴其在靈壽七年，去官日，民遮道號泣，如去嘉定時。授四川道監察御史，偏沅巡撫于養志有父喪，總督請在任守制。隴其言天下承平，非用兵地。宜以孝教。養志解任。

三十年，師征噶爾丹，行捐納事例，御史陳菁請罷捐免保舉，而增捐應陞先用，部議未行。隴其疏言：「捐納非上所欲行，若許捐免保舉，則與正途無異，且是清廉可捐納而得也。至捐納先用，開奔競之途，皆不可行，更請捐納之員三年無保舉，即予休致，以清仕途。」九卿議，謂若行休致，則求保者奔競益甚。詔再與菁詳議，隴其又言：「捐納賢愚錯雜，惟恃保舉以防其弊。若併此而可捐納，此輩有不捐納者乎？議者或謂三年無保舉即令休致爲太刻，此輩白丁得官，踞民上者三年，亦已甚矣。休致在家，儼然搢紳，爲榮多矣。

若云營求保舉，督撫而賢，何由奔競；即不賢，亦不能盡人而保舉之也。」詞益激切。菁與九卿復持異議。户部以捐生觀望，遲誤軍需，請奪隴其官，發奉天安置。上曰：「隴其居官未久，不察事情，誠宜處分，但言官可貸。」會順天府尹衛既齊巡畿輔還，奏民心皇皇，恐隴其遠謫，遂得免。

尋命巡視北城。試俸滿，部議調外，因假歸。三十一年，卒。三十三年，江南學政缺，上欲用隴其，侍臣奏隴其已卒，乃用邵嗣堯，嗣堯故與隴其同以清廉行取者也。雍正二年，世宗臨雍，議增從祀諸儒，隴其與焉。乾隆元年，特謚清獻，加贈内閣學士兼禮部侍郎。

著有困勉録、松陽講義、三魚堂文集。其爲學專宗朱子，撰學術辨，大指謂王守仁以禪而託於儒，高攀龍、顧憲成知闢守仁，而以静坐爲主，本原之地不出守仁範圍，詆斥之甚力。爲縣崇實政，嘉定民頌隴其，迄清季未已。靈壽鄰縣阜平爲置冢，民陸氏世守焉，自號隴其子孫。（録自清史稿卷二六五列傳五十二）

陸先生隴其

［清］徐世昌

陸隴其，初名龍其，字稼書，平湖人。少即講學，專宗朱子，以居敬窮理爲要。嘗謂：

「窮理而不居敬，則玩物喪志，而失於支離，居敬而不窮理，則將掃見聞、空善惡，其不墮於佛、老，以至於師心自用，而爲猖狂恣睢者，鮮矣。」家貧授徒，非義不取。年逾四十，成康熙庚戌進士，授江南嘉定知縣，賦多俗侈，先生守約持儉，務以德化民。政教兼施，民以大和。十五年，福建按察使缺，聖祖命選賢能愛民之官，不拘常例擢用。魏公象樞方以先生應詔，而江寧巡撫慕天顔言：「嘉定政繁，多逋賦，先生操守清絶一塵，才幹乃非肆應，宜調簡縣。」疏下部議，以才力不及降調。會縣民爲盗所殺而訟其讐，先生既獲盗定讞，部議以初報不言盗，遂坐諱盗奪官。十七年，舉博學鴻儒，未及試，丁父憂歸。聖祖諭廷臣舉清廉官，魏公復以先生應詔，命以知縣用。服闋，補直隸靈壽知縣。土瘠民貧，役繁而俗薄，先生乃爲減役勸墾。歲饑治賑，全活甚衆。直隸巡撫格爾古德奏薦先生有清操，愛民如子。尋詔九卿舉學問優長、品行可用者，陳公廷敬以先生應詔，行取授四川道監察御史。偏沅巡撫于養志有父喪，總督請在任守制，先生劾，罷之。時師征葛爾丹，行捐納事例。御史陳菁請罷捐免保舉，而增應升先用，部議未行。先生疏言：「捐免保舉，與捐納先用，皆不可行。」更請「捐納之員，三年無保舉，即予休致」。户部以捐生觀望，遲誤軍需，請奪先生官。詔原之。會順天府尹衛既齊巡畿輔還，奏「民心皇皇，恐先生遠謫」，遂得免。尋命巡視北城，試俸滿，部議調外，因假歸。三十一年卒，年六十三。逾年，江南學政缺，聖祖欲用先生，大學士王熙奏隴其已前卒，聖祖嗟歎良久，曰：「本朝如此人不可多得矣！」雍正二年，世宗臨雍，議增文廟從祀諸儒，先生與焉。乾隆元年，追謚清獻，贈内閣學士兼禮部侍郎。

先生充養完粹，踐履篤實，事無巨細，處之必以誠，發之於言，書之於册者，無非仁義中正之旨。而於辨正學術，分别是非，尤侃侃不少假借。力排陽明良知之弊，兼及涇陽、景逸，謂「雖不主陽明，而偏重静坐，猶未出陽明範圍」。嘗跋張武承王學質疑，以闢姚江之學，比於孟子闢楊、墨。又爲松陽講義，自序謂：「今之爲世道計者，必自羞乞墦、賤壟斷、闢佛老、黜陽儒陰釋之學始。」其衛道之嚴且切如是。所著書有讀禮志疑六卷、古文尚書考一卷、禮經會元疏釋四卷、三魚堂四書大全四十卷、四書講義困勉録三十七卷、續困勉録六卷、戰國策去毒二卷、靈壽縣誌十卷、問學録四卷、松陽講義十二卷、松陽鈔存二卷、讀朱隨筆四卷、三魚堂賸言十二卷、三魚堂文集十二卷、外集六卷。參史傳、陳廷敬撰墓誌銘、柯崇樸撰行狀、李鉉等撰稼書先生年譜、四庫提要、學案小識。（録自徐世昌清儒學案卷十）

陸清獻公事略

［清］李元度

陸公隴其，字稼書，浙江平湖人。六世祖溥，官豐城縣丞，嘗督運，夜過采石，舟漏勢危甚，跪祝天曰：「舟中一錢非法者，願葬魚腹。」漏忽止。旦視之，則水荇裹三魚塞之。始遷居泖上，築堂曰「三魚」。公文集稱三魚堂者以此。公少貧，力學以聖賢自勵，非義不取。嘗授徒嘉善，有李氏欲延之。公曰：「故願往，但館穀不可有加，庶有以謝主人。」

康熙九年庚戌，成進士。廷對極論時務，其略曰：「法者治之迹，而非所恃以爲治也。爲治而專恃法，自古及今未有能治者。臣非欲陛下廢法而治也。竊以爲法之及人也淺，德之及人也深；法之禁人也難，教之禁人也易。今日之治，苟非崇德教以正人心，雖日議法無益矣。伏願陛下，日新其德，以堯、舜、禹、湯、文、武之心爲心，以堯、舜、禹、湯、文、武之學爲學。有弗言，言則必使天下共法也；有弗動，動則必使天下共則也。於是務敦教化，一如古者司徒、黨正，三物、六行之制，盡其實不徒徇其名。天下之人既動於上之德，而又習於其教，則自然相漸以仁義，相尚以忠厚，相勸以正直，不待法之驅，而人皆有君子長者之風。由是立法以興利，莫不安於上之所興；立法以去弊，莫不安於上之所去。使不先正人心，而徒恃區區之法，議法者日益精，而刓法者日益巧，法之弊未有已也。雖然，臣猶有進焉。人之相遁於法也，始於其心之不正，亦由於用之不足。書曰：『凡厥正人，既富方穀。』管子曰：『衣食足而禮義生。』今之大吏禄簿，不足充其費，則思借法以自肥；小吏俸微，不能養其家，則思干法以爲姦。其罪可誅，而其情可憫。是在陛下仿古待臣之禮，稍重其禄，使有以自給。而又定其車輿服飾之制、宫室飲食之節，勿使耗於無用。夫既有以養之，又無以耗之，則皆充然有餘，自然奉公守法，竭心力以效忠於上。然後德教行、人心正，而郅治可復也。」由二甲用知縣，需次歸，益肆力程朱之學。

乙卯知嘉定縣。嘉定賦多而俗多，公以清介自持，上官嚴憚之。往時令餽遺上官，動千百計。公歲時起居通書問而已。有大賈汪姓，横行里中，里人患苦之。數以利啗令長，至是餽千金，公弗内，則求公故人爲之游説。公與故人談讌極歡，察其言涉汪事，即變色易容，竟不得申其説。會汪僕占賣薪者妻被訴，匿汪所。公捕治如法，汪以是膽落，折節改悔爲善人。民有宗族争者，令族長逮之；鄉里争者，令里長逮之。又有自追牌，則兩造要而來，不煩吏也。衙胥舊以千數，至是去者過半。其在者，無所得食，令公更番給事，退則爲耕販以自活。有所遣攝，計日與錢。遠者，許就民間一飯，括索者，必痛懲之。尤務以德化民，不事刑威。民告其子不孝，訊得實。公涕泣自訟曰：「吾德薄，不能宣教化，令汝父子至此。」因委曲誠諭，父子皆大哭去，子歸卒善事其父。有弟以盜訟其兄，公廉知其弟婦翁所導也，杖而數之，曰：「爲子婿計，乃忍斷其手足耶？」兄弟皆感泣，好如初。邑多逋賦，公立甘限法，令應輸者自爲限，届期輸半即免杖。一士人經月無所輸，公曰：「是非故逋賦者。」察之，則新遭憂也，卒不追呼而糧辦。舊有行杖錢，日數千緍，自公不事敲扑，而正供外民不費一錢矣。其餘雜派悉除之，民得休養，益輸將惟恐後。時南方用兵，徵餉十萬，公爲文諭民，激以大義，不一月而數足。公生日，老稚數千拜堂下。有百歲老人求一識公，曰：「自民有知識以來，未見有官如爺者也。」丙辰廷議，暫抽市肆錢一年佐餉，例不及巷舍，公如例報徵。巡撫慕天顔不悦，疏言「時方多事，陸令非應變才，請調簡。」部議遂引材力不及例，鐫三級調用。嘉定民大駴罷市，日號巡撫門乞留。巡撫不自安，再具疏請復，而公以盜案落職矣。盜案者，邑張某與汪姓訐訟，汪赴理，夜被盜殺。其弟以讎殺告，公疑小隙無殺理，牒大府，請俟獲犯定擬。尋獲真盜七。獄具。部議以初報不直指爲盜，疑諱匿，引例奪職。或謂公盍辨諸，公曰：「縣有盜，長吏不知，黜宜也，何辨爲？」士民相率詣大府爲辨，卒莫省。鄉民扶老攜幼，獻薪粟涕泣請受，公悉慰遣之。比行，委巷結綵，□香以送，建生祠尸祝之，或刻木爲位，旌幢鼓吹，迎歸以祀者日數輩，凡兩月乃已。即嘗所懲艾者，咸謂有再造恩，亦不知涕泗之何從也。會徵博學鴻儒，工部主事吴元起以理學純深、文行無愧薦公，未及試，奔父喪歸。終喪不飲酒，不食肉，不入内寢。服除，牒部請改教官，弗許。魏總憲象樞抗章訟公冤，再疏舉廉吏十人，公其一也。有旨復原官。

癸亥，授靈壽知縣，縣於真定最爲磽瘠，俗强悍，善鬭輕生。公勸課耕耨，以盡地力。請於上官，與鄰縣更役以蘇民困。革火耗，絶私派，以養民財。又反覆曉譬，化鬭狠輕生之習，其爲民厚生正德，若謀其子弟也。尤申明鄉約保午之制，舉鄉飲酒禮，朔望詣學宫與諸生講論，導以躬行，著松陽講義，諄諄於義利邪正之辨。會歲饑，公牒大吏以聞，得旨免徵額賦。有大姓爲盜劫，巡撫不欲奏聞，命改爲竊。公不從，曰：「寧以誠去官，不欲以僞苟禄。」知府乃取盜魁杖殺之。公惻然曰：「盜可殺，而殺之不以法，吾不忍也。」作勸盜文，遣吏往獄中爲諸囚誦説之，聞者多痛哭。越三年，復大饑，詔發三千金以賑。公徧歷山谷，親審其户口。府檄發限單不許愈額，公不顧，卒盡散之，所全活者多。巡撫文清公格爾古德特疏薦公，下部議叙。嘗以公事至都門，政府欲一見之，接淅行。即魏敏果屢薦公於朝，亦不往謁。甲子夏，兩江總督于清端公薨，上臨朝痛悼，問九卿詹事科道，今天下清廉官如于成龍者有幾？於是廷臣以直隸巡撫格爾古德，部郎范承勳、蘇赫，江南學道趙崙，揚州知府崔華，兖州知府張鵬翮，靈壽知縣陸隴其對。丙寅，巡撫于襄勤成龍訪民間利病，公陳六事：一、正月開倉太急，宜緩；一、墾荒起科爲限，宜寬；一、水利宜興；一、積穀宜廣；一、州縣存留公使錢，宜復；一、審丁溢額，宜裁。大略謂自古税斂，必俟稼穡登場。今正月開徵，民間尚未播種也。且四方安謐，司農不至告匱，自可以前歲所餘暫抵本年春夏之餉，俟秋成徵補，於國賦無損，而民力則可以大紓。唐虞三代之政，此其首務也，餘五事皆切中時弊。于公疏薦公，爲大學士余國柱所阻。

庚午，科道員闕，上面諭在廷各舉所知。於是工部尚書張公英、左都御史陳公廷敬、兵部侍郎李公光地、禮部侍郎王公澤宏交口論薦，與清苑知縣邵嗣堯、三河知縣彭鵬並舉，遂奉旨行取。公念靈壽頻年災，正供不支，而雜徭未盡減，將受代，乃申請緩徵，量減房地稅。又言上官供應久奉裁，宜永革除。又請將倉庫不時借放饑民。于公報曰：「謝事時，猶力爲災黎請命，仁人哉！」臨行，邑民哭送者數萬，立碑志遺愛，如去嘉定時。

是年秋，補四川道試監察御史，疏請將畿輔災區錢糧悉蠲免，勿帶徵，特旨允行。未幾，湖廣總督丁思孔請令偏沅巡撫于養志在任守制，舉朝頗右之。公疏言：「天下當承平之時，湖南非用兵之地，若因督臣請而留，後將爲例，其不奪情者鮮矣。臣不知議者以養志爲何如人？其非賢者耶，則固不當使之在任守制；其誠賢耶，則固不肯在任守制矣。」疏入，養志遂解任。辛未夏，大旱，遵旨陳言：「一、請豁免直隸被災帶徵各錢糧；一、言直隸編審人丁宜求均平；一、請停捐免保舉之法。謂捐納州縣，賢否錯雜，故立保舉法以防之。近并保舉亦得捐納，則賢否全無可憑。且保舉所重在清廉，以有清廉字樣爲合例，保舉可捐免，則是清廉之目可納貲得也。竊以爲不但保舉之捐納宜急停，而保舉之期更當酌定。請敕部察捐納之員，凡到任三年而無保舉者，即開闕休致，庶吏治可以澄清。」時御史陳某請停保舉而開先用之例，公再疏言：「捐納先用，大抵皆奔競躁進者也，故多一先用之人，即多一害民之人。」又申三年開缺之請，詞加激切。及奉命會議，公持前議益堅，謂：「捐納一途，惟恃保舉以防其弊。今併此而捐之，且待次年三月停止，此輩有不捐納者乎？澄敘官方之典，蕩然掃地矣！議者或以三年無保舉即令休致爲太刻。夫以貲得官踞於民上者，三年亦已甚矣。又不能發憤自勵，其貽害於民可知，況休致歸，仍在薦紳之列，爲榮多矣。即云設立期限反生營求，此在督撫不賢，則誠有之。臣不敢謂天下必無賢督撫也。」時大兵餽餉亟，計臣方恃捐納濟國用，而豪右希進者相率慶彈冠，内外諸臣亦多由捐納進，公獨於疏議中痛斥之，衆大譁。部議以公拘資格，致捐納觀望，誤軍需，負言官職，擬削籍謫奉天安置。庶吉士張昺嘗欲從公受學，未果。至是恐遽失之，即日執贄爲弟子。而順天尹衛公既齊巡畿輔還，入對，言民心惶惶，惟恐陸御史遠謫。上特宥公俾還職，尋命巡視北城。公凡有獻納，必齋宿謁誠，上每韙其言，以爲與朕意合，故雖以議捐納事府衆怨，而聖明終鑒其誠也。是年秋，以試俸滿，都察院注公不稱職，應外調，遂移疾歸。足跡不一至城市，茅屋數椽，布衣蔬食，益以明道覺世爲己任。

壬申，館虞山席氏，歲暮還家，感末疾卒。年六十有三，時康熙三十一年十二月十七日也。後二年，江南學政許汝霖任滿，上曰：「原任御史陸隴其學問優長，操守清潔，可代其任。」大臣奏公已故，上嗟歎久之曰：「本朝如此等人，不可多得矣！」乃以直隸守道邵嗣堯代之。公尋祀直隸、江南名宦，浙江鄉賢。雍正二年臨雍釋奠，命增從祀賢儒，禮部尚書張公伯行請以公入祀，制曰可。乾隆元年，特賜謚曰清獻，並加贈内閣學士兼禮部侍郎銜。

公教人必授以朱子小學及程氏讀書分年日程，俾學者循序致功，其學以居敬窮理爲主。謂窮理而不居敬，則玩物喪志而失於支離；居敬而不窮理，則將掃見聞、空善惡，其不至師心自用，墮於佛老者幾希。所著學術辨，力闢陽明爲禪學，謂陽明之病在認心爲性，顧涇陽、高景逸之病在忘動求静。論者謂程、朱之統，自明薛敬軒、胡敬齋後，惟公能得其正宗云。公所著有四書大全、困勉録、續録、松陽講義、古文尚書考、讀書志疑、讀禮志疑、禮經會元、戰國策去毒、呻吟語質疑、衛濱日鈔、問學録、靈壽縣誌、三魚堂文集。其門人曰王前席、趙裳旂、席永恂、侯開國。（録自李元度國朝先正事略卷九）

平湖陸先生

［清］唐　鑑

先生諱隴其，字稼書。歷官御史。勵志聖賢，博文約禮，由洛、閩而上追沂、兖。嘗謂聖門之學，雖一以貫之，未有不從多聞多見入者。欲求聖學，斷不能舍經史。又謂今之論學者無他，亦宗朱子而已。宗朱子爲正學，不宗朱子即非正學。董子云：「諸不在六藝之科、孔子之術者，皆絶其道，勿使並進。然後統紀可一，而法度可明。」今有不宗朱子者，亦當絶其道而勿使並進。嘗點勘四書大全，參以蒙引、存疑、淺説，而一折衷朱子。每讀一句，必反覆玩味，俟其貫通，然後及下句，用力可謂勤矣。而其後自序曰：「去取都未能當。有先儒見到之語，讀之若平澹，而實關學問之得失者，不知取也。有先儒一時之言，讀之若無病，而實開假借之途者，不知辨也。又有先儒微言奥義，大全諸書所不及載，或載而不詳者，此本亦竟闕如。又有兩説互異，當存疑而輒輕斷，當畫一而務並存，每取而覆視之，輒赧然於心。欲遂棄之，則又念其曾用之力於此，不忍便置。且欲因此自知其陋，鑒於前者，或毖於後也。」

先生之於學也，思之愼而辨之明；得之深而言之切。其太極論曰：「論太極者，不在乎明天地之太極，在乎明人身之太極。明人身之太極，則天地之太極在是矣。先儒之論太極，所以必從陰陽五行、天地生物之初言之者，惟恐人不知此理之原，故溯其始而言之，使知此理之無物不有，無時不然，雖欲頃刻離之而不可得也。學者徒見先儒之言陰陽、言五行、言天地萬物，廣大精微，而不從我身切實求之，則豈前賢示人之意哉？夫太極者，萬物之總名也。在天則爲命，在人則爲性；在天則爲元亨利貞，在人則爲仁義禮智。以其有條而不紊，則謂之理；以其爲人所共由，則謂之道；以其不偏不倚，則謂之中；以其眞實無妄，則謂之誠；以其純粹而精，則謂之至善；以其至極而無以加，則謂之太極。名異而實同也。學者誠有志乎太極，惟於日用之間，時時存養，時時省察，不使一念之越乎理，不使一事之悖乎理，不使一言一動之踰乎理，斯太極存焉矣。其寂然不動，是即太極之陰靜也；感而遂通，是即太極之陽動也；感而復寂，寂而復感，是即太極之動靜無端、陰陽無始也。寂然之中而感通之理已具，感通之際而寂然之體常存，是即太極之體用一原、顯微無闕也。分而爲五常，發而爲五事，布而爲五倫，是即太極之陽變陰合，而生水火木金土也。以之處家則家齊，以之處國則國治，以之處天下則天下平，是即太極之成男成女而萬物化生也。合吾身之萬念萬事，而無一非理，是萬物統體一太極也。即吾身之一念一事，而無之非理，是一物各具一太極也。不越乎日用常行之中，而卓然超絶乎流俗，是太極之不離乎陰陽，而亦不雜乎陰陽也。若是者，豈必遠而求之天地萬物，而太極之全體已備於吾身矣。由是以觀天地，則太極之在天地，亦若是而已。由是以觀萬物，則太極之在萬物，亦若是而已。天地萬物，浩浩茫茫，測之不見其端，窮之莫究其量，而莫非是理之發見也，莫非是理之流行也，莫非是理之循環而不窮也。高明博厚不同，而是理無不同也；飛潛動植有異，而是理無異也。是理散於萬物而萃於吾身，原於天地而賦於吾身。是故善言太極者，求之遠不若求之近，求之虚而難據，不若求之實而可循。故周子太極圖説，雖從陰陽五行言之，而終之曰：『聖人定之以中正仁義而主静，立人極焉。』其示人之意，亦深切矣。又恐聖人之立極，非學者可驟及也，而繼之曰：『君子修之吉。』修之爲言，擇善固執之謂也。而朱子解之，又推本於敬，以爲能敬，然後能静虚動直，而太極在我。嗚呼至矣。先儒之言，雖窮高極深，而推其旨，不過欲人修其身，以治天下國家焉耳。學者慎無騖太極之名，而不知求之身也。」

其學術辨曰：「陽明以禪之實而託於儒，其流害固不可勝言矣。然其所以爲禪者如之何？曰：『明乎心性之辨則知禪矣，知禪則知陽明矣。今夫人之生也，氣聚而成形，而氣之精英又聚而爲心。是心也，神明不測，變化無方，要之亦氣也，其中所具之理則性也。』故程子曰『性即理也』，邵子曰『心者性之郛郭』，朱子曰『靈處是心不是性』。是心也者，性之所寓，而非即性也；性也者，寓於心，而非即心也。先儒辨之，亦至明矣。若夫禪者，則以知覺爲性，而以知覺之發動者爲心。故彼之所謂性，則吾之所謂心也；彼之所謂心，則吾之所謂意也。其所以滅彝倫，離仁義，張皇詭怪，而自放於準繩之外者，皆由不知有性，而以知覺當之耳。何則？既以知覺爲性，則其所欲保養而勿失者，惟是而已。一切人倫庶物之理，皆足以爲我之障，而惟恐其或累，宜其盡舉而棄之也。陽明言性無善無惡，蓋亦指知覺爲性也。其所謂良知，所謂至善，莫非指此而已。故其言曰：『佛氏本來面目，即我門所謂良知。』又曰：『良知即天理。』又曰：『無善無惡，乃所謂至善。』雖其縱横變幻不可究詰，而其大旨亦可睹矣。充其説，則人倫庶物固於我何有，而特以束縛於聖人之教，未敢肆然決裂也。則又爲之説曰：『良知苟存，自能酬酢萬變，非若禪家之遺棄事物也。』其爲説則然。然學者苟無格物窮理之功，而欲持此心之知覺，以自試於萬變，其所見爲是者果是，而所見爲非者果非乎？又況其心本以爲人倫庶物初無與於我，不得已而應之。以不得已而應之心，而處夫未嘗窮究之事，其不至於顛倒錯謬者幾希。其倡之者雖不敢自居於禪，陰合而陽離，其繼起者則直以禪自任，不復有所忌憚。此陽明之學所以爲禍於天下也。涇陽、景逸深懲其弊，知夫知覺之非性，而無善無惡不可以言性，其所以排擊陽明者，亦可謂得其本矣。然其學也，專以静坐爲主，則其所重仍在知覺。雖云事物之理乃吾性所固有，而亦當窮究。然既偏重於静，則窮之未必能盡其精微，而不免於過不及。是故以理爲外而欲以心籠罩之者，陽明之學也；以理爲内而欲以心籠罩之者，高、顧之學也。陽明之病，在認心爲性；高、顧之病，在惡動求静。我觀高子之論學也，言一貫則以爲入門之學，言盡心則以爲盡心然後知性，言格物則曰知本之謂物格。與程朱之論往往齟齬而不合者無他，蓋欲以静坐爲主，則凡先儒致知窮理、存心養性之法，不得不爲之變易。夫静坐之説，雖程朱亦有之，不過欲使學者動静交養，無頃刻之離耳，非如高子困學記中所言，必欲澄神默坐，使呈露面目，然後有以爲下手之地也。由是觀之，則高、顧之學，雖箴砭陽明多切中其病，至於本原之地，仍不能出其範圍。豈非陽明之説浸淫於人心，雖有大賢，不免猶蹈其弊乎？吾嘗推求其故，天下學者所以樂趨於陽明而不可遏者有二：一則爲其學者可以縱肆自適，非若程朱之履繩蹈矩不可假借者也；一則其學專以知覺爲主，謂人身有生死而知覺無生死，故其視天下一切皆幻而惟此爲真。故不賢者既樂其縱肆，而賢者又思求其無生死者，此所以群趨而不能舍。嗚呼！縱肆之不可易明，至於無生死之説，則真禪家之妄耳。學者取程朱陰陽屈伸往來之論，潛心熟玩焉，其理亦彰彰矣，奈何不此之學而彼之是惑乎？」先生此辨，可謂拔其本而窮其源矣。

觀先生積誠勵行孳孳不已，自修身正家以及蒞官立朝，動準古人，罔有闕失。儼然程朱之氣象，亦卓然程朱之事爲。學程朱如先生則亦程朱也矣，豈獨如之而已哉？夫以程朱之道成己，即以程朱之道成人。見有叛於程朱，爲世道、人心害者，竟隱忍而不置一詞乎？是必不能者也。孔子絶異端、斥隱怪，孟子距楊、墨，放淫辭，皆此意也，豈好辨哉？

先生初授嘉定令，見其俗尚侈靡，豪富暴横，而積逋動以萬計，歎曰：「民不輸賦，大率以貧也。其所以貧，風俗爲之也。」一以鋤豪强、抑胥吏、禁奢汰、變風俗爲主，犯者必拘，能自新者與之爲善。二年而邑大治，以盜案落職。耆老士紳悉詣督撫爲辨，卒莫省。里民刻木爲位，旌幢鼓吹，迎歸以祠者日數輩，凡兩月乃已。會總憲魏公抗章言先生冤，並疏舉廉吏，得旨復原官，補靈壽知縣。縣於真定最爲磽瘠，俗强悍，善鬬輕生。先生曰：「民富而後可以教，輕生之習，禁令尤嚴，然未盡絶，民貧而不知義也。嘉定可使富而不及爲，靈邑又非嘉定比，奈何？」力言於上官，非大恤民力不可。於是舉派運之苦民者，力争而去之；於開墾之益民者，徧曉而導之。適巡撫于公咨訪利弊，先生遂條陳六事：一曰緩徵宜請，二曰墾荒宜勸，三曰水利當興，四曰積穀宜廣，五曰存留宜酌復，六曰審丁不宜求溢額。遇荒賑濟，躬爲部署，驅馳山谷，夜以繼日。府檄發限單不許踰額，先生不顧，率盡散之。以工部尚書張公敦復、左都御史陳公説嚴、兵部侍郎李公厚庵、禮部侍郎王公昊廬交章論薦，奉旨行取御史。臨行，邑民攀留如去嘉定時。補四川道試監察御史，上疏言畿輔民情，蓋親睹小民疾苦，不敢不上聞也；論奪情，篤人倫也；請速停保舉，永閉先用，重官箴也。而當時惡先生者，執争議捐納保舉爲遲誤軍需，擬革職。得恩旨原宥。及試俸滿，以改調歸。

既歸，屏居泖口，足跡不入城市，閉户食貧，讀書課子。先是嘉定罷歸，洞庭席君者，嘗延至家塾。至是復懇延，先生欣然往，與學徒講習不倦。臘月歸，偶感寒疾，遽卒。四方學者聞之，莫不盡傷。嘉定之民，相率而來哭者，踵相接也。厥後，九重念其端方廉潔，召主文衡，而溘然謝世者已經歲矣。

先生之學以居敬窮理爲要。謂窮理而不居敬，則玩物喪志而失於支離；居敬而不窮理，則將埽見聞、空善惡，其不墮於佛老以至於師心自用而爲恣睢者，鮮矣。故既著學術辨三篇，又與秦定叟、李子喬、臧介子、湯潛庵、范彪西諸先生書，往復辨論。箴陽明、白沙之病，且以懲涇陽、景逸之偏，洞悉秋毫，顯微無間，非至誠至明，安能若是？是以篤實光輝，所過者化。在靈壽時，集諸生講四子書，諄諄於義利邪正之辨，彙爲松陽講義百餘篇。其言曰：「今之爲世道計者，必自羞乞墦、賤壟斷、闢佛老、黜陽儒陰釋始。」

性孝友，迎養封公於嘉署，定省温凊，備極肫篤，以奉薦入都、不獲視含殮爲恨。服闋，不忍肉食。少壯時，能飲酒不亂，後以仲弟有酒過，遂絶飲，冀以化之。未幾仲殁，遂終身不飲。居常容止慤敬，一言一動，皆有法度。家故貧，及登仕籍，貧益甚。前輩講學之書未經見者，輒質衣易之，雖哺粟不繼，不顧也。爲令時，上官有欲招致門下者，堅執不允，用是失懽。又嘗以公事至都門，政府欲一見之，接淅而行。即魏公環極屢薦先生於朝，亦不先自私謁，履蹈不苟如此。

所著有靈壽縣誌、先正一隅集、四書講義、問學録日鈔、讀禮志疑、三魚堂文集、評定四子大全、評選戰國策去毒。擬輯困勉録未成。而松陽講義一書，當下指點，語語親切，讀者驚醒感憤，生向善之心，是宜家置一函，朝夕玩味，未有不獲其益者。雍正二年得旨，從祀兩廡。乾隆元年，賜謚清獻，加贈内閣學士兼禮部侍郎。門人王前席、席永恂、趙裳旂、侯開國。（録自唐鑑國朝學案小識卷一傳道學案）

辯陸書　朱陸異同書

［清］郮成　撰
唐玲　校點

目録

校點説明

辯陸書一卷、朱陸異同書一卷，清鄗成撰。鄗成（一六一五—一六九二），字憲公，以所居鄰前知州藏冰洞壑，自號冰壑先生。世爲絳州北平里北窯莊（今山西新絳）人，先世皆務農。幼習尚書，後精周易，間博涉於性理暨元明以來諸儒家言，然屢舉不第，至崇禎壬午（一六四二）、癸未（一六四三）間，猶與童試。明亡後絶意仕進，超然遠引，而專志於聖經賢傳之學。爲人寒潔素守，不求聞達。進士范鄗鼎屢揚於人前，成聞之皆遜謝，意甚不懌，時人目爲古之狷者。晚年以講課授徒爲業，雖精力歲遜月讓，而兢兢持身，殷殷誨人之意終始不渝。康熙壬申八月十九日卒，享年七十有八。鄗成之學初無師承，自以朱子爲宗，而用力之要有三：一曰明理在平時，一曰去私在臨事，一曰小心照察。平生著力，亦於四書居多，專闢陸王一派。絳州知府潘錦稱其「屏居田野，足跡不至城府，推誠致行，排斥僞學，根柢紫陽，幾與河津抗衡，生徒襲其片帙，儼若白鹿、鵝湖注疏也」。其著述除辯陸書、朱陸異同書外，尚有日知録、仰思録、學庸澹言、學思二編、儒者十知略、致知階略、三訓俚説、天德王道説、儒者大端、君子心、兩斗楷等，凡十三種，其弟子段璿編爲鄗冰壑先生全書。傳詳李毓秀鄗冰壑先生行狀、清史稿卷四八〇。

辯陸書、朱陸異同書皆爲鄗成致他人書信。辯陸書乃爲答冀城師清寰而作，朱陸異同書凡三札，未言所答何人。均旨在辨明朱陸異同，以斥陸氏之妄。如云：「論者多以陸爲尊德性，朱爲道問學。此言殊未然。蓋朱子之道問學，實以尊德性也，陸氏則自錮其德性矣，何尊之可云？陸子嘗曰：『不求本根，馳心外物，理豈在於外物乎？』此告子義外之學也。朱子曰：『本心物理，原無内外。以外物爲外者，是告子義外之學也。』即此數語，可以見二家之異同矣。若粗論其同，二家皆欲扶世教，崇天理，去私欲，其秉心似無大異者。而實究其學，則博文約禮者，孔顏之家法，屢見於論語，朱子得其正矣。陸氏乃言『六經皆我注脚』，又言『不識一字，管取堂堂作大丈夫』。豈不偏哉！」其辨論精當如此（清李元度國朝先正事略卷二九）。

鄗成著述雖不甚多，而因尊程朱、闢陸王名盛一時。行狀謂康熙十二年，有傳日知録、學庸澹言及辨朱陸書於京師者，時理學家魏象樞爲左僉都御史，讀之，千里寄書，贊其「接文清之淵源，考亭之正派」。且令平陽知府檄下州牧，賫啓幣請成往晉山書院開講。後逢吴三桂之變作，軍興旁午，弗暇及此。魏象樞又寄書數四，禮愈恭，情愈親，鄗成或略答兩簡，或不與深言（行狀）。

辯陸書、朱陸異同書雖篇幅短小，然皆單獨成書，列爲鄗冰壑先生全書十三種之二，故此次選入歷代「朱陸異同」典籍萃編，并予整理。鄗成生前，著述僅爲諸弟子所抄録，鮮有刊刻者。康熙庚午（一六九〇），門人段炳然先取日知録、儒者十略、致知階略、三訓俚説四種鋟板，公之同人。此當爲鄗成著述最早刻本，今已不存。康熙己卯（一六九九），弟子段璿整理其師遺著，編爲鄗冰壑先生全書付刊，序云：「先生著述最夥，其精要者略具數種。今取全書讀之，鉅細精粗，是非可否，如數一二，如辨淄澠，恍聆謦欬而侍左右也。謹捐貲而付剞劂，願與有志聖學者共得之。」道光辛丑（一八四一），絳州舉人喬佐洲閱稷山縣學司廣文所刊之歸裝輯録，始知鄗成遺著藏於稷邑管穎士家，遂輾轉借出，付梓刊刻（冰壑先生全書序）。康熙、道光刻本今皆不存。

今全書傳本有二：其一爲光緒乙酉（一八八五）絳州東雍書院重鐫本，今藏國家圖書館、雲南省圖書館。其本有康熙間李毓秀、潘錦、段璿、段炳然及道光間喬佐洲序跋，知光緒本當源自康熙、道光二本；其二爲抄本，藏山西省芮城縣圖書館，今尚無緣得見。

此次即以光緒全書本爲底本標點，間予以他校。

二〇一五年一月　唐玲

辯陸書 答翼城師清寰

客歲潭府歸來，自計地裁百里耳，朝發夕至，嗣後當接教不難也。乃今經年矣，病貧牽滯，竟不得輕便如願，則當何如也？忽得來教，見兄台純心學問，且孜孜欲極於詳明也，服曷勝言，喜曷勝言。但理道精微，非百里之外一時簡端可悉。況弟又久踈筆硯者，且勿論其明有不及也，即少有所見，亦不能一一向筆頭上清得出來。是以極欲東行，作數日談心，而目下尚未得閑便也。來教象山之害，弟誠有是言。弟學淺口訥，從不敢與異學角口，但彼時逢忠信君子如兄台者，即不敢目爲交淺，而不覺其言之深耳。且又爲貴地譚道多尚莊老者，亦借此爲兄台効區區進一藥石耳。然亦理本如是，弟焉敢以粗率之語輕於誣罔先輩也？此段公案，朱陸之徒，口舌翻弄，經數百年，今將久而論定矣，亦無俟我輩費力也。然兄教及之，弟寧敢不約畧復之？陽明之序，陽明言之耳。象山議論，猶其近理者，至陽明，則其大亂真者也。論象山外迹，則誠如陽明之序。若探其原本，人倫物理，天下國家，象山果無所害乎？此義自可向知者道也。不尊德性，不可謂道問學；不道問學，不可謂尊德性。若曰用力居多，此學便屬偏曲。項平父書，雖出朱子，亦陽明定論中所隱括者，何可據以爲的實也？朱子之學，居敬窮理也，存心致知也，存養省察也，的是博文約理家法。台教摘出「格物窮理」四字，而謂其務節目而遺原本，似乎於朱子面目尚有未肖也。若就原本言之，陸氏之學，自是著力原本者，第恐彼之所謂原本者，非吾之所謂原本者耳。教中所指先儒經書之語，何語非該貫動静，而敦篤夫原本者？昔朱子幼時，亦曾好禪，比見延平先生，每有論説，先生只言不是，朱子再三叩請，先生曰：「只讀聖賢書便見。」今「存養」「主敬」許多話頭，皆聖賢精旨所在。人苟虚其心，平其氣，去其好奇之念，忘其先主之言，只於四書五經、性理大全中將此等話頭一一領會，而不敢誣爲我心註脚，則此道正義，可指日而了然矣。倘不屑務此，而醉心於傳習、定論諸書，則彼家立論，將此等字眼解註，一齊換過，如論語「博文」、中庸「博學」，皆不肯解作「讀書」，大學「格物」，只解爲「爲善去惡」。令人一見，即爲所惑。兄台不知曾於此等處看破否也？象山之徒，有病狂喪心者，有飲酒駡人者。其病狂喪心者，即異教中所謂著魔者也；其飲酒駡人者，即異教中所謂訶佛駡祖者也。以爲我既了道，便一了百當，任我棒焉，任我喝焉，無所不可也。凡此等者，固其人之不才，實師學之誤人也。堯舜之道，譬則日月也；陸氏之道，譬則炬燭也。堯舜之静，淵淵其淵也；陸氏之静，池沼澄清也。神聖而至堯舜，其間儘有等級。若謂屏去私欲，心不外放，即是絶頂踞巔，遂將堯舜孔孟併歸於守心，地位高下，似見不倫，此事當更作商量也。正道一路也，邪蹊百千也。凡百異學，誰不高言原本？但正之與邪，所差别處，只在原本上毫釐之間。總之，彼家皆是養神；吾儒獨是盡性。彼家話頭，亦有間似吾儒者；吾儒話頭，亦有間似彼家者。世之學人，始若以非而混其是，久將以是而斥爲非矣。是在精義君子，虚其心，平其氣，只細心於聖賢書籍，久當有以見之，非一時筆舌所能取辨也。書不盡言，惟高明裁之。

朱陸異同書

承下詢，不惟先哲要義非淺學所易析，即少有一得之明，亦困於筆荒而不能言。今第約畧言之，仍俟面悉鄙意，可乎？蓋本心、物理，原非二道。朱子之意，謂夫物理之即我本心也，惟氣拘物蔽，本心之量多有未盡。故務精究物理，以存養充廣之，久焉則物理明而心量全矣。陸氏之學，亦謂本心之無理不具也，乃專事本心，而脱畧典籍，遂使本心不充而學流於曲。此二家之大畧也。今人類有兩可其説，以爲陸是「尊德性」，而朱是「道問學」者，此言殊未然。蓋朱子之「道問學」，而實「尊德性」者也，陸氏則自錮其德性矣，尚何尊之可云乎？此是則彼非，此正則彼邪，有不容兩可於其間者也。嘗看語録，雖忘其原文，猶記其大意，有謂陸氏曰：「不求本根，馳心外物。理豈在於外物乎？」此告子義外之學也；朱子曰：「本心、物理，原無内外。以外物爲外者，是告子義外之學也。」即此數言，亦可以見二家之異同矣。今試粗論其同，則二家者，皆欲爲君子，皆欲持世教，皆欲崇天德，皆欲無私欲，其秉心似無大異者。若實究其學宗，則博文約禮者，孔顔之家法，屢見於論語，朱子得乎其正矣。陸氏乃曰：「六經皆我註脚。」又言：「不識一字，管取堂堂作大丈夫。」蓋倚於「吾心即宇宙，宇宙即吾心」而偏焉者也。本宗杲德光之緒[一]，亂鄒魯濂洛之傳，稽其流弊，較孟子之言楊墨，其害有甚焉者也，尚何必嘖嘖焉而細別其異同也哉！此鄙見之大凡也，敢敬質高明。

説陸

天下無心外之理，亦無外理之心。惟其無心外之理也，則第虚静其心，以應萬物之來，成性存存，道義以出，古聖人「廓然而大公，物來而順應」者，正此故也。下而凡民日用，苟能從事虚静，亦可以良知良能應事物而無謬，是知虚静之心，誠學人入聖之要端也。然民生異質，知愚不一，必藉實地學問，以開通夾持之，方能循轍而進道。不則徒務虚静，竟流空禪，不惟不足以進道，而反爲聖學之蠹矣，此則陸學之偏也。若知其無外理之心，而研窮物理以安心於實地，則物理明而吾心明矣，物理通而吾心通矣。大公順應之域，可指日而幾及也。然察理應物，亦曷嘗不事虚静與？特不若空疎其中者，師心自用以自敗

〔一〕本宗杲德光之緒　「德」，原誤作「得」，今據唐鑑學案小識卷六改。

其作聖之真種也。紫陽夫子所以度越諸儒，而接洙泗之正傳者，其在此與？其在此也與！

又

善惡易判，而邪正難知。自以爲正，而誣正爲邪，世無孔子，孰能指其是而是之，指其非而非之？間有是之非之者，亦孰能聽而信之？然直道天則，恒在人心，或是或非，端無久而不著，況乎衛道先哲，屢有謫其瑕疵以啓其端於前耶！朱陸在當時，交取其品行，交少其學術，交目爲告子義外，交辨爲葱嶺帶來。嗣是兩家學徒，彼鳴冤，此攻擊，口舌角争，數百年所矣，此固是非之最難定者也。即盛明崇祀，亦於朱有薛、胡，陸有陳、王，兩家直相半焉。無怪乎淺學少識，非置焉不敢論，即牽合以爲兩可也。夫兩家各自爲正，則必實有一正，兩家互言爲邪，則必實有一邪。斷斷乎無皆正之理，而於此正有識邪之機也。心，氣也；性，理也；聖人者，一心性而極焉者也。朱子之學，使人勤心於知性，蓋析言心性者，正合心於性也。陸氏乃認心爲性矣。認心爲性，是爲不識性。不識性，則不務知性，而併路於養神矣。所以彼門學徒，得者不過鏡象之見，失者至有喪心之狂。今第平心觀之，其於博文約禮、存心致知之旨，是與非果何如也？若全以爲禪，則又有説。説是龍，却無角，說是蛇，却有足，朱子當年蚤有定評矣。蓋陸氏也者，似儒非儒，似禪非禪，禪、儒之間，而自立一門户者也。

附録

鄙冰壑先生全書後跋

［清］段炳然

先生學誼品行，人多知之，而著述僅得諸弟子抄録，蓋剞劂艱難，是以人罕有睹之者。頃余敦請先生於逸園開講，因慮夫先生繼往開來之旨不獲悉白於衆也。先取日知録暨儒者十略、致知階略、三訓俚説鋟板，公之同人焉。其他澹言、學思、仰思等集，俟訂它日問世。

抑先生之著是書也，非由勦襲；余之刊是書也，非效標榜。故不敢韞，亦不敢玩，要在務實學者之自得之耳。時康熙二十九年歲次庚午四月朔旦，晚學段炳然謹書。（録自清光緒乙酉絳州東雍書院重鐫本鄙冰壑先生全書）

冰壑先生全書叙

［清］段　璿

道統相傳，有宋諸子而後，允推薛河津爲最。嗣是羽翼聖傳者雖不乏人，而溯文清之淵源、續程朱之正脈者，亦允推冰壑先生爲最。先生德之崇、業之廣，洵非後學所與知。竊念垂髫時，每從先生於逸園聽講，深惜年少識淺，未及悉先生之精藴也。迨少長，而先生已作古矣，追憶之下，曷勝感歎。

先生著述最夥，其精要者略具數種。今取全書讀之，鉅細精粗，是非可否，如數一二，如辨淄澠，恍聆謦欬而侍左右也。謹捐貲而付剞劂，願與有志聖學者共得之。且先生之言，皆先生之躬行心得所發現焉者也。讀是集者，以爲先生之緒餘可，即以爲先生之全體亦無不可。康熙己卯閏七月之望，晚學段璿謹識。（同上）

刊冰壑全書弁言

［清］李毓秀

先生德詣俱見於所述行實中，兹不贅，獨是以先生所學之正，所守之定，所養之裕，所造之深，而知之者蓋鮮，則信而從之者之難也固宜。當時信而從之者尚難其人，又安望没世之後復有尊崇而廣傳之者乎？而謙齋乃獨刊其全書而布之。謙齋之先世有積德，至謙齋益振前緒而光大焉，設義學，立交會，士子有志者多蒙培育。今又梓是集以行世，則凡讀是書而興起者，竊先生之餘澤，無非沐謙齋之大德矣。

謙齋名璿，姓段氏，今候補主政。冰壑門人李毓秀沐手題。時康熙三十八年中秋之吉。（同上）

冰壑集序言

［清］潘　錦

曲沃賈舍人荆生篤學好古，與余最善。其論人物少見推許，獨雅重洪洞范鄗鼎、絳州鄭成。范起家進士，與荆生同年，著廣理學考，蒐羅墜簡，補綴遺文，有功賢哲。雖名位未顯，學者宗之如泰岱北斗。鄭故明諸生，屏居田野，足跡不至城府，推誠致行，排斥僞學，根柢紫陽，幾與河津抗衡。生徒襲其片帙，儼若白鹿、鵝湖注疏也。鄭晚歲益力學問，辨理欲，晰天人。日用動静，各有旨趣，終不肯自以爲至。昔整庵困知記謂：「程叔子易傳已成，學者莫得傳授，或以爲請，先生曰：『自量精力未衰，尚覬有少進爾。』朱子年七十，有

『於上面猶隔一膜』之歎。」整庵平生精進，未嘗少懈，余於鄗亦云。鄗没後一歲，余方代牧絳，訪鄗子孫，求遺書，幾不可得。前牧守錢塘汪魯垣議祀鄉賢，首舉鄗。余亦欲附鄗於泮宫，乞荆生、彪西作傳，事未果。今荆生老且病，不肯作文字。范亦淪落，閉户罕見人面。余守官曲沃，州人士鮮過從，即有，不一日即棄去，不能編次鄗集。前哲淹没，有志未竟，可慨也夫！

絳州謙齋段君，鄗高弟也，能拾其遺篇，刊示來兹。余素好鄗著述，且重段君志，因弁其集，并示荆生，寄語彪西，知吾兩人篤好何如也。崇安潘錦撰。（同上）

冰壑先生全書序

［清］喬佐洲

余少時即聞吾絳北窯莊有鄗冰壑先生，但止聞其名，未見著作。間與絳士人閒譚，無有知者。庚子冬，翻閱稷山縣學司廣文所刊之歸裝輯録，始知先生著作藏於稷邑管穎士先生家。因轉友奉求借來一看，并付剞劂，以俟同好。謹述所由來以爲序。道光辛丑年莫春中浣。仙舫喬佐洲敬識。（同上）

冰壑先生行狀

[清] 李毓秀

冰壑先生諱成，字憲公，姓郗氏，世爲絳州北平里北窯莊人。莊距州治四里許，西枕土阜，稍南，兩岸對峙，一流通中而東注，洞壑幽邃，前州大夫之凌陰在焉。先生暇則徜徉其間，寒潔素守，視世俗熏灼，泊如也，因自號冰壑居士云。先世皆業農，其源遠不可譜。高祖諱爵，祖諱朝京，生七子，最少者諱一孝，則先生之父也，配張氏。

先生生於明萬曆乙卯五月九日，幼攻舉子業有名。壬午、癸未間，猶與童試，後際事變，喟然歎曰：「困耶？亨耶？係於外耶？噫，吾求其在我者。」遂絶意仕進，超然遠引，而專志於聖經賢傳之間。學之大旨，以朱子爲宗，而用力之要有三：一曰明理在平時，一曰去私在臨事，一曰小心照察。蓋欲理常明，私常去，而無所間也。以是律諸己，即以是教諸人。嘗謂聖賢精藴盡在四子，每見世儒識解高者有矣，學問博洽者比比而是，而四子功疏，是所謂舍本而趨末也。故平生著力，惟於四書居多，而學庸尤惓惓三致意焉。其説書，務平易，不用穿鑿，尚切實，不事虚巧。幼習尚書，後精周易，閒博涉於性理暨元明來諸儒家言，靡不折衷以求其當。所著有日知録、仰思録、學庸澹言、學思二編、儒者十知略、致知階略、三訓俚説、天德王道説、辨朱陸異同二書，并儒者大端、君子心、兩斗楷，皆自抒所得，有目者自能識之。顧先生之所以見重於世者，亦即所以取嫉於時。自俗之偷也，蚩蚩者無論已，稍知讀書問字者，咸束縛於帖括，父兄之教，子弟之學，所志不過榮名厚利，聞理學兩字，則高遠之矣，否則迂闊之矣，否則談笑之矣，又甚則視爲奇異怪誕而毁謗之矣。毓秀之始遇先生也，先生年逾五旬矣，時在門墻者，僅有太平薛、屈兩人而已。先生望後學之殷，不啻飢之於食、渴之於飲也。而其愛後學之誠、訓後學之諄切，不啻父之於子也。乃與俗河漢風馬牛若此，先生固不蘄人知，而亦非人之所易知也。

明季州守孫公、本朝單公，試其才，詢其行，曾扁旌其閭。順治戊戌，紳衿鄉民，各合詞公舉，述其至孝純篤。母病，體不解衣者數月。性尚狷潔，質極醇誠，甘心處約，安分忍辱，居鄉謙讓，守正不阿，及學宗程朱、道衍性理諸行實，特請轉申旌表，不果。迨康熙丁未歲，先生年近周甲，尚固守編氓，循分服役。闔庠又公舉耆德醇儒，有功聖門，乞依例蠲除，嘉與善類，爲士風勸，州守劉公始准除免。總未有深知其學、真識其人而破格禮遇者。康熙癸丑，或傳日知、澮言及辨朱陸書於京師，爲魏敏果公所知，千里寄書，有「接文清之淵源，考亭之正派」之語。平陽太守袁公，乃敏果公己丑所得士也，承諭檄下州牧，賫啓幣請就晉山書院開講，先生期以來春。甫越歲，而吴逆之變作矣。時軍興旁午，弗暇及此。未久，而袁公又以詿誤去職，厥議遂寢。而敏果公寄書并口問者凡四，先生初未答，嗣此，每書來，禮加恭，情加親。先生略答兩簡，繼欲深言，而公告終矣。先生自是閒居冰壑北崖明善齋，日與二三子講論不輟。每言「今日急務，莫如收拾有志之士而成就之，上爲朝廷培賢才，下爲草野厚風俗；前爲往聖繼絶學，後爲萬世開太平，皆取諸此」。惜乎從先生游者，鮮能副所望也。

先生學初無師承，年及强而鬚髮皆白，蓋思慮積苦所致。然以貧病故，保養備至，故壽幾邇耄。四五年來，精力歲遜歲，月讓月，而兢兢持身、殷殷誨人之意，終始不渝。易簀前與門人言，輒云：「人鬼分關，知行得力，天德王道，緊要只在慎獨，小子志之。」噫！務實而不蹈虚，爲己而不近名，即此可以知先生之用心，即此可以識先生之爲人矣。身雖困乎，道則亨也。以康熙壬申八月十九日卒，享年七十有八。斂準家禮，奠朔望，不用浮屠法。正終也，或有議私謚者，毓秀曰：「温公之答程子，詳哉言之矣。不附熏灼，寒潔自安，此先生之本志，亦先生之實行也。」故止稱爲冰壑先生云。

先生姿禀勁特，而充養有道，無復圭角，清和温潤之氣，見於面目。口稍吶，甫接談，多未能遽領其意，聽之愈久，轉覺旨味深長。中年肥遯，似無意於當世，然憂時論事，感慨激厲。間亦旁通二氏家言，故於邪正分塗，辨之甚析。至於金溪、姚江陽儒陰釋之學，闢之尤加詳焉。其與人交，不苟取，亦不矯廉，不爲翕翕熱，亦不爲崖岸詭異之行。嗚呼！若先生之學術通明，操持純正，求之近今，殆鮮倫比。然未始希合於世，而亦未嘗輕以語人。故上之人既莫之知，而學者亦莫之識也。而先生方且玩其所知所得者於寬閒之野、寂寞之濱，悠然不知老之將至也。比年來，道益明，德益光，從學者日漸衆，而士大夫之賢者，又多親就而樂與焉，其意殆有未可量者。不幸天喪斯文，而先生老且没矣，考亭、文清之統，吾鄉遂失其傳矣。出自北門，遥望冰壑，緑樹横渠，依然如昔。其地存，其人亡，將復悵悵安之耶！嗚呼痛哉！

配曰曹氏。子男三：恪、恂、慎；孫男五：學儒、體儒、良儒、習儒、行儒。諸孤將以今冬十月三日，安措於吉莊之原，謂毓秀承學有年，宜知先生之藴，使狀厥行，以求誌於有道者。毓秀竊惟受業不爲不久，聆其誦誨不爲不多，觀其日用動止而服膺焉不爲不詳。奈愚魯稚騃，未能有以得其精者、深者、遠者、大者。姑就家世行業，并見聞所及一二遺事書之。祈大人君子筆削而賜之誌銘，庶勒諸幽堂，以告後世知德者有考焉。門人李毓秀謹次其狀以請。（同上）

鄙冰壑傳

[清] 范鄗鼎

鄙冰壑先生諱成，字憲公，平陽絳州人。世居城北四里許，洞壑清涼，自號冰壑居士。以農傳家，幼好詩書，稍長，應童子試。甲申國變，閉户不出，誓以布衣終身。手執四子書，尤精於學庸。著日知録、學庸澹言、學思二編、儒者十知、致知階略、朱陸異同辨等。余既採入三晉語録、晉國垂棘諸刻行世。家業似吴康齋、胡静齋，學行亦似之。兼嗜羅整庵、張古城、陳清瀾諸集，總以朱子爲嫡傳。予雖未及謀面，頗爲神交。十年前，緘其最賞心者一種來贈，予發視之，則吴康齋全書也，跡此得窺先生之學之所重矣。先生殆古之狷者與！生平不求人知，人即知而樂道之，終非先生之志。明季州守孫公、清初州守單公，前後表厥宅里，先生若罔聞知。戊戌，州之士大夫公舉純孝。丁未，州之諸文學公舉實學。州守劉公貰其租庸，先生若罔聞知。癸丑、甲寅間，敏果魏公立朝，屢走字商學，嘉其繼往開來，説項於太守袁公，禮幣式閭，敦請開講，而先生終守温公之所以待吕申公、薛公之所以待李南陽者。即予木石，亦有懿好之同，曾走字闡揚於道憲張公、郡守梁公。先生聞之，曲爲善辭，若有不懌然者。嗚呼！先生予謂爲古之狷者，猶信。康熙壬申八月十九日申時，先生卒。予遥具生芻致誄，且唁佳公子，嘉其能遵家教，不用浮屠，善體先志也。既爲先生作傳，復遣予及門閻擢、關思誠向佳公子索狀。狀來，乃知其生在萬曆乙卯五月九日寅時，距今之卒，享年七十有八。又爲誌銘，俾納之壙中。（録自清康熙五經堂刊本范鄗鼎五經堂集卷五）

清史列傳卷六六党成傳

党成，字憲公，亦絳州人。幼爲學有志聖賢，村居鍵户，日誦濂、洛、關、閩書，以身體之。其學以明理去私爲本。生平不求人知，鄗鼎曾揚之於人，意甚不懌，時目爲狷者。家貧，取與不苟。與人語，悉本諸經。嘗爲友人作一齋解云：「朱子曰：一者誠而已矣。周子曰：聖可學乎？曰可。有要乎？曰：一爲要，一者無欲也。經傳所載，若一德，若一貫，誠之説也，所謂聖也。若惟一，若克一，無欲之説也，所謂學聖者也。致力於無欲，則聖可學矣。」鄗鼎嘗稱其言。其辨朱陸異同，謂：「論者多以陸爲尊德性，朱爲道問學，此言殊未然。蓋朱子之道問學，實以尊德性也。陸氏則自錮其德性矣，何尊之可云？陸子嘗曰：『不求根本，馳心外物，理豈在於外物乎？』此告子義外之學也。朱子曰：『本心物理，原無内外，以外物爲外者，是告子義外之學也。』即此數語，可以見二家之異同矣。」其辨析精當，類如此。蔚州魏象樞聞其名，敦請講學，三返，卒不答，象樞益高之。著有學庸濬言、日知録等書。弟子同里李毓秀傳其學。（録自清史列傳卷六十六儒林傳上一）

清史稿卷四八〇党成傳

成，字憲公。其學以明理去私爲本。生平不求人知，鄗鼎曾揚之於人，意甚不懌，時目爲狷者。其辨朱陸異同：「論者多以陸爲尊德性，朱爲道問學。此言殊未然。蓋朱子之道問學，實以尊德性也，陸氏則自錮其德性矣，何尊之可云？陸子嘗曰：『不求本根，馳心外物，理豈在於外物乎？』此告子義外之學也。朱子曰：『本心物理，原無内外。以外物爲外者，是告子義外之學也。』即此數語，可以見二家之異同矣。若粗論其同，二家皆欲扶世教，崇天理，去私欲，其秉心似無大異者。而實究其學宗，則博文約禮者，孔顔之家法，屢見於論語，朱子得其正矣。陸氏乃言『六經皆我注脚』，又言『不識一字，管取堂堂作大丈夫』，豈不偏哉！」其辨論如此。（録自清史稿卷四八〇儒林一）

［清］張　烈　撰　羅争鳴　校點

王學質疑

目録

校點説明

王學質疑一卷附録一卷，清張烈撰。張烈，字武承，一字莊持，門人私謚志道先生。順天大興（今北京）人。生於明天啓二年（一六二二），卒於清康熙二十四年（一六八五）。康熙九年進士，十八年舉博學鴻儒試，列一等三名，改翰林院編修，預修明史，後遷右春坊右贊善。張烈爲官以清白自勵，克己奉公，爲學則「以程、朱爲宗，深疾陽儒陰釋之徒，以閑邪衛道爲己任」。著有讀易日鈔、王學質疑、孜堂文集等。

王學質疑以王陽明傳習録爲「質疑」對象，辨析王學所短，共五篇：心即理也、致知格物、知行合一、雜論、總論。書成於康熙二十年，二十二年呈同年友陸隴其，陸備極稱許，遂作序並擬付梓。然康熙二十四年，陸「方謀付梓」之際，張烈卻捐館去世，生前没能看到此書的刊行。康熙二十六年既刊之後，張烈子升孫復寄其父所撰朱陸異同論一篇、史法質疑一篇、讀史質疑五篇，因其均與王學相關，陸隴其附於王學質疑卷後補刊。在明末清初「尊朱抑王」的學術背景下，這部書很快獲得了張伯行等人的響應和刊佈，同時亦有反駁、批評的聲音，這在清初理學發展史上産生了較爲深遠的影響。

然陸隴其刻王學質疑流播並不廣。康熙四十七年張伯行在福州正誼書院重刻此書，其子撰張清恪年譜卷上曰：「陸稼書先生稱其窮盡陽明根株，曾刊布之，公以流行未廣，學者無從得見，又刻之閩中。」陸隴其初刻之後，王學質疑曾招致王學衛護者的反對，甚者欲焚其書、毁其版，當時並未廣傳，這也是現今未能檢核到陸氏初刻本王學質疑的根本原因之一。至於張伯行康熙間福州正誼書院重刻本，我們迄今亦未能檢索到。現國家圖書館、浙江圖書館和南京圖書館都收藏有清抄本王學質疑。國圖所藏爲朱絲欄本，未見全貌；南圖藏本著録五卷附録一卷，卷次同正誼堂全書本；浙圖藏本卷末有陸隴其補刻附録，當抄自陸隴其初刻本，且無張伯行序，或疑是張伯行福州正誼書院重刻之前的一個抄本，即抄於康熙年間，有重要的校勘價值，今四庫全書存目叢書據以影印，收入子部第二三册。王學質疑通行刻本，則有同治五年福州正誼書院刻正誼堂全書本，民國二十八年商務印書館據以排印，收入叢書集成初編；光緒十八年傳經堂刻辨學七種本，收入賀瑞麟西京清麓叢書續編。雖然正誼堂全書本較西京清麓叢書續編本更爲廣行，但經比勘，發現西京清麓叢書續編本文字更接近浙圖藏清抄本，篇目順序與卷次安排也更爲合理，如陸隴其序云「武承先生示余王學質疑一卷」，則王學質疑原本當爲一卷，但正誼堂全書本卻以篇爲卷，析爲五卷，有失本真。故此次校點，乃以西京清麓叢書續編本爲底本，校以正誼堂全書本（簡稱正誼堂本）和浙圖藏清抄本（簡稱清抄本）。

羅争鳴　二〇一七年四月

張序

自陽明王氏倡爲異學，以僞亂真，援儒入墨，天下學者翕然宗之，於是荒經蔑古，縱欲敗檢，幾至不可收拾。此蓋有氣數存乎其間，非人力所能爲也。然當狂瀾横溢時，猶賴有覺世憂道之君子，如羅整庵、陳清瀾兩先生，先後繼起，震聾發聵，得以稍稍廓清。顧猶有爲調停兩可之説者，叩之則曰：「學者尊所聞，行所知，遵朱而不闢王可也，何用呶呶焉逞筆鋒舌劍，效辨士之所爲？」嗚呼！是何言也。夫欲入德者之必先屏絶淫聲美色也，夫人而知之也。既屏絶矣，又必日親正人賢士，受其箴規藥石，磨礲攻錯，日久而後底於成，亦夫人而知之也。今曰「尊朱而不闢王」，是何異欲親正人賢士，而復任淫聲美色之日濡染於耳目之前，謂可以不拒者拒之也。有是理乎？嘗考朱子之學，居敬以立其本，窮理以致其知，反躬以踐其實，循循畏謹，奉前聖之格言，佩前賢之遺矩，終身悚惕於視聽言動、倫物政事之間，若無一息可以便安者。其爲學固似乎拘苦，然上之可以入聖，次亦不失爲賢人。乃陽明獨敢詆之爲支離影響，别立「致良知」之説，以爲即心是理，但求此心之速悟，六經任我驅使，不必循塗守轍而自合於道。學者既喜其便捷，而又可以任吾意之所欲爲，於是苟且儇薄之士，憑陵睥睨，得以恣行其胸臆，詆呵聖賢而不顧，滅裂綱維而不畏，沿至百有餘年，而士風不可復問矣。豈當時士大夫盡以朱子之學爲非，而必欲變亂其成法哉？其始不過存一調停兩可之見，不能勇於決擇，久知其不便於己，卒至決然舍去，縱恣自適，其勢不中立，而又轉移之速，如此甚可懼也。吾烏知夫今之學者不又承其流而襲其弊也耶？武承張先生品行卓然，不隨流俗，初出入於王學者有年，既而翻然自悔，洞徹底裏，著爲質疑一書以問世，蓋真能勇於決擇者。余一再披閱，不禁喟然嘆曰：「何其憂道之深、覺世之切也！」其大要以朱子之學紹述程、張而遠宗孔、孟，王氏之學紹述象山而遠宗告子。就兩家之言，直指其牴牾舛鑿之處，其若何附會牽合而卒相矛盾。率天下爲佛老，日趨於淪胥而不救者，能一一窮其源而披其根，蓋其心即羅、陳兩先生衛道之心，而抉摘精微，則又有前人所不及道者。學者果能信其言，而熟復玩味，不啻暗室一炬、中天白日，任足所之而不迷於歧途曲徑。夫豈譸張詭辨、叛道離經之説所能惑溺其志也哉！是書爲當湖陸稼書先生所極賞，久經敘訂刊行，惜乎學者不得多見，余故重付諸梓，以廣其傳，成先生嘉惠後學之志，並以明余之非敢好辨云，遂書以爲序。儀封張伯行書。

陸序

余嘗聞高子景逸之言曰：「姚江天挺豪傑，妙悟良知，一洗支離，其功甚偉，豈可不謂孔子之學，然而非孔子之教也。今其弊昭昭矣。始也掃見聞以明心耳，究且任心而廢學，於是乎詩書禮樂輕而士鮮實悟；始也掃善惡以空念耳，究且任空廢行，於是乎名節忠義輕而士鮮實修。」斯言似乎深知陽明之病者，然余不能無疑焉。既曰「非孔子之教」，又可謂「孔子之學」乎？學與教有二道乎？陽明之所謂良知，即「無善無不善」之謂也，是佛老之糟粕也，非孟子之「良知」也，何妙悟之有？支離之弊，正由見聞未廣，善惡未明耳，掃見聞、掃善惡以洗之，支離愈甚矣，功安在乎？徒見其流之弊而未察其源之謬。比之龍谿、海門之徒，抉陽明之波者，雖若有間，而聖人之道終未明也。以高子之好學篤行，充其力豈難登洙、泗之堂，入程、朱之室，然猶溺其餘習未能自脱莠之亂苗、鄭之亂雅，豈不甚哉！康熙癸亥，余在京師，張武承先生示余王學質疑一卷，其言良知之害，至明至悉，不特盡掃龍谿、海門之毒，而凡梁谿之所含糊未決者，一旦如撥雲霧見白日。蓋自羅整庵、陳清瀾而後，未有言之深切著明如斯者也。近年惟吾浙呂子晚村大聲疾呼，毅然以闢陽明爲己任。先生與之不謀而合如斯，信乎德之不孤而道之不可終晦也矣！抑愚又有懼焉：當陽明之世，其害未見，故知之也甚難，而其病未深，救之也尚易；至今日其害已見，故知之也似易，而其病既深，救之也則難。無論顯樹姚江之幟，鋭與吾角者未易勝也，即聞吾言而唯唯嘆息，擊節不敢置一辭，而遺毒之潛伏隱藏於肺腑者，不知其幾也，蕩滌而消融之，豈易也哉！孟子曰：「七年之病，求三年之艾。」我未有艾而徒咎人之病，非良醫也。閲先生之書者，其急講蓄艾之術也哉。康熙乙丑五月二十五日，當湖陸隴其書於新樂道中。

自序

良知不講久矣，曷爲爲不急之辯？曰非敢然也。學孔子者，舍朱子莫由，而王盡翻朱子，與之爲水火。其説盛行於嘉、隆，天下講學者，莫不以詆朱爲能。萬曆之世，仙佛雜霸並行，士子不復知有儒矣。間有高明特立有志儒術者，稍稍知朱子未可厚非，而意所專主仍在王、陸，蓋習氣使然也。本朝釐正文體，朱註復興，講者稱周、程、張、朱，而仍與王、陸並列，亦習氣未盡也。相沿以爲，象山「尊德性」，朱子「道問學」，不知「尊德性」而不「道問學」，究失其所爲德性；「道問學」而不「尊德性」，則所謂問學者何爲？朱子果如是乎？夫嗜欲機智之用其心，記誦辭章之棼其習，不知有學者無論矣。幸知有學，又爲王、陸所攝，先入爲主，必有好高矜忮之心，無復從容巽順之志。其取朱子，取其合於王、陸者而已，非朱子真面，即非孔子真面也。豈知朱子之言，詳密的實，中正無瑕。若陽明則虚浮飄蕩，假借可以禦人，按實終非妥確。望其藩籬者，皆欲揚眉努目，自標宗旨，亂儒術而壞人心，莫此爲甚。此而不知辨明，是終無以見孔子之道也。夫善惡兩存者，總成其爲惡；邪正並立者，總成其爲邪；王霸雜用，祇成其爲霸；儒佛合一，祇成其爲佛。譬之白置黑内，祇成其爲黑也，白不可復見矣；毒置食中，祇成其爲毒也，食不可入口矣。愚成童時，先人教以程、朱之學，信之頗篤。弱冠，始聞王氏之説，翻然盡棄其學而學焉，沈浸於宗門者十五六年。及聞厚菴曹先生講宋儒之學，鍾陵熊夫子督學畿内，與相應和，於時學者皆始留心傳註。愚隨衆觀之，追維先人之訓，恍如隔世，徐徐理之，欣然不逆於心，久久脱洗，乃知王氏之全非，蓋與聖門背道而馳也。譬之言飛昇者，立談之頃，兩股風生，皆虚誑耳。若朱子之言，如食可致飽，衣可禦寒，宫室之蔽風雨，藥餌之療疾病，皆實用也。故曰：「道也者，不可須臾離也。」彼王氏者，好高逞辯，導後學以妄誕浮夸，而道術爲天下裂，如之何其可並存而兩用也？輒不自揣，按傳習録中條舉大要而詳繹之，用存所疑，以待正於君子。數十百年之間，此道須有焕然光昭之日，王學未有不廢者。黜衆説而定一尊，風同俗美，庶幾其可見焉。若曰逞臆見，毁前人，故爲不急之辯也，烏乎敢！康熙辛酉四月，後學張烈識。

一　心即理也

問：「朱子以爲『事事物物皆有定理』，似與先生之説相戾。」先生曰：「於事事物物上求定理，是義外也。至善是心之本體，只是『明明德』到至精至一處便是，然亦未嘗離事物。」

又曰：「心即理也，天下有心外之事、心外之理乎？」

愚按：「事事物物皆有定理」，所謂有物必有則也，如陽明説，宜云有心有則，豈詩人孔子亦義外歟？天下無心外之事，故求諸事，正所以盡此心；無心外之理，故求諸理，正所以盡此心。今直求諸心，而欲事理之無不盡，雖大賢不能也。心能知覺，發於欲爲人心，發於理爲道心，故貴乎擇之精焉，守之一焉，未聞心之即理也。程子曰「性即理也」是矣。「理義悦我心，猶芻豢悦我口」，若曰「心即理」，是口即芻豢也，目即色也，耳即聲也。

又曰：「事父非於父上求箇孝的理，事君非於君上求箇忠的理，都只在此心。此心無私欲之蔽，即是天理。以此純乎天理之心，發之事父便是孝，發之事君便是忠，發之交友治民便是信與仁。只在此心去人欲、存天理上用功。」

噫！此心何以遽無私欲之蔽？何以遽能純乎天理？欲人去欲，而不許即事即物以辨驗所謂欲者；欲人存理，而不許即事即物以研究所謂理者，去人欲而已[一]，存天理而已。愚知其難也。孝之理不在父，忠之理不在君，然惟吾生必有父，而後此心知孝；吾生必有君，而後此心知忠。且惟其爲父，故孝以事之，若他人則不得以孝施矣；惟其爲君，故忠以事之，若他人則不得以忠名矣。所當忠、當孝者，在君父，而知忠、知孝者，即在吾心。此所謂無心外之事、無心外之理也。求之父，求之君，即所以求此心，所謂合内外之道也。今必曰求之心不求之君父，則君父爲外矣，又有心外之事、心外之理矣。夫子語仲弓但曰「出門」宜如何，「使民」宜如何，不聞曰「以此純乎天理之心發之出門即仁，發之使民即仁也」。語樊遲曰「居處」宜如何，「執事」宜如何，「與人」宜如何，不聞曰「以此純乎天理之心發之居處即恭，發之執事即敬，發之與人即忠也」。語顏淵曰「視聽」當如何，「言動」當如何，不聞曰「以此純乎天理之心發之視聽即無非禮，發之言動即無非禮也」。王子之言何多現成而不切實也。且權能稱物，度能量物，而物亦自有輕重長短之不可誣。使權之輕重與物之輕重不符，度之長短與物之長短不合，勢必參互考驗以正之，不得執權度而抑物以從我也。即心爲理，而不即物以求理，恐不虛不公、自私自用之弊，必不免矣。

鄭朝朔問：「至善亦有須從事物上求者？」「如事親，如何爲溫凊之節，如何爲奉養之宜，須求是當，方是至善。」先生曰：「若只是溫凊之節、奉養之宜，可一日二日講之而盡，何用學問思辨？惟於溫凊時，也只要此心純乎天理之極；奉養時，也只要此心純乎天理之極。此則非學問思辨，不免於毫釐千里之謬。若只是那些儀節是當，即如今戲子扮得許多溫凊奉養的儀節，亦可謂之至善矣。」

溫凊奉養皆要此心純乎天理，不然即爲扮戲之溫凊奉養。此語真切可警。夫貌是而心非者，但此誠意之事，默然内省，同一溫凊奉養，而此心誠否，迥然千里之别，此慎獨所以爲要也。若學問思辨，正講明儀節以求此心之安者。

又云：「此心若純乎天理，是箇誠於孝親的心，冬時自然思量父母的寒，便自要去求箇溫的道理，夏時自然思量父母的熱，便自要去求箇凊的道理。」

此言是矣，但因心之誠自然知寒知熱者，自誠而明也。聖人如是，恒人亦或有之，而不能皆然也。古人所留儀節，吾人懵然不知，粗鄙疏忽者何限，惟考求前言往行，一一觸動我心，方始惻然而思考者。自明而誠，學者事也。人固有茫然不知何爲天理，而示以天理當爲之事，亦欣欣有當於心者。天理無處不存，流行充滿，觸處昭著。由誠心而生儀節者此理，由儀節而動誠心者亦此理。刺首血見，刺足而血亦見，無彼此無内外者，道體本然也。故聖人教人下學，即物求理，多聞多見，自能漸達於本心者，百不失一。蓋資質不同，雖不悟本心，爲人矩度自在也。若先語以求心，未有不驕矜自大者。欲其虚心遜志，從事於學問思辨也，難矣！況其聰明足以拒諫，才氣足以有爲，方將震懾天下而奔走之，安望其能自反乎？若不善會扮戲之喻，勢必舉禮儀威儀三千三百盡等於戲場，三綱五常禮樂刑政盡付之游戲。老、莊以爲糟粕，釋家以爲幻影，皆此見也。無惑乎陽明之教流至萬曆，舉世化爲佛老、雜霸而不可救止也。

【校勘記】

〔一〕去人欲而已　「去」上，清抄本及正誼堂全書本有「第曰」二字。

二　致知格物

問「格物」，先生曰：「格者，正也，正其不正以歸於正也。」又曰：「格如『格君心』之格。意念所在，即要去其不正以全其正。即無時無處不是存天理，即是窮理。天理即是『明德』，存天理即是『明明德』。」又曰：「知是心之本體。心自然會知。若良知之發，更無私意障礙，即所謂『充其惻隱之心而仁不可勝用矣』。然在常人不能無私意障礙，所以須用致知格物之功勝私復理，即心之良知更無障礙，便是致其知。知致則意誠。」

愚按：去不正以全其正，仍然誠意事也。以存天理爲窮理，使辨别未真，將以何者爲天理？所存皆私意耳。用好銀者，誠也；識銀色者，知也。顧銀色之參雜詭異，日新月巧，非一一辨驗積累功深不能識也。若者行於何所？若者造以何術？驗之以何據？試之以何方？吾曰「九二」，斷不得移之「九三」；吾曰「九八」，斷不能移之「九九」。窮至此理如此，方爲識銀色，方得好銀用矣。今曰吾目本明，致明於銀，去其障明者以全其明，即所用皆好銀矣。不幾爲戲語乎？治病者，誠也；識病原者，知也。

顧症候之變，脈理之微，千狀萬態，古今方書之異同，藥性製煉之得失，手不勝書，口不勝述，非一一辨驗積累功深不能識也。若者可治，必無死法；若者不可治，必無生理。方書某某可用，雖扁鵲莫能移；藥性某某得宜，雖神農不能易。窮至此理如此，方爲知病，方能治病矣。今曰吾視自能見垣〔一〕，致見於病，去礙見者以全其見，即能治病矣。不又爲囈語乎？夫即銀色窮銀色，所以去障也；即方藥窮方藥，所以去礙也。不務出此，徒曰去其障明者，終不識一銀矣；徒曰去其礙見者，終不識一藥矣。徒曰去不正以歸於正，而不令其即物窮理，究其如何爲正，如何爲不正，如何爲欲，如何爲理，則有肆意妄行，傲然自以爲正，自以爲理，究爲無忌憚而已矣。

曰「仁」，云：「心猶鏡也。聖人心如明鏡，常人心如昏鏡。近世格物之説，如以鏡照物，照上用功，不知鏡尚昏，在何能照？」先生之格物如磨鏡而使之明，磨上用功，明了後亦未嘗廢照。

此語亦衹可隔壁聽也。夫即事即物，磨礲研辨，正在磨上用功也。以爲用功於照，不亦誣乎？

問：「知至然後可以意誠。今天理人欲知之未盡，如何用克己工夫？」先生曰：「人若真實切己，用功不已，則於此心天理之精微日見一日，私欲之微細亦日見一日。若不用克己工夫，終日只是説話而已，天理終不自見，私欲亦終不自見。如人走路，走得一段方説得一段，走到歧路處，有疑便問，問了又走，方能漸到欲到之處。今人於已知之天理不肯存，已知之人欲不肯去，且只管愁不能盡知，只管閒講，何益之有？且待克得無私可克，方愁不能盡知，亦未遲。」

此善問也，已無辭可答，則曰真實用功，天理人欲自日見一日。不知所謂「用功」者，將不辨何者爲理，何者爲欲，貿貿以存之去之乎？夫先辨明理欲，而後能存理去欲，此一説也。用功存理去欲，而理欲之見愈真，此亦一説也。所謂行路須問、問後復行，二者不容偏廢也。舉一而廢一，則詖辭矣。歧路必疑，有疑必問，非即物窮理乎？其曰「已知之天理不能存，已知之人欲不能去，且愁不能盡知」。此病誠有之，但已知者有限，未知者無窮，將獨用功于已知，而未知者任之乎？必至未知之理不以爲理，未知之欲不以爲欲。肆意妄行、拒諫飾非之弊，自此起矣。且不即物窮理，辨别邪正，何以無私可克？既已無私可克，何又愁不盡也？無乃强詞奪理，禦人以口給歟！

問：「專涵養而不講求，將認欲作理，如之何？」先生曰：「人須知學，講求亦是涵養，不講求只是涵養之志不切。」「學是學存天理，體認天理，只要自心地無私意。」曰：「正恐這些私意認不真。」曰：「總是志未切。志切，目視耳聽皆在此，安有認不真的道理？『是非之心，人皆有之』，不假講求。講求亦只是體當自心所見，不成去心外别有箇見。」

此亦善問也。乃一則應之曰「涵養之志未切」，再則曰「志未切」。夫志切則即欲誠其意之欲，非格物又在立志也。耳能聽，目能視，然耳所未聞、目所未見者多矣，聞之不確、見之不精者亦多矣。乃曰：「耳聽目視皆在此，安有認不真之理。」愚不敢信也。是非之心，有自然而見者，亦有顛倒不見者，依稀略見者，非即事研求大費磨礲不可。第曰：「『是非之心，人皆有之』，不假外求。」愚不敢信也。體求本心固爲切要，亦有自心所見偏枯，必證諸師友、考諸書籍而後悟者。乃曰「講求只是體當自心所見」，將必堅執己見，深拒人言。如所云「己心所非，雖孔子之言亦不以爲是也」，貽弊甚矣！

又曰：「大學工夫即是『明明德』，『明明德』只是箇誠意，誠意工夫只是箇格物致知。以誠意爲主，去用格物工夫，即工夫始有著落。如新本先去窮格事物之理，即茫茫蕩蕩，都無著落處，須用添箇敬字，方牽扯向身心上來。然終是没根原。若須用添箇敬字，緣何孔門倒將一箇最緊要的字落了，直待千餘年後要人來補出。以誠意爲主，即不須添敬字。」

致知格物，原爲誠意而設，今謂窮格事物爲茫茫蕩蕩，可謂誣矣。以誠意爲主，即不須添敬字，不知朱子之學，正以誠意爲主者也。其言敬者，歷聖相傳之心法。聖學所以成始而成終，故特舉以補小學之闕也。人之孜孜格致誠正，以至修齊治平，無一之敢苟者，皆敬也。經雖不言敬，而敬固在其中矣。湯「顧諟」，文「敬止」，謂在格物外添出耶？孔子曰「修己以敬」，將敬之一字包格致誠正有之耶？抑孔子於格致誠正外添出敬字耶？中庸不言格物，乃言「戒懼」、「慎獨」。「戒懼」、「慎獨」亦敬也。豈子思忘師説又加添出耶？總之，敬之一字乃立心之主，包管全學。經書中於格致誠正，或各就一事而言，即不必言敬；或約舉全體而言則言敬，而格致誠正已寓其中，何有於添出？堯之「欽」，舜、禹之「克艱」、「兢業」，湯之「聖敬」，文之「翼翼」，武之「敬勝」，周公之「無逸」，從上諸聖未有外也。敬字者，數千年來言之不啻諄諄，而謂後人添出，不亦冤乎？夫强詞奪理，作時文小題者，用此伎倆以翻案見奇則有之矣，用以講學可歟？

誠意者，真爲善實去惡也。善惡兩端，誰不知之，但知之不精不盡耳。夫不精則誤執，不盡則漏遺，何從而爲之去之？欲知之精盡，必隨所遇事物，究其真是真非。其間有一見即了者，有見及一二者，亦有所見全非者，必考諸詩書，質諸師友，體諸身心，於人情物理究至確然不可移易之地。其爲是耶？自爲之必勇；其爲非耶？自去之必決。故意可得而誠也，是即物窮理，正欲審其真是真非，以勇爲而決去之也。當下即可用力，現在不屬空想，何其至緊至切而以爲茫茫蕩蕩，是以朱子爲舍棄身心，徒騖聞見，如世之以博洽爲功者也。夫博洽爲功，朱子明斥其爲俗儒，功倍於小學而無用矣，而以是誣朱子乎？夫即物窮理然後誠於爲善，彼見之不真、爲之不篤者，不即物窮理之病也。今以爲不然，而以去私存理爲格物，不知所謂私與理者何從而辨別之？是無頭學問也。是以有先行後知之説。

又曰：「即物窮理，亦是玩物喪志。」

即物窮理，所以誠意也，以爲玩物喪志，肆口詆誣至此。

又曰：「鄙人所謂致知格物者，致吾心之良知於事事物物也。吾心之良知，即所謂天理也。致吾心良知之天理於事事物物，則事事皆得其理矣。致吾心之良知者，致知也；事事物物皆得其理者，格物也。」

如此是致知於物則物格也，不惟虚籠浮沈，無用力實地，而於文義亦難通。

又曰：「以『至』字爲義，必曰『窮至事物之理』，而後其説始通。是其用功之要全在一『窮』字，用功之地全在一『理』字也。若上去一『窮』字，下去一『理』字，直曰『致知在至物』，其可通乎？」

若此則凡經書文句上去一字，下去一字，皆不成語矣。是兒童戲論也。

【校勘記】

〔一〕今曰吾視自能見垣　「垣」，正誼堂全書本作「病」。

三　知行合一

先生曰：「人必有欲食之心，然後知食。欲食之心即意，意即行之始矣。食味之美惡，必待入口而後知，豈有不待入口而已先知食味之美惡耶？有欲行之心，然後知路。欲行之心即意，意即行之始矣。路歧之險易，必待身親履歷而後知，豈有不待親歷而已先知路歧之險易耶？」

愚按：此義皆有兩端，必先審明義理，然後可措之行。先知後行，此正説也。然所明之義理，必躬行閲歷後愈覺其真。先行後知，亦一説也。必執後一説廢前一説，則偏詖不通。費詞多辨，雖新奇可喜，而于實學遠矣。欲食即知食也，以欲爲行可乎？以欲爲行則凡事第欲之而已，何必實事？且食味美惡，入口後知，固也。若不先辨明若者養人，若者害人，一一待入口而後知，若神農嘗百草，然則一日而遇數十毒，身之死已久矣。赤子匍匐，遇蟲亦食，遇穢亦食，將亦以爲是不學不慮之良知耶？保母指而示之，然後知其不可食。行之必先知，知之必需格物明矣！路歧險易，親歷乃知固已。若不先考明程途幾何，由某至某用舟，由某至某用馬，倀倀前行，待親歷而後知，則適燕而南其轅，適齊而西其轍。臨時始知用舟也，而舟不具；及途始知用馬也，而馬不得。陷荆棘，没泥淖，至是而後知，知之已無及矣。愚謂其偏詖不通者，此也。而先生逞其縱横之筆，一往蓋人，使人不敢置辨，然徐而按之，皆非實理也。千瘡百罅，若此類者，不得一一申辨矣。

又曰：「知之真切篤實處即是行，行之明覺精察處即是知。」

若是則止曰行可矣，或止曰知可矣。古人何兼設此二字乎？兼設二字，必確是兩事，不可紊淆，此易之對待也。惟其爲兩，必自相生，此易之流行也。今單執其相生者，深斥其兩立者，巧爲之説曰「知之篤實即行，行之精察即知」，此尖新講章、小巧時文耳。尖新小巧，由人心之澆薄，以是講學可乎？

象山、陽明言理，皆惡分而喜合，不知先生之合，合其分者也。言合則分在其前矣，使其不分，先生亦無可合也。今執其合，諱其分，則天地一物也，日月一明也，男女一身也，君臣一位也，父子一名也，可乎？夫是數者，感應未嘗不合，體統未嘗不分，不分無由合也。好渾同，惡分析，深斥即物窮理，恐其太分明無以爲容私之地也。是必糊塗混雜，爲害不可勝言矣。故立言偏詖，取快一時，遂淫邪離遁，生心害政而不可止。學術殺天下，先生其自言歟！

又曰：「問即學也，即行也，思即行也，辨即行也，非謂學問思辨之後而始措之於行也。」

若是則中庸列此五句，亦支離多事矣。又謂「擇善」即「固執」工夫，「惟精」即「惟一」工夫，「博文」即「約禮」工夫。諸若此類，古聖人皆成贅語矣，不若王子言言句句止提「致良知」也。止提「致良知」，則以此三字驅使經書，皆在包羅統括之内，真所謂「六經皆我註脚」，何止朱子格物九條乎？但未免爲尖新時文之祖，率天下爲無忌憚耳。

有不善未嘗不知，知之未嘗復行，知行先後也。知之匪艱，行之維艱，既知又須行也，故謂知行爲二，曉然易見而實是也。謂知即行，行即知，費分疏，費筆舌而實非也。謂「臧三耳」者，幾能令人三耳矣，究竟非也。正此類也。

四　雜論

與人論學書。

按來書，謂「節目事變之詳〔一〕」，「必須討論是非，以爲制事之本，然後心體無蔽」，是也。陽明謂「節目事變」，惟于吾心良知一念之微察之，亦是也。但一念之微，天理人欲，豈無誤認，非讀書討論而徒自爲精察，未有不偏蔽者，故曰「思而不學則殆」。

事事物物討論窮究，謂皆以察吾心一念之微可也，謂衹察吾心一念之微，不必即物討究則非也。其意以即物窮理爲訓詁，爲記誦詞章云爾。

來書又云：「楊、墨之爲仁義，鄉愿之亂忠信，堯、舜、子之之禪讓，湯、武、楚項之放伐，周公、莽、操之攝輔，漫無印證，又焉適從？」又謂：「禮樂名物未嘗考識，倘國家興明堂，建辟雍，制曆律，何以致用？」其言皆是也。惟連及「草封禪」，未免失于檢點，陽明遂借此深詆之。世俗角口爭勝者，往往摘人一字一句之錯，肆意醜詆以爲快。先生毋乃類是耶？我輩後學更宜深省。

先生謂：「堯、舜茅茨土階，明堂未備，不害其爲治。幽、厲之明堂，猶文、武之舊，無救于其亂。」又謂：「學以明人倫，非以辟不辟、泮不泮爲重輕。」可謂快論矣，然未免于偏也。執此則古今制度皆可不考，任其鄙謬荒怪，皆可託辭曰「我但以不忍之心行不忍之政而已」。率天下以荒經蔑古，敢于蕩滅先王之遺跡者，非此言啓之歟？告朔餼羊，孔子惜之。如王子之論，則當云：存此羊無救于亂，去此羊無害于治，但致良知可矣。

先生謂：制禮作樂必聲爲律，身爲度，然後可。若器數之末，樂工祝史之事，君子所不貴。羲和歷數，曲智小慧之人皆能之。堯之歷象，重在「敬授人時」，舜之「璿璣玉衡」，重在「齊七政」，似矣。夫古人禮樂制度，闕遺幾盡，閒有一二存者，對之猶足生人敬重之心。諸儒蒐討而裒集之，雖闕略不全，猶可識古人用意之精，先王立法之善。蓋古人之精意，即我意也；古人之良法，即我法也。所謂此心此理，古今無間也。今必一切麾棄，不知所云，不忍人之政者，從何措施？而舍推步占候，何以授人時？舍璣衡歷象，徒手而「齊七政」，可不可也？今擇一最高名目曰：我惟具中和之德而已，聲爲律、身爲度而已，視講求蒐輯者皆玩物喪志，增霸者之藩籬。執此高説，真足以暢縱横之論，箝諸儒之口，而甚便于荒疏杜撰、不學無術之徒。引古制以繩之，則曰：此粗迹耳，吾自有良知可信也；稱先儒以正之，則曰：此訓詁耳，吾自有良知可證也。借此以師心自用，借此以畔道離經，借此以破滅禮樂名物，憑陵睥睨，莫敢誰何，而後姦私凶很，得以恣肆而不顧。嗚呼！秦政、李斯之滅古，劫之以嚴刑，近儒之滅道，劫之以高論，何禍之酷也！

拔本塞源之論甚美，然亦驟觀足以攝人耳。徐而按之，乃儀、秦氣習，鴟張淩厲，徒見其氣象之虛浮傲誕而已。且所斥者詞章記誦，于格物窮理之學無與也。謂記誦之廣，適以長其傲也；知識之多，適以行其惡也；聞見之博，適以肆其辨也；詞章之富，適以飾其僞也。不知此四病，惟談良知者尤甚。鴟張淩厲之際，烏暇返而自省乎？

答周道通書曰：「自家痛癢，自家須會知得，自家須會搔摩得。既自知得痛癢，須不能不搔摩得。佛家謂之『方便法門』，須自家調停斟酌，他人總難與力。」

按：此明明引佛矣。

又曰：「先認聖人氣象，昔人嘗有是言，然亦欠有頭腦。聖人氣象自是聖人的，我從何處識認？」

在聖人者，即其在我者。分聖人與我而二之，不知觀聖人氣象，即我心之虛明自生，非有二也。

又曰：「認自己良知明白，即聖人氣象不在聖人而在我。」

語似直截，然大有病。聖人氣象寬平和厚，由從容涵養久而得之。自認良知者，一時虚浮之見耳。遂冒謂聖人氣象在我，愈資其無忌憚矣。

答陸原静書

首條言「妄心」、「照心」、「恒動」、「恒静」等語，此皆徑求心之病也。古之正心者無此説，惟審求義理真，爲善實去惡而已。孔門止予人以恭、寬、信、敏、言訒、事賢等法，不必直求心，心將自正，徑求心，則愈解愈支，愈執持愈乖謬，不勝其病。

又曰：「良知一也，以其妙用謂之神，以其流行謂之氣，以其凝聚謂之精。真陰之精，即真陽之氣之母；真陽之氣，即真陰之精之父。良知之説明，此類皆可不言而喻。不然，則如來書所言，三關、七返、九還之屬，尚有無窮可疑者也。」

此又將良知牽入仙家矣。不知論、孟中有此議論否？孟子始言良知，亦言良知即精氣神否？師弟講求如此，于明倫修道何與？于五經四書何與？陽明得力，原本二氏，顯證如此。當日只宜專學二氏，不必竄入聖門，轉換塗抹，致使儒不成儒，釋不成釋，惑人無已也。

又曰：「『不思善，不思惡，時認本來面目』，此佛氏爲未識本來面目者設此方便。本來面目，即吾聖門所謂良知。今既認得良知，即不消如此説矣。『隨物而格』是『致知』之方，即佛氏之『常惺惺』，亦是常存他本來面目耳。但佛氏有箇自私自利之心，所以便有不同。」

此又明明供出從佛來矣。末乃避諱一語曰：「但佛有自私自利之心，所以不同。」後又云：「佛氏之學，亦未必將迎意必如此也。」又曰：「一念良知，無始無終，即是前念不滅，後念不生。今欲前念易滅，後念不生，是佛氏所謂斷滅種性。」先生前既爲己回護，後又爲佛回護，展轉閃爍，欲蓋彌彰，毋乃遁辭之窮歟？今且問「不滅」、「不生」等語，論、孟中有此否？傳註中有此否？

答羅整庵少宰書。

此書甚美，而狂悖尤甚。蓋當時諸儒無如整庵篤實者，規切直中陽明之病，故陽明迫急而爲此書。

「執事所致疑于『格物』之説者，必謂其是内而非外也；必謂其專事于反觀内省，而遺棄講習討論之功也；必謂其一意于綱領本原之約，而脱略于支條節目之詳也；必謂其沈溺于枯槁虚寂之偏，而不盡于物理人事之變也。審如是，豈但獲罪于聖門，獲罪于朱子，是邪説誣民，叛道亂正，人得而誅之也。」

嗚呼！獲罪聖門，獲罪朱子，邪説誣民，叛道亂正，先生果如所云矣。雖盡力分疏，拒人之攻己，不知實蹈其罪，無由免也。

又曰：「某之所謂格物者，于朱子『九條』之説，皆包羅統括于其中，但爲之有要，作用不同，毫釐而有千里之謬。」

所云「爲之有要」者，以誠意爲主耳。朱子正以誠意爲主者，王子特欲暢其所得于佛老，假借聖門名目，破裂文理以强伸其説耳。自大慧以改頭换面教張子韶，直至陽明而其術大展，此何等肺腸而可以言學耶？

又曰：「楊、墨之説，亦豈滅理亂常之甚？而其流之弊，孟子比于洪水猛獸，所謂以學術殺天下也。」又曰：「孟子之時，天下尊信楊、墨，當不下于今日之崇尚朱説，而孟子獨以一人呶呶于其間。」

嗚呼！是何言歟！隆、萬之末，士子以詈朱註相高，實自此始，可謂喪心病狂矣！其始未至滅理亂常之甚，而學術殺人比于洪水猛獸。此數言者，皆先生自道也。朱子之道，如日月五星〔二〕，經天常在，雖遭晦蝕而不墜也。陽明屢屢比之告子，比之楊、墨，毁訾不遺餘力，其人可知，其學可知，乃引孟子自況，何傲誕無忌之甚也！蓋因整庵規之太切，故反爲大言以相蓋，邪離窮遁，居之不疑耳。此何等肺腸而可以言學耶？

又曰：「今世學術之弊，其謂之學仁而過者乎？謂之學義而過者乎？抑謂之學不仁不義而過者乎？吾不知其于洪水猛獸何如也。」又曰：「衆方嘻嘻之中，而獨出涕沱若，舉世恬然以趨，而獨疾首蹙額以爲憂，此非病狂喪心，殆必誠有大苦者隱於其中，而非天下之至仁，其孰能察之？」

嗚呼！先生痛當時學術之弊，乃至此極耶。今觀弘、正之時，人心淳樸，賢良衆多。天下守朱子之教，繩趨矩步，雖不能如先生之高妙，至于放言高論，肆爲變亂者，無有未見所謂洪水猛獸也。由其道而不變，人心之幸，民生無窮之福也。先生乃憂苦之深，至于出涕沱若，疾首蹙額而不容已耶？又以爲狂奔盡力，以救陷溺，不顧人之非笑出于天地萬物一體之誠耶？其信然耶？抑果病狂喪心，舍平常居處之安，必鑿奇出險，以簧鼓天下而敗亂其心術耶？夫學術殺人之禍，至萬曆末年之士習而大驗矣。先生貽禍如此之酷，而反于不必出涕者出涕，于無可蹙額者而蹙額耶！先生其以欺人耶？其爲勝心所使，不自覺其言之悖耶？噫！真可哀矣。

【校勘記】

〔一〕節目事變之詳　「事」，傳習録（上海古籍出版社二〇一一年版王陽明全集上册）卷二答顧東橋書作「時」。

〔二〕如日月五星　「星」，清抄本及正誼堂全書本作「行」。

五　總論

象山言本心，陽明言良知，其弊使人喪本心，喪良知。何也？天之道，非別有一物寄于聲臭之上，時行物生，即所謂「無聲無臭，上天之載」也。人之心，非別有一物在窈窈冥冥之中，視聽言動，皆心所在也。善治心者，治視聽言動，即治心也。治倫物政事，即治心也。視聽言動、倫物政事之間，講明一分，則心之本明者復一分矣。力行一分，則心之本善者復一分矣。積之久而悟，其皆心也。天命流行之妙，一以貫之無餘。即使不悟，要其講求持守于視聽言動、倫物政事之間者，固有規矩可循，心之本明本善者自在也。天下由此懼禮法而尚淳樸，畏清議而多善人，此聖學所以平穩純正，萬萬無弊者也。堯、舜十六字而外，不復言心，但與其臣惇典庸禮，命德討罪，教稼明倫，恤刑熙績，即無非精一，不必人人與之言心也。成湯「若有恒性」而外，不復言性，但惟用人惟己，改過不吝，顯忠遂良，取亂侮亡，即無非建中，不必人人與之言性也。夫子立教，惟是與子言孝，與臣言忠，寬信敏公，知人愛人，聞見擇識，禮樂詩書，即此人言此人，即此事言此事，不必人人與之言，一貫也。惟朱子善學孔子，循循畏謹，一字必求其安，一事必審其極，奉先聖之格言，佩前賢之遺矩，俛焉日有孳孳，死而後已者，此聖門家法也。學者沿是而謹守之，即使不能進于高妙，要其恪遵往訓，寧慎毋疎，敢于逞聰明，恣議論，蔑經侮聖者，無有矣；畏名教，憚公議，寧拘勿肆，敢于挾才任詐，恣欲敗檢者，無有矣。此弘、正以前所以稱治，正學之爲功于天下生民也大矣。今詆學朱子者，曰支離也，玩物也，義外也。講求制度名物者，謂增霸者之藩籬，而温清定省之儀節，等于扮戲。以是垂則後學，其誰不曰「吾自有良知」，六經任我驅使，讀書訓詁可鄙也，而穿鑿武斷、離經背道之講説顯行于世矣；誰不曰「吾自有良知」，制度儀節，傀儡具耳，而苟且佻薄、簡略戲慢之行，衆以爲風雅圓融，無可無不可矣；誰不曰「吾自有良知」，公議皆世俗之論，名教特形迹之粗也。甚至踪跡詭秘，舉良知以自解，曰「吾一念自信而已」。鄉評不許，舉良知以自文，曰「良知自信乃賢者所爲，與鄉黨自好者不侔也」。而貪色好貨，争名角利之習，可肆行而無忌矣。故單提本心良知者，予人以假借掩飾之題，挾高欺人，足以陵蔑君子，開不肖者方便之路。而及其既爲不肖也，並掩飾假借亦可不用，此必至之勢也。當陽明之世，欲前知末流之弊，誠有所甚難。由今以觀萬曆、啓、禎之士習，前弊彰彰較著矣，猶曰「朱、陸並行不悖」也，可謂知言乎！夫言本心，言良知，以是救夫專事口耳、不治身心者，誠良藥也。朱子固屢言之矣。若以是鄙棄一切，長傲恣胸，決隄防，破崕岸，蹈擊拳竪拂、呵佛駡祖之餘智，則聖門之罪人也。言本心，言良知，使人讀聖經賢傳，字字觸其本心，動其良知，巽順抑畏，以聽命于孔、孟、程、朱，則聖人之徒也。若以是目空千古，動稱顔子没而聖學亡，自處甚尊，而不過率天下爲佛、老，功利趨于淪胥而不救，則天下之至愚大惑，而可悵可痛者也。言本心使人喪本心，言良知使人喪良知，必至之勢，已然之徵，寧曰過論乎！

總之陽明天資雄放，其于循循講習，循規蹈矩，實所不耐。及一旦有得于佛、老，與象山旨合，喜其與己便也，自私所好，亦可矣。不宜以此講學，獨闢宗旨，舉聖賢經書，直欲以此意强貫之，真謂「六經註我」，隨意驅駕，何所不可！此詖淫之始也。及人多不服，則借孟子「良知」二字，猶嫌其僅出孟子，遂竄入大學致知。至于攻者益衆，又見象山之學竟爲朱子所掩，計以爲勢不兩立，非抵死作敵，盡滅朱子之道，則人猶以朱律我，故遂操戈反面，盡翻全案而後已。朱子如泰山喬嶽，何可易摇！則以大學古本爲據，曰：「我非背朱，失于信孔太過也。」巧言如此。格不訓至，則以格其非心爲據，曰：「致良知于事物，格其不正，以復本體之正也。」牽强傅會又如此。至究其何以「格其不正」，則曰：「去人欲，存天理也。」詰其不即物窮理，恐認欲爲理，則又曰：「此志不真切也。」夫以格物爲去人欲，存天理，是欲正心先誠意，欲誠意先致知，而欲致知又在正心誠意矣，説其可通乎？況以認欲爲理，如此大病，不急求所以磨礲辨析之方，而竟以立志不真爲脱卸，真所謂茫茫蕩蕩，反以誣朱子乎！人曰東則拗而之西，人曰西則拗而之東。瀾翻泉湧，人人被其攝蓋，而悦其文詞者，尤俛首推服之。顧天下良知難泯，非之者不已也，則又以朱攻朱，著爲晚年定論。實則以「中」爲「晚」，以「晚」爲「中」，與當日情事迥不相涉。鍛鍊舞文，誑詞以欺天下。人不可欺，則又曰：「年歲原未深考。」乃委曲調停不得已之心。夫大道如日中天，是則是，非則非，乃亦調停委曲乎？即此一言，心術叵測，何止遁之又遁乎？夫妄稱「定論」，是意不誠也；不深考事實，是物不格也。此之謂物不格，知不至，故意不誠也。使其虚心遜志，從容詳審，則無是弊矣。惟其占題太高，叛道已甚，騎虎不得下，左支右吾〔一〕，藉筆舌以塞人。一時之議，而前後矛盾，罅漏實多，既曰「信孔太過矣」，又曰「孔子之言亦不以爲是」也；既曰「生平于朱子有罔極之恩矣」，又曰「天下宗朱如宗楊、墨」也。如狡獪健訟之人，逢人即攀，遇事便借，口無一定之舌，筆無不牽之義，以此爲譸張伎倆可矣，以此爲戰國縱横遊説詭辨可矣，乃用此以講學乎？然則王子之良知安在也？

【校勘記】

〔一〕左支右吾　「左」上，清抄本及正誼堂全書本有「不得不」三字。

後序

余既序張武承先生王學質疑，方謀付梓以公同好，而先生已于乙丑十一月捐館舍矣，因略述其生平附于書末，使學者誦其書知其人，蓋非無所本而能爲是書者。先生諱烈，其先浙江金華府東陽縣人。嘉靖時，先生之曾祖始自浙遷居大興。康熙丙午，先生以易中順天舉人，庚戌登進士，己未舉博學宏詞，授翰林院編修，充纂修明史官。乙丑六月，陞右春坊右贊善。自爲諸生以至立朝，始終以清白自勵，不屑世俗榮利，純如也。其學以程、朱爲宗，深疾陽儒陰釋之徒，以閑邪衛道爲己任。晚尤嗜小學、近思録。故是書所發明，皆從平生學問中流出，非苟而已也。先生又嘗論道學傳惟宋史宜有之，周、程紹先聖之遺緒，朱子集諸儒之大成，以「道學」立傳，宜也。餘則篤學如蔡西山父子，高明如陸子静兄弟，純粹有用如真西山，僅可列之儒林。元儒亦不立道學傳。若有明一代，純正如曹月川、薛文清不能過真、許，而光芒横肆如陽明者列之道學，恐後世以史臣爲無識。其修明史，分纂孝、武兩朝，如劉健、李東陽、王守仁、秦竑、李成粱、金鉉、史可法諸傳，皆先生手筆。嘗曰：「吾此數傳，是非不爽銖兩。」其論孝宗，謂：「明知閹宦之壞法，而不能遠，成陰勝之漸，是知不至，意不誠之故也。」其論李東陽，謂：「李公文章之士，與劉、謝同朝，則著侃直之風，與芳、瑾爲伍，盡露委蛇之態。而聲華素著，獎借後進，故競爲之掩飾，謂東陽若去，縉紳之禍，不知所底。此欺世之論也。五年之中，寃死者不可勝數，縉紳之禍亦已至矣。李公拱手而不敢異，偶申救一二人，遂詫以爲善類賴之，則張綵救吴廷舉，劉宇救王時中，亦得爲保全善類耶？」又云：「楊文襄功名之士也，以爲將之智用之爲相，晚年欲以其術籠絡張桂，而卒爲所敗，齎恨以没，智巧之不可恃如此。」議論皆卓然不可磨滅，而此書則其綱領也。隴其識。

王學質疑補

序

武承先生既没之明年，予既刊其王學質疑，先生子升孫復寄朱陸同異論一篇、史法質疑一篇、讀史質疑五篇，皆先生平日開示學者、喫緊爲人之言。其間有爲王學發者，有不爲王學發者，然總之與王學相反者也。予故并附於王學質疑之後，俾學者知先生之學，本領既正，而所見高明篤實如此。雖未睹其全書，亦可慨然興起矣。康熙丁卯孟冬，隴其又識。

朱陸同異論

朱、陸同異，非其互爲異也，乃陸之異於朱耳。天下之道，不容有二。今觀孔子語其弟子博文約禮，循循於矩度之内，未嘗敢放言高論，啓人以好異之端，則後之學孔子者，其必準諸此矣。秦、漢以來，學者未覩其要，惟朱子之書，廣大精深，無所不備，而要歸於平淡切實，雍容詳至，不敢爲新奇可喜之論。其躬行也，養於未發，省於方動，致謹於威儀言動之閒，以達於家國天下，事物之變，一一務得其理，服官莅政，莫不竭盡誠意，致於君而利其民。觀其自贊曰：「從容乎禮法之場，沉潛乎仁義之府[一]，是予蓋將有意焉，而力莫能與也。佩先師之格言[二]，奉前烈之餘矩[三]，惟闇然而日修，或庶幾乎斯語。」嗚呼！何其言之似孔子也。下學上達，高至於聖神無難，而下不失爲經明行修之士，天下之欲學孔子者，舍是無由矣。此非欲私一朱子而道之，在天下固如是而已矣。使必舍是而求非，無新奇徑捷之説，使人易知而樂從，而其失也，猖狂自恣，侮聖蔑經，未再傳而已不勝其弊，陸子是已。夫陸子直指人心，使人反而求之在己，似矣。然厭夫世儒之溺章句，忘本心者，而遂概舉而屏除之，孤守一心，自以爲足，曰：「學者學此而已，問者問此而已。」甚至以爲「六經皆我註脚」。嗚呼！是何言也！求之孔門，未嘗有是説也。孟子之言心，將拯人於功利嗜欲之中，而陸子之言心，將置人於好古敏求之上。故以子静之高明，已不免於自許太高，自任太過，有張皇遽迫之病。況其徒不及子静之天資，徒舉師説而張大之，則浮游放蕩，僅與末禪之無忌憚者同歸而已矣，曾何益哉？雖然，宋、元之世，天下方尊尚朱子，陸氏之學不行，故其害未著，而草廬吴氏尚以陸學不顯爲憾。及乎明之中葉，陸學大行於天下矣。何則？明之陽明，即宋之象山也。陽明以前，學者守朱學甚嚴，言純師，行純法，賢者窮理居敬，務惇於本實，而庸常之流，亦毋或自越於彝矩。即閭巷父老，往往講習小學、性理、綱目諸書。當是時，風俗最爲淳質，議論一於下，紀綱修於上，而天下號爲治平，則朱學之效也。及陽明出而以「致良知」爲説，竊大學、孟子之言以文其佛、老之實，於宋則取象山，於明則取白沙，藉其杰爽之氣，詭幻之智，俊偉之詞，奮然而與朱子爲難。蓋世風漸下，人將生心，天下羣不逞之徒，其不便於朱子之教，而欲甘心於正人者，往往有之矣，特未敢有顯言叛之者。自陽明操戈樹幟，爲天下禍首，於是魁桀黠猾之士，相助爲波濤，而庸愚下士盡從風而靡，五經四書悉更面目，綱常名教爲之掃地矣。故一傳而爲王畿，則直言二氏而不諱，再傳而爲李贄，則盡詆古之聖賢，而取夫姦雄淫暴者以爲法，雖其人已伏辜，而天下相與扼腕而歎慕之。當是時，以姚江爲聖人，誦佛老者爲名士，掊擊朱子者爲高賢，訶詆傳註者爲儁傑，酗博狎謔者爲風流，争自號於天下，曰「我學禪者也」、「學姚江者也」。既顯遁於朱教之外，然後可以恣爲濁邪而不愧。蓋鄙俗之見不可以敵聖賢，惟持高説以駕之，則名教不足束我，即無所不爲而不失爲高士。陽明馳騁異論，欲使人人爲聖人，而適以便天下之不肖。及夫禮義之教澤已盡，貪詐之習俗已成，日囂競於功利嗜欲之内，不惟朱子之説不足以入之，即象山之本心，陽明之良知，亦視爲浮塵土梗，邈乎其不相屬矣。高談妙悟，果何益乎？王弼、何晏，罪浮桀、紂。竊以爲陽明之禍天下，即「懷山襄陵」，未足爲喻。陸氏之學，不行於宋而行於明，此其效然也。然則朱、陸之辨，大是非、大利害存焉，又非獨同異而已也。我朝黜浮屏異，曩者譸張爲幻之説，學者絶不經於耳。惜也士無深志，不朱不陸而習爲浮華無用之空言。此其尚沿於明末，不自覺知者也。廣厲學宫，振興絶學，尊朱子爲法，俾一返於淳實，士心其允正乎！是所賴於維皇之作極矣。

史法質疑

某鄙儒不知史法，嘗以愚見質之識者，曰：「史以紀實也，人而一事可傳則書其一事，一言可傳則書其一言。若名卿將相，戡亂致治，經緯謨猷，必銓次而詳誌之，俾後人有所考法。此經世實用之書也，寧樸勿巧，寧實勿虚。夫文以渾樸爲近古，巧妙爲時調，況於史乎？」曰：「否，否。史以簡爲貴，舉要删繁，安得事事而誌之乎？不見人身之有脈絡，畫家之有主峰乎？」愚曰：「旨哉，斯言！請因而推繹之。身有五官四體而脈絡具焉，脈絡即在官體之中，舍官體而存脈絡，脈絡果安在歟？舉五官之一而闕其四，舉四體之一而闕其三，曰脈絡如是足矣，是得爲全人歟？文之開闔照應，宋以後始言之，遂流爲格套而不免於俗。唐以前未嘗有是名，要其比事屬辭，水至而渠成，乃所謂脈絡也。畫家求工於尺幅，經營結構，顧盼可觀，相矜爲能事。如使作三邊圖，某口某墩，某寨某堡，一一如其位置，安敢以意匠而顛倒删削之？作九州圖，某省某府，某州縣，某衛所，某城某驛，欲具知其險易遠近，脈絡所在，缺一區則絶一脈矣，又安敢略之？然爲此圖者，可以備有志經世者之考求，而無當於清齋之雅玩。此石田、思白所不肯爲，亦不能爲，而欲求有關於實用，則固在此，不在彼矣。今之爲史，將爲尺幅觀歟？抑核實考信，爲後世經世務者法歟？」曰：「此臆説也，於前史何據？」愚曰：「史遷之叙孔子也，必曰襄公某年孔子若干歲，昭公某年孔子若干歲，定公、哀公某年又若干歲。適某國，遇某人，答何語，不厭詳也。若舉要求簡，止當云孔子生知好學，周流列國，晚仕魯爲司寇而已。又如曹參，叙次戰功甚詳，若舉要，則第載其清静畫一而已。唐書如魏徵、郭子儀、裴度、李德裕皆獨爲一卷，叙其生平、歷履、獻納，前後鱗次，有年月可考。而陸贄傳載奏議纍纍，舊唐書一萬三千言，新唐書亦萬言。若厭多而削之，諸大賢君子毋乃減色歟！考古者止讀通鑑節要數行足矣，何貴於全史而讀之？」曰：「子後學之寡陋者也。史書所關甚重，毋妄言。即有所疑，姑私誌之，以待長者教。」愚曰：「謹受命。」遂書之。

讀史質疑一

孝宗令主，衆君子滿朝，而災異迭見，爲陰勝之徵，其故何也？曰：咎其在閹宦乎？閹宦之禍，極於王振、汪直。以孝宗君臣之賢，改紀新政，僅不至如振、直而已。至於怙寵作威，剥民壞法，錮習已成，科道交章，不能勝一蔣琮，則時事可知矣。在易，三陰三陽謂之否。夫三陽非不盛也，惟其内小人而外君子，則小人道長，君子道消，而勢不可爲。國家所依毗者，文武大臣。今内之司禮操權重於閣部，外之守備列銜先於公侯，以至倉糧市舶，貨利所在，莫不以閹宦司之，文武若贅疣然。天下陰邪之毒，已深入於膏肓，而諸君子維持補救於肢體之外，故弘治之時，内小人外君子之時也。賢君相方勵精圖治，而太子宫中八黨已伏莽於其側，一旦得志，則毒發而不可制矣。至劉瑾之世，而後謂之陰勝陽微，何見之晚也。若天意則早已示之矣。曰：若是則閹宦之勢果不可制耶？曰：何爲不可也。人主操威福以馭天下，意向所在，人争赴之。孝宗有意罷中官，而畏之太甚，此知之不至、意之不誠之患也。天下是非不容並立，真知其非，則斷然去之；真知其亂政，則斷然誅之。採臣民之公論，修太祖之舊規，擇其謹厚者置之左右，斥其陰賊者終身不齒。復掃除之役，絶與政之門，是在真知而獨斷之耳。今明知閹宦之壞法也，不曰「業已處分矣」，則曰「姑已之」。知其爲惡臭而弗能遠，知其爲蛇蠍而不忍去，徘徊顧慮之間，吾計未決，而小人之毒已發。故知不至、意不誠，人之大患也。

讀史質疑二

劉、謝去，長沙留。愚論其臨事中變，君子小人，兩敗俱傷，己獨不失其富貴，可云善宦。右長沙者必謂劉、謝持之太激，不如遵旨遣之南京，此其説大誤也。夫小人姑以一遣，緩君子之攻，而君子亦欲姑以一遣，散小人之黨，此自愚之策也。使劉、謝允發遣之議，既而中止不遣，何以處之？遣且復召，又何以處之？至此時已受小人之餌，爭之不可，忍之不可，求伸不能，求屈不能，進退無據，究歸一去，而狼狽則已甚矣。何如堅持不下，必欲誅之，爲光明正大也。此時大勢已去，請誅不免於禍，請遣亦不免於禍，何爲不請誅而甘受小人之愚，不勝牽制之辱，不大可嗤耶！劉、謝識力蒼老，真可爲萬世法。若長沙者，保身家，享富貴，以云「善宦」，則神矣，若大臣之道，非愚所知也。孔子曰：「所謂大臣者，以道事君，不可則止。」孟子曰：「異姓之卿，君有過則諫，反覆之而不聽，則去。」此大臣律令也。

舍孔、孟之訓，無乃爲胡廣之中庸，馮道之長樂歟？曰：「否，否。李公將委曲以濟時也。」曰：此又愚之所未解也。昔狄梁公於武后，可謂辱身矣，然正言侃論，於羣小無所讓，調護太子，武后爲之感動，卒能反周爲唐。李公能及其萬一否耶？實録謂東陽若去，搢紳之禍不知何所底止。此又欺世之論也。武宗之荒淫，劉瑾之凶暴，李公何能阻其分毫？且此時搢紳之禍，自尚書、都御史以下，罰米一千二千以至三百二百者，數百人矣。罄貸不充，有至死不宥，若運使楊奇；鬻孫女不足，株累親戚，如御史彭程者矣。科道查盤，以參官多、納賄重者爲稱職，否則必遭箠楚械繫，史謂搢紳自相呑噬，衣冠化爲豺狼矣。差官校察天下官罪，郡縣饋贈少不如意，輒怒詈無忌，至遭捶撻矣。御史邵清等杖二十四十，無虛月矣。有荷枷部院門前，若御史劉寓生、郎中劉繹者矣。有奉差懼禍自縊於公署，如給事中都夔、都給事中許天錫者矣。五年之中，破家冤死者不可勝數，搢紳之禍，已不知所底止矣。李公拱手坐視而不敢異，偶申救一二人，遂詫以爲善類賴之，則張綵救吳廷舉，劉宇救王時中，亦得爲保全善類耶！至劉瑾欲逮劉健、謝遷，籍其家，東陽徐爲勸解，乃止除名。夫數十年寮友，一言申救，亦人情之常，何容已？且謂逮死籍家，足爲劉、謝懼耶？顧命大臣不能除君側之惡，理宜以身殉之，若長孫無忌、褚遂良之謫死，乃其分也。即東陽不在，死於瑾、芳之手，劉、謝不怨也，分之正也。而謂免逮免籍，爲劉、謝稱幸，愈益昧於大臣之義矣。且劉大夏不謫戍耶？秦紘不藉家耶？李公又何能一一救之？曰：「否，否。李公與小人同事，此李公所以爲大也。磨不磷，涅不緇，孔子所以爲大也。」是説也，誤人尤甚。易曰：「大人否亨，不亂羣也」，「嘉遯貞吉，以正志也」。將謂孔子遂與奸邪共事，甘悦取容而坐視其爲亂耶？不避陽貨矣，終不仕於貨也。「佛肸召，子欲往」，「公山弗擾召，子欲往」矣，卒未嘗往也。蓋始之欲往，以其猶知有善人或可挽之以入於善，既而審其非我族類，則終不往矣。知孔子之欲往而不知孔子之不往，此其爲害不小也。且孟子謂「於季桓子，見行可之仕」，是桓子於孔子有汲引之力矣。以司寇攝行相事，君相待之不可謂不隆矣。即受女樂一事，何不委婉開悟，姑置此而維持其餘，上不拂魯君、季孫之意，而己得優游保位，亦可小小有所匡救，豈非大聖人作用，乃不朝僅三日，遽不税冕而行。此特幸而出於孔子耳，使出於後人，必以爲負君相之恩，棄可爲之會，非迂執即褊淺矣。學者誦法孔子，專稱其「獵較」，而不稱其未嘗「三年淹」，直以同流合汙爲無可無不可。此其害不細也。曰：「然則李公爲何如人？」曰：李公文章之士也，與劉、謝同朝，則著侃直之風，與芳、瑾爲伍，盡露委蛇之態，其不逮王文恪遠甚。而聲華素著，獎借後學，故一時後進，競爲之掩飾，而且諡文正以欺後人。後人安可盡欺哉？楊文襄功名之士也，以爲將之智，用之爲相，晚年欲以其術籠絡張桂，而卒爲所敗壞，齎恨以死。智巧之不可恃如此夫！

正德五年十一月，南京御史張芹言：「東陽謹厚有餘而正直不足，儒雅可觀而節義無聞。先帝誤以爲賢，臨崩以陛下託之，義當與陛下同休戚者也。劉瑾專權亂政，東陽爲顧命大臣，若出力與争，彼亦必知所忌，或不幸得禍，亦不至死。東陽依阿順從，唯唯聽命。瑾謀逆既成，幸賴陛下英明，任用得人，潛消禍變，東陽得冒功以受賞。夫東陽受先帝之託，乃使瑾荼毒天下，謀危社稷，就使東陽能誅瑾，僅可贖罪耳。今賴他人之力以成功，又安攘之而受賞乎？臣竊見今之大臣，正直者多不容於瑾在之時，奸邪者多見黜於瑾誅之後，惟東陽始終無恙，而又屢邀恩賞。臣不知其何善爲身謀如此也。」此疏可爲定論矣。

讀史質疑三

宋史有道學傳，惟宋史宜有之。周、程紹先聖之絶緒，朱子集諸儒之大成，以「道學」立傳，宜也。餘則篤學如蔡西山父子，高明如陸子静兄弟，純粹有用如真西山，僅列之儒林，此爲宋史者有識也。元儒如許魯齋、劉静修、吴草廬、許白雲、金仁山，皆有功聖門，而許爲最，然終不敢比於程、朱，故不立道學傳，此爲元史者有識也。若有明一代，堪立道學傳者，誰乎？純正如曹月川、薛文清，不能過真西山、許魯齋，而光芒横肆如陽明者，假孔、孟以文禪宗，藉權謀以標道德，破壞程、朱之規矩，蹂躪聖賢之門庭。嘉、隆而下，講學者徧天下，人人各樹宗旨，卒之納降於佛老，流遁於雜霸，總以成其争名利攘富貴之私，辱聖門甚焉。而遡其原始，陽明實爲首禍。如此而列之道學，恐天下後世稍知聖人之道者，必以史臣爲無識矣。愚故疑道學傳可不立也。

讀史質疑四

陽明宜立何傳？曰：「功在社稷，子孫世封，列之功臣傳宜也。」曰：「陽明倡明絶學，其徒以爲滴血明宗，獨得先聖不傳之祕，爾何知而妄誹若是？」曰：「愚讀論語、孟子，惟曰『文行忠信』，『詩、書執禮』、多聞擇識、『博學詳説』，未嘗一言及於高妙。其功積力久，悟及一貫者一二人，而其餘謹守成法，誦詩、書，習禮樂，爲孝弟謹信之人，天下所以多善人也。要之，悟一貫者，心知性命之妙而不必言；即未悟者，自恂恂於出入孝弟之閒。莫非性命之流行，亦不待言也。象山、陽明必先提所謂本心、良知者，舉此以致之於事物，而以下學講習爲支離，無本領，其亦舛矣。蓋象山、陽明之説，禪門直指人心之説也，聖門無是也。特以身爲儒者不敢顯然談禪，而借孟子之本心、良知以附會其説，不知孟子所謂本心、良知者，孩提愛敬惻隱羞惡之類，必待察識擴充，深造自得。學問之事尚多，未嘗曰耳本自聰，目本自明，六經皆我註脚也；又未嘗曰致此良知於事物之間，不待即物而窮理也。夫無問學積累之力，而直提此心爲主，以爲施之而無不可，其不至偏陂放誕者幾希。象山門人，今日悟道而明日醉酒駡人，正坐此弊，而猶曰『吾獨得孔子之學』，誣罔不已甚乎！愚謂『假孔、孟以文禪宗』者，此也。陽明恐人攻己，則援古本大學以爲據，此挾天子令諸侯之智也。著朱子晚年定論，此以敵攻敵之術也。以行兵之權謀用之於講學，其心術險譎而技窮可知。愚謂『藉權謀以標道德』者，此也。弘治以前，天下謹守程、朱之教，綱紀肅於上，廉隅勵於下，風俗號爲淳美，無敢一言謗議者。至陽明始肆然與之爲難，明斥程、朱之非，四書五經盡改面目，遂若朱子無一言之可存者。其徒樂其誕而自便也，人人争爲新奇之論以揚其波而鼓其燄，聖門温良恭讓之氣象，儒者讀書修身循循善誘之遺矩，蕩然無存，於是人心乖張，發政害事，至於崩潰壞爛而後已。夫弘、正以前，尊程、朱之教〔四〕若彼；隆、萬以下，毁程、朱之禍若此。朱、陸得失關乎治亂，彰彰較著，而説者欲調停而兩存之，不亦謬乎！弘治己未，陽明成進士；其年六月，孔廟災；九月，建陽書坊災。蓋陽明之出，孔、朱之厄也。天象昭著，人不及知耳。愚謂『破壞程、朱之規矩，蹂躪聖賢之門庭』者，此也。」曰：「中庸不言性命乎？爾何病乎陽明？」曰：「聖賢言性命，有惕然戒懼勉勉下學之心焉。象山、陽明言本心，言致知，則侈然自大，侮聖滅經矣。且人心險惡，聖人謂之『惟危』。詩、書名教，防此人心，猶懼不足，而忽有爲任心之學者爲之誹斥先賢，非毁往訓，使人皆自任其聰明，此甚便於不肖之心，而人欲所以横流也。若陽明者，亦開阡陌，廢封建，焚詩、書，墮名城之徒耳。故陽明之出，聖道之厄也。」曰：「陽明自言其所悟也，爾何爲以禪誣之？」曰：「陽明言『知善知惡是良知』是矣。謂『爲善去惡是格物』，已牽强不倫，猶未甚害於理也。必曰『無善無惡心之體』，其徒遂舉意知物，悉以無貫之，謂無善惡爲祕旨，知善惡爲權教，詫爲天機漏洩。顔子、明道所不敢言，何無忌憚之甚也！夫無善無惡不過如所謂『不思善不思惡』，是明上座本來面目也，非禪而何？且陽明之學，好高求勝，以爲良知之説高出程、朱之上矣，但所謂良知，正佛氏所呵爲昭昭靈靈第八識，不斷爲生死根本者，恐其見嗤於禪人也。故又言無善無惡以蓋之，而其徒遂顯然言禪言仙，謂『良知』二字足以貫通三教。噫！此又鄙俚之甚，經書傳註所未有也。夫竊良知之説以勝諸儒，又竊無善無惡之説以敵佛氏，此其用心亦勞矣，而究爲佛氏所不許。徐存齋謂：龍溪八十老翁舍不得良知，終不濟事，欲了生死，須看話頭。存齋服膺陽明，而其言如此，正禪家所譏『儒門澹泊，收拾不住』者。陽明欲以無善惡屈天下，而學佛者終不之許也。然則陽明欲爲儒而顯叛夫儒，欲竊佛而見嗤於佛，兩無所容，而邪遁之苦亦已甚矣！故隆、萬之初，天下學者羣然學佛，不屑言良知。其謹愿者，受戒持，呪禮經，懺求西方，修比丘之行，而黠者掉機鋒，恣横議，沿李贄之餘唾，不以孔子之是非爲是非。其高者脱略職業，以歇睡名庵，而卑者日沈迷於酒色名利，以爲才情真率。當是時，几案有楞嚴、南華者爲名士；挾妓呼盧裸而夜飲者爲高致；抗官犯上羣譟而不遜者爲氣節；矯詐嗜殺僥倖苟利者爲真經濟；謹綱常重廉隅者爲宋頭巾。舉天下庠序之士，如沸如狂，入則詬於家，出則譁於朝，闖、獻之形日積於學士大夫之心術，而天下不可爲。故高談必趨於佛、老，佛老必趨於夸詐，夸詐必趨於殺戮。陽明一出而盡變天下之學術，盡壞天下之人心，卒以釀亂亡之禍。彼乃以天下崇尚朱學比於崇楊、墨，指正學爲洪水猛獸，欲身起而救之，不自知爲倡亂之首，悲夫！我朝鼎新文教，始有倡明程、朱之學者，而論者猶曲爲陽明諱，欲挽朱、陸而一之。此不深究其本末，徒爲世俗瞻徇之態，非所語於學也。有識者將黜陽明之從祀，何道學傳之有？」

讀史質疑五

神宗之不蚤建東宫也，起於一念晏溺之私，釀爲數十年水火之禍。甚矣，人心不可有所偏繫也。然愚尤有憾於當日之爲臣者。凡處人父子之間最爲不易，申、王二輔，委婉密陳宜也，諸臣羣然而譟於廷，何爲乎？諸臣自負忠義，謂於太子有翼戴功，而未知所以處。神宗不思父子天性本不容傷〔五〕，而必欲迫其君以不敢不立，故神宗恥於挾制，幾至決裂，則諸臣貪功之過也。且欲忠其子而致仇其父，視神宗貴妃、福王不啻若敵國。然知君臣父子之倫，有忠誠肫愛之心者，果若是乎？自學術不正，人心乖張，其號爲君子者，喜事好争，不復知有惻怛平情之論，而所遇者，天下國家最難區處之事，安望其不至於決裂而糜爛也。猶幸而神宗父子，天性皆寬厚。使神宗爲猜忌之主，則諸臣速太子之死；太子爲殘忍之性，則諸臣起弑廢之端。其幸而不至有此禍者，神宗、光宗慈孝之故也。至於名位久定，猝有張差之事，爲輌政之謀者，拙不至此，風顛蔽辜，深得國體，而好事者又從而深文焉。果若所云，必將執鄭妃於君側，廢福王之封，滅鄭氏之族，然後爲盡春秋之法，而太子何以見其父？神宗何以安其子？諸君子不顧也，可謂之愛太子乎？夫保護元子，不使君有廢長立幼之失，而己不居其名，此忠臣之用心也。以保護元子爲名，而必欲彰其君宫闈之私，使之父子兄弟不能相保，傷人骨肉之恩，成己名利之計，此忮心所發耳，非忠臣所爲也。況踵事深文，因之爲門户，寧喪國而不悔爲小人者，無足怪矣。不知當日之君子，誠何心也。若世移代遠，前人之夢已斷，而尚論者欲代爲之續夢焉，又愚之所未解也。

跋

右讀史質疑五篇，皆端本澂源之論。末一篇言萬曆間争國本、争梃擊之事，謂當日諸君子不免過於深文，無以處神宗，皆由學術之疏。此論亦甚正。又論國本，以委婉密陳者爲宜；論梃擊，以風顛蔽辜爲深得國體。此則有説焉，讀者不可以文害辭。先生之意，非謂主委婉、主風顛者，賢於深文諸君子也。天下固有議論非而心術光明者，有議論是而心術晻昧者。自學術既壞，一二正人君子雖懷忠義之心，而議論偏拗，適爲晻昧者藉口。此所謂五穀不熟，不如荑稗者也。然荑稗豈得遂傲五穀耶？彼留侯之招「四叟」，田叔之燒獄辭，皆君子事也，非當日諸臣所可附會。先生蓋歎息痛恨於陽明之學，敗壞人材，釀成世禍，惜五穀之美種不熟，豈爲荑稗左袒哉？陸隴其跋。

【校勘記】

〔一〕沉潛乎仁義之府　「沉潛」，清抄本及正誼堂全書本作「優游」。

〔二〕佩先師之格言　「師」，清抄本及正誼堂全書本作「聖」。

〔三〕奉前烈之餘矩　「餘」，清抄本及正誼堂全書本作「遺」。

〔四〕尊程朱之教　「教」，原作「效」，據清抄本及正誼堂全書本改。

〔五〕神宗不思父子天性本不容傷　「容」，原作「欲」，據清抄本及正誼堂全書本改。

〔六〕敗壞人材　「敗壞」，正誼堂全書本作「是處」。

附　録

四庫全書總目提要

王學質疑一卷附一卷　浙江巡撫採進本

國朝張烈撰。烈有讀易日鈔，已著録。是書攻擊姚江之學，凡分五篇：一辨性即理之説，一辨致知格物之説，一辨知行合一之説，一爲雜論，一爲總論。其附録則首爲朱陸異同論，次爲史法質疑，通論史體，次爲讀史質疑五篇：一論明孝宗時閹宦之勢，一論李東陽之巧宦，一論宋史以外不當濫立道學傳，亦爲王學而發，一論王守仁宜入功臣傳，而以明之亂亡全歸罪於守仁，一論萬曆時争東宫梃擊諸臣之非。當王學極濫之日，其補偏救弊亦不爲無功，然以明之亡國歸罪守仁，事隔一百餘年，較因李斯而斥荀卿，相距更遠，未免鍛鍊周内。夫明之亡，亡於門户。門户始於朋黨，朋黨始於講學，講學則始於東林，東林始於楊時。其學不出王氏也，獨以王氏爲禍本，恐宗姚江者亦有詞矣。至以守仁弘治己未登第，是年孔廟災，建陽書院亦火，爲守仁所致之天變，尤屬鑿空誣衊。是皆持之過急，轉不足以服其心者也。若梃擊一案，當以孫承宗「事關國本，不可不辨，事關宫闈，不可深辨」之説爲正，而烈以抗論諸臣多出王學，遂謂主瘋顛者爲是。殊不思福王奪嫡，途人皆知，即事關鄭妃，不能行法，亦不可無此窮究之論，坐罪於其羽翼，以陰折再發之逆萌。如其默默相容，僅以瘋顛坐張差，則彼計得逞，可以坐擅天下，即計不成，不過僅損一刺客，何憚而不重試乎？故諸臣之争，雖明知其不可行而於事不爲無益，未可黨同伐異，顛倒天下之是非也。陸隴其跋，於此條再三剖析，蓋亦深覺其失矣。夫學以克制其私也，烈所云云，於門户之私，其尚有未能克制者乎？（録自清乾隆武英殿刻本四庫全書總目卷九十七子部七）

張武承先生傳

［清］魏一鰲

先生名烈，字武承，大興人。康熙庚戌科進士，除恩平令，戊午薦舉博學鴻詞，授編修充纂修明史官。每立一傳，必博考詳徵，傳疑傳信，勿敢附會。遷贊善，預纂修典訓館事，盛暑嚴寒，從不一假。每當朝會，敝車羸馬，蹣跚風雪中，弗少懈也。筮仕後貧窘，甚於諸生，然性好施與，每有所入，必留其半爲利濟之用。凡同年已故，有親老子幼婚喪未終者，竭力區畫如家事。年六十四卒，祀鄉賢。先生生而英敏，喜博聞强記，晚尤嗜小學、近思録諸書，遂以閑邪衛道爲己任。所著有大學論、三綱領，説時中，説人心道心、論朱陸同異、論王霸諸篇，而意所專注，尤在王學質疑一書。儀封張清恪公見之，亟刊以行世，蓋喜其力駁傳習録以尊朱也。宛平黄玉圃亦每道其學術之純云。（録自清同治七年重刻本北學編卷三）

張烈傳

張烈，字武承，大興人。性至孝，事繼母，委曲承順，人無閑言。生平潛心理學，毅然以閑邪衛道爲己任，所著述皆有關人心世道之言。康熙九年，成進士，授内閣中書，十八年試博學鴻詞科，遷翰林院編修，轉春坊贊善，修明史、典訓及四書講義諸書，恪勤厥職，編輯精當。年六十四卒，祀鄉賢。大清一統志。（録自光緒刻西清京麓叢書續編本王學質疑卷首）

張烈傳

［清］佚　名

張烈，字武承，順天大興人。康熙九年進士，授内閣中書。十八年，舉博學鴻儒試，列一等三名，改翰林院編修，預修明史。二十一年，充會試同考官。二十四年，遷左春坊左贊善。尋卒，年六十四。烈少聰穎，讀書目數行下。及長，潛心理學，事繼母至孝，委曲承順，無間言。居官以清白自勵，不屑世俗榮利，純如也。在史館時，作史法質疑一書，通論史體。分纂孝、武兩朝，劉健、李東陽等傳，時推其有史遷筆意。又修明史、典訓及四書講義諸書，編輯精當。其學以程、朱爲宗，深疾陽儒陰釋之徒，以閑邪衛道爲己任。謂：「人之心非别有一物，在窈窈冥冥中，視聽言動，皆心所在也。善治心者，治視聽言動，即治心也。治倫物政事，即治心也。象山、陽明言本心，言良知，以下學講習爲支離無本領，此禪門直指人心之説，聖門無是也。」著王學質疑六卷，分五篇：一辨性即理之説，一辨致知格物之説，一辨知行合一之説，一爲雜論，一爲總論。其攻擊姚江甚力。陸隴其序謂其能盡埽王畿、周汝登之毒，羅欽順、陳建後，此最爲深切著明。同時宗洛、閩者，皆奉爲圭臬。惟持之太過，以明之亡國，歸罪守仁，未免鍛鍊云。生平著述，皆有關人心世道之文。於經尤邃於易，所著讀易日鈔六卷，删改四十餘過。易簀前數日，猶合蒙引、通典、存疑諸書，補訂知來、藏往二義。其書一宗朱子本義，因象設事，就事陳理，説易家之不支蔓者也。又有孜堂文集二卷。（録自中華書局一九八七年版清史列傳卷六十六儒林傳上）

閱張氏王學質疑評

［清］顔　元

前序，陸隴其稼書氏筆也。「詩、書、禮、樂輕」。評曰：禮、樂之輕久矣，非特王門爲然，未可以輯禮、樂書，便謂朱門重禮樂也。總評曰：萬世道統至孔子而局變，以其未得邦家而爲君相，吾儒之體用未全見於世，是以造就七十二子，成一代太平之材也；作二百四十二年之書，定一代太平之略也。凡其所删定，皆厭其浮文繁多，只存其致用須行者數策，期後世按譜操琴，據方療證，開百世之太平，則亦何嘗不作千萬年君相，如堯、舜、湯、文、稷、契、伊、周哉！可怪漢家老儒，誤視經書爲道，而以注疏爲學矣。至宋儒則更誤，蓋注疏未改於漢儒，而静覺更參以佛、老，方且口頭争長，分門攻惡，曾未見一人取堯、舜之三事、周、孔之三物而習行以爲學、教者。胡文昭頗得孔子之心，横渠次之，明儒則韓苑洛先生近之，人不知宗法，顧徒彼詆程、朱，此攻王、陸，成聚訟之儒運也。哀哉！

「學孔子者舍朱子莫由。」評曰：適越而北其轅矣。

「稍稍知朱子，未可厚非。」評曰：兩家俱未可厚非。

「專主王、陸，習氣使然。」評曰：先生輩亦是習氣使然。

「非朱子真面，即非孔子真面。」評曰：先生曰「朱子真面，即孔子真面」；宗陸子者曰：「陸子真面，即孔子真面。」嗚呼！誰知孔子與朱、陸各面其面乎！

評「夫善惡兩存至不可入口矣」一段，格言可佩。

評「留心傳注」，曰：以此爲明道乎？可詫！

評「朱子之言如食可致飽」一段，曰：衣食、宫室、藥餌之言，朱子還擔不起。譬如「半日静坐半日讀書」之言，豈不令饑寒者立死，露處與疾病者立斃乎！

總評張序曰：武承先生謂數十百年，此道須光照，王學未有不廢，此必至之數也。陸、王之學，爲之甚難，莫道陸之得王不易，雖傳之失真如龍溪諸人，資性亦不多見；以其直見本心，百善俱集，非中人可能，而禪宗亦非中人所可領會也。又不許讀書，又不理會氣象，淩高厲空，從之無由，故必廢。朱學種種反此，中人尤樂入，故必興。然顯功倍多，而隱害倍甚也，其誰知之！

評「事事物物至耳即聲也」一段，曰：辟辨王學，句句剴切，然朱學之異於孔子者，亦正在不能於事事物物上做工夫也。孔學是要能其事，故曰「身通六藝者七十二人」；朱學只欲解其理，故曰「幾時讀盡天下許多書」。

評「孝之理不在父」至「必不免矣」一段，曰：先生之辨王學，有耳者能聽，有目者能見，雖使朱子復生，不過如此；然即以此勝王學，而使之廢，吾道不明、不行自若也。何也？吾夫子之道，合身心事物而一之之道也；吾夫子之學，「學而時習之」之學也。習禮、習樂、習射御、習書數，以至兵、農、錢、穀、水、火、工、虞，莫不學且習也，故曰「博學之」。朱子則易爲「博讀之」。觀其言曰：「不讀一書，則一書之理不明」；又曰：「凡書須讀取三百遍」；考其功，曰：「半日静坐，半日讀書」，是看理都只在此書矣；以視夫看理都只在此心者，又何如也？

評「天理無處不存」至「爲人矩度自在也」一段，曰：洞快淋漓，讀之欲舞。如此見解，儻聞孔門之道，豈非蒼生之福，吾黨之幸哉！

評「此言是矣」至「不可救止也」一段，曰：宋、明兩代之不競，陳文達一言盡之，曰：「本朝是文墨世界。」明太祖洞見其弊，奮然削去浮文，釐定學政，斷以選舉取士，可謂三代後僅見之英君；卒爲文人阻撓，復蹈宋人覆轍，則慶、曆學術之雜亂，啓、禎國事之日非，皆崇尚浮文之禍也。今先生專委於王學而咎之。南宋專崇朱學，上下胥靡，陸子未之顯也，而時勢日去，則誰之過哉！

評「去不正以全其正」至「無忌憚而已矣」，曰：格，正也。先生自有解云：「爲善去惡是格物」，下手做工，亦不誣人，但於「格」字不肖。朱注「窮至事物之理」，又明是致知在致知矣；且於「格」字訓窮，亦未聞。謹附拙解於後，請正有道。按「格物」之「格」，王門訓「正」，朱門訓「至」，漢儒訓「來」，似皆未穩。竊聞未窺聖人之行者，宜證之聖人之言；未解聖人之言者，宜證諸聖人之行。但觀聖門如何用功，便定格物之訓矣。元謂當如史書「手格猛獸」之「格」、「手格殺之」之「格」，乃犯手捶打搓弄之義，即孔門六藝之教，是也。如欲知禮，憑人懸空思悟，口讀耳聽，不如跪拜起居，周旋進退，捧玉帛，陳籩豆，所謂致知乎禮者，斯確在乎是矣；如欲知樂，憑人懸空思悟，口讀耳聽，不如手舞足蹈，搏拊考擊，把吹竹，口歌詩，所謂致知乎樂者，斯確在乎是矣。推之萬理皆然，似稽文義、質聖學爲不謬，而漢儒、朱、陸三家失孔子學宗者，亦從可知矣。

評「致知格物原爲誠意而設」至「用以講學可歟」一段，曰：立言原有病，只因有心與朱學水火，便説來不合理；元以爲實宗孔門三物之學，葛藤自斬，不必辯，又何拗乎！

評「善惡兩端誰不知之」至「何從而爲之去之」一段，曰：説來極悦人心目，然失周、孔學宗，以致窮理主敬、誦法程、朱者濟濟，而在上在下不見一達德兼備之才，朝廷邊疆不見一致用成功之士，漫道顏、曾，雖冉有、樊遲之儔亦不可得。嗚乎！其果孔門之主敬窮理否耶？

評「若此則凡經書」至「兒童戲論也」一段，曰：武承未會陽明辟朱注之意，故批之不透。愚謂，寧上去「窮」字，下去「理」字，卻勝似有此二字；蓋致知在是物上，便親見了那物，不尤勝於宋儒與今人全不見梅、棗，便自謂窮盡酸、甜之理乎？嗟乎！通五百年學術成一大謊，其如此局何哉！

評「象山、陽明言理皆惡分而喜合」至「學術殺天下，先生其自言」一段，曰：象山、陽明知惡空言知而並不實知知之弊，故力言合；言至快處，一若言知可不必言行，言行可不必言知者，既不足以服宗朱者之心；言到空言知之弊可惡處便痛罵之，又適足以激宗朱者之恨。吾友刁文孝與武承輩又知惡空言致知，而全無持循下手之弊，故力言分；其言至快處、痛罵處不足以服其心，而適足以激其恨者，亦同。故兩派争辯，成聚訟之儒運。總之，皆由失周、孔三物之教，而徒求之口頭、紙筆也。試觀堯、舜以來，孔子以往，焉用此喋喋哉！

評「六經皆我注脚」，曰：此是陸子最精語，亦最真語。我者，天生本體也，即「萬物皆備於我」之「我」，六經是聖人就我所皆備者畫出，非注我者何？武承亦執以爲罪案，輕視

「我」字乎？抑重視六經乎？有不必注脚之我，堯、舜五臣是也，有讀盡注脚，全不干於我，歷代文人是也，有習行注脚，即盡其我，周、孔三物之學是也。兩派學辯，辯至非處無用，辯至是處亦無用。蓋閉目静坐、讀、講、著述之學，見到處俱同鏡花水月，反之身措之世，俱非堯、舜正德、利用、厚生，周、孔六德、六行、六藝路徑；雖致良知者見吾心真足以統萬物，主敬著讀者認吾學真足以達萬理，終是畫餅望梅。畫餅倍肖，望梅倍真，無補於身也；況將飲食一世哉！有志者苟得吾存學編之意，兩家之是非總可勿論，直追三事、三物，學而偏者賢，全者聖，一切故紙堆，宜付祖龍矣。

評「豈無誤認，非讀書討論而徒自爲精察，未有不偏弊者」，曰：朱門一派口裹道是「即物窮理」，心裏見得，日閑做得，卻只是讀書講論。他處窮事理之理説教好看，令人非之無舉，此處現出本色，其實莫道不曾窮理，並物亦不能即。「半日静坐，半日讀書」，那會去格物？莫道天下事物，只禮樂爲斯須不可去身之物，亦不會即而格之。如書本上講祭祀，薰蒿悽愴等，透快動人，及修家禮，脺膋、聲臭全廢，居子斬衰喪，墨服行祭，是不曾即禮而格之也。語録中「或問古人教樂，是作樂使童子聽乎？抑令自作乎？」如朱子以樂爲學教人，自無此問，況亦自言「禮、樂、射、御等俱是該做得，今日補填實是難，不如先去誠正」，是不曾即樂而格之也。且書本上所窮之理，十之七分舛謬不實，朱子卻自認甚真，天下書生遂奉爲不易之理，甚可異也。如鄘詩蝃蝀，朱子注「天地之淫氣」，不知卻是一蟲爲之。鴻書言「其身如龍，頭似驢」，張太岳集中云：「見其形似大蝦蟆。」予入郎山，親見打虹之鄉，旱則群然投石澗中，打中則赤碧氣升數丈，不數日雨矣。古人制字與「虹」俱從「蟲」，蓋有見也。又如中庸注「鬼神爲陰陽二氣屈伸往來」，下文孔子明言使人承祭，爲廟中鬼神；且世人經見許多聲形可據，僅謂之氣屈伸可乎？易云：「遊魂爲變」，又何説也？總之，願天下掃淨書生見，觀法孔、孟以前道傳可也。王學誠有近禪，僕亦非敢黨王者。

評「先生謂制禮作樂」一段，曰：此處駁王學甚痛快，然朱學一味搜討裒集，全不習行。夫講解千卷，何如習行一二也！識者又當著「朱學質疑」矣。

評「古之正心者無此説」句，曰：武承謂古之正心者無此説，何不思「半日静坐，半日讀書」，古之言學者有此説否乎？兩派迷而不返，周、孔實學不復，乾坤不知何底矣！

評「嗚呼是何言」一段，曰：朱子看陸子之弊甚透，王子看朱子之弊亦甚透，武承看王子之弊又甚透，而不思堯、舜之三事，周、孔之三物，果何道也？聖道之亡，豈非天哉！吾嘗見宗王子者指朱子爲門外漢，吾不與之深談；其意中尊王而詆朱，未必不如是也。噫！果息王學而朱學獨行，不殺人耶！果息朱學而獨行王學，不殺人耶！今天下百里無一士，千里無一賢，朝無政事，野無善俗，生民淪喪，誰執其咎耶！吾每一思斯世斯民，輒爲淚下！

武承顧謂「朱子之道如日月五行之經天」耶！今之世，家咿喔，人朱注，雄傑者静坐讀書，著書立言，以纘朱子之統，朝廷用其意以行科甲，孔廟從祀以享蒸嘗，尊奉漸擬四配，朱子之道可不謂日月五行之經天耶！堯、舜之三事，周、孔之三物，則掃地矣。嗟乎！吾寧不知此言一出爲天下罪人哉？吾當淚下時，願爲罪人而不遑恤矣！

張氏總論評

［清］顔　元

評「天之道非别有一物，至治倫物政事即治心也」一段，曰：讀之鼓掌叫快，又拱手起敬。

評「堯、舜十六字而外至不必人人與之言一貫也」一段，曰：更快，更精，一若見吾存學而出者，具此識力，亦爲宋家理學籠蓋，不見聖道，惜哉！試看朱學知此乎！

評「謂增霸者之藩籬」曰：此句誣矣。晦翁恐未見霸者藩籬，尚能增乎。

評「朱、陸並行不悖」句曰：亦是孫徵君苦心。

評「委曲調停不得已之心」句，曰：委曲停調，不得已之心，王子亦甚苦，讀朱、陸二子往來劄函，固各執甚堅，而陸子似尚有顧戀包容之意，朱子「我日斯邁」數語，反覺偏小。然其論陸子云：「一時被他悚動的亦甚清，只是没底簞」，又曰：「八字著意，我與子静外未敢多許人」，則前輩争辯中尚寓推服顧惜之意，大不忍一門兄弟相打嚷也。後人一味攻擊，失之遠矣。

總評曰：吾觀質疑而歎聖道之亡也；不亡於愚夫愚婦，不亡於豪傑善人，偏亡於注疏章句立宗傳講學之儒生。何云乎爾？愚夫愚婦不識不知，行其日用飲食，即道所在也；染於習俗而偶出乎道，不足惑世，惑亦愚夫婦也。善人豪傑不法古，不讀書，率其資性之所能，行其心思之所欲，見父而孝，見兄而弟，見貧苦而濟，或遇世變而效轉移，或重然諾而輕生死，激於情而常失於中，然不可以言罪，罪亦善人豪傑也，皆不足以誣世。雖生聖人之世，不被堯、舜之誅，孔子之惡，然堯、舜、孔子之世亦不絶此人也；即不足以開務成物，猶之時行物生，皆天道也。至於注疏、章句之流，誤認删述爲聖，則注疏孔子之所删定爲賢；不知孔子之聖不在删述也，删述者孔子之不得已也。孔子所留，經世譜也，而竟以文字讀解爲學，胥天下人而納之無用，胥聖賢經傳而玩爲空文，褻經侮聖，莫此爲甚。昔申公對武帝猶知爲治在力行，鄭康成、盧子幹尚能以治天下之道啟告昭烈於貧賤時，則漢儒尚加宋儒一等。宋儒著作繁於兩漢，而禪宗尤爲頑不可破之惑。章句之惑，陸輕於朱；禪寂之妄，朱減於陸。遂各立宗傳，標門户，以相角；而其支分蔓引者，見地更不及前人，而争辯詬詈益甚。起端者如耽詩畫説閑嘴之子弟，堂構耕耘之不恤也；繼角者又如兄弟争詈鬥毆，干戈辭訟日循焉。世世相襲而益甚，所惑者偏聰明雄特之人，坐罪者偏聖賢自命之子，家聲烏得不廢墜，祖産烏得不蕩敗也哉！

王學質疑跋

［清］顔　元

噫！予之評王學質疑也，宗朱學者見之必怫然怒，謂予黨王子而護之也，然予則分毫不敢爲王子恕；宗王子者見之又必怫然怒，謂予附朱學而貶之也，而予則皆不敢。予以十九歲列庠末，廿一歲遂厭八股業而棄之，從事史鑒。廿三歲得陸、王二子語録而始知世有道學一派，深悦之，以爲孔、孟後身也。從之直見本心，知行合一，元雖不敏，一若有得於二子者。其時著求源歌、大盒小盒歌、格物論，大約皆二子宗旨也。見者稱真陸、王。至二十六歲得性理大全，見周、程、張、朱語録，幡然改志，以爲較陸、王二子尤純粹切實，又謂是孔、孟後身也。進退起居，吉凶賓嘉，必奉文公家禮爲矩矱；奉小學、近思録等書如孔子經文。人或有一言疑論諸先生者，忿然力辨，如詈父母；元雖不敏，一若於程、朱諸子稍有得者；由甲辰至戊申日記中，俱可按也。元平生之篤服兩派先生也如此，受教沐澤於兩派先生也如此，將謂叛其道也，敢乎哉？將謂反操戈也，忍乎哉？第自三十四歲遭先恩祖母大故，一一式遵文公家禮，頗覺有違於性情，已而讀周公禮，始知其刪修失當也。及哀殺，檢性理乃知静坐讀講非孔子學宗；氣質之性，非性善本旨也。朱學蓋已參雜於佛氏，不止陸、王也；陸、王亦近支離，不止朱學也。痛堯、舜、周、孔三事、三物之道亡，而生民之塗炭至此極也，遂有存性、存學之作，聊伸前二千年聖人之故道，而微易後二千年空言無用之新學，幸學者静辨之。若云乾坤中朱、陸兩派相争，予又故開一派以與兩派相角也，是則罪之大者，則予豈敢！則予豈敢！（以上三則録自中華書局一九八七年版顔元集習齋記餘卷六）

孜堂學案

［民國］徐世昌等

清初諸儒，懲明儒末流之弊，亭林、桴亭、楊園、三魚皆尊朱抑王，蔚爲大宗，而攻陽明最烈者，孜堂也。陸清獻引爲同志，表章其書；張清恪、唐確慎皆力守其説。四庫提要謂有「補偏救弊」之功，未免「鍛鍊周内」之處，斯爲持平。述孜堂學案。

張先生烈

［民國］徐世昌等

張烈字武承，一字莊持，大興人。康熙庚戌進士，授内閣中書。己未，召試博學鴻詞，改授翰林院編修，與修明史。遷右春坊右贊善。先生自爲諸生，以至立朝，始終以清白自勵，不屑世俗榮利。少聰穎，讀書目數行下。及長，博通羣籍，精研理學諸書。初嗜陽明之學，後知其誤，專守朱子家法，毅然以衛道爲己任。著王學質疑，與陽明傳習録條辨之。其最要者三端：一辨心即理之説，一辨致知格物之説，一辨知行合一之説。及雜論、總論，共五卷。於諸經尤精於易，其説亦以朱子本義爲宗。謂：「易者，象也。言有盡而象無窮。伏羲畫爲奇偶，再倍而三，因重而六。文、周逐卦繫象，逐畫繫爻，全是假物取象，不言理，不指事，而萬事萬理畢具。大旨在因象設事，就事成理。」著讀易日鈔六卷，又有孜堂文集二卷。卒年六十四，祀鄉賢。門人私謚曰「志道先生」。參一統志、先正事略、學案小識、四庫全書提要、陸隴其撰王學質疑序。（以上兩則録自中華書局一九八七年版清儒學案卷二三孜堂學案）